《山西文華》編纂委員會 編

山西文華·史料編

平陽府志

清康熙版 第二册

卷七至卷十二

劉益令◎整理

山西出版傳媒集團
三晉出版社

山西文华

平陽府志卷之七

城池

語曰衆志成城此主乎治教言之耳觀於大易有設險之文周禮載掌固之職城郭溝池蓋可忽乎哉彙三十四州邑陴隍爲一册廣狹異制向背異形依山阻水各從其宜要之相度經營增修繕治前人之成勞在焉備著本末示不敢忘至於謹封守時啓閉雖有金湯無忘綢繆是在守土者加之意而已作城池志

府

臨汾縣 附郭

魏王豹建明洪武初因舊城重築景泰初修周十一里二百八十八步高四丈五尺外包以甎池深二丈五尺門四東曰武定西曰和義南曰明德北曰鎮朔外各建月城上各建樓角樓四座敵臺八座窩鋪九十七座

國朝康熙三十四年地震盡塌奉

旨發內帑

命工部員外郎倭倫平陽府知府王輔重築康熙四十六年南門外西角墻圮塌知府劉棨倡屬捐俸重修

東關城 正德七年本府同知李滄築周一千二百六十丈高二丈五尺上廣九尺下基二丈敵臺八座正門小門七座嘉靖二十一年知府聶豹稍重修之王瑞董其事隆慶二年知府毛自道重修王瑞子舉人王嘉禮董其事增高爲三丈二尺上廣一丈八尺下基三丈外包以磚正門小門樓臺俱增高廣添角樓臺四座增敵臺爲一十七座

國朝康熙三十四年地震城基多傾士民補築

南北關城俱康熙三十四年地震後知府王輔創築城內外街巷俱捐貲重建士民稱王公街四十四年西北城墻圮塌四十六年知府劉棨倡屬捐修知縣徐國琇督築

市鎮

東關　喬村　吳村　劉村　泊庄　金店俱有堡

襄陵縣

宋天聖元年因徙縣治始築元至正十三年縣尹岳貞重築明正統十四年知縣趙聰重修周五里一百六十步東南北門三弘治十四年知縣李高重建東南城樓嘉靖二十一年知縣劉希召增修高三丈下濶二丈上濶一丈四十三年知縣張國彥闢城開東南門爲學宮大成門隆慶元年知縣宋之韓甃石砌以磚有記國朝康熙三十四年地震東北墻傾塌數十丈知縣惲東生修築其門樓垛口俱未修四十六年知縣宋繼均修

築

市鎮

南關　北關　東關　河頭　京安　趙曲俱有堡

洪洞縣

漢時因移縣治始建明正統十四年創築土城周五里高一丈六尺厚八尺池深八尺門六景泰初知縣趙翔重修弘治十二年知縣邢昭復修開馬路十七年知縣鄭選補修東南城堵正德六年知縣皮正稽增築四隅建角樓女墻甃以甎隆慶元年鄉宦晉朝臣韓廷偉等倡義輸財督修周六里十二步高三丈五尺上濶二丈三尺甎堞二層厚二丈五尺周圍比舊寛二百五十步有奇易土以甎厚七尺知縣王詔又改建高樓併角樓窩舖二十三座浚池濶三丈深半之馬路濶二丈七尺四周圍以闌墻崇禎甲戌知縣楊天精增築敵臺敵樓

辛未知縣李喬崑增築重城知縣王廷掄築月城

護地沙隄明弘治間知縣鄭選創基嘉靖間知縣陳宗仁補築萬曆四十五年知縣馬嗚世修壘石堞上下亘五七里高厚二丈內外夾樹

國朝順治九年知縣金貴補築康熙三十四年地震後知縣杜連登重修

市鎮

普潤街舊名北關　崇儒街舊名東關　忠定街舊名牛站　警晨街舊名小東關

甎城街舊名賈家十字　宣化街舊名南關

萬安鎮　曲亭鎮　郭盆鎮　敬安鎮　趙村鎮俱有堡

浮山縣

唐長興中建明景泰初知縣衛靖增修周四里一百五十步高二丈五尺池深一丈五尺門四各建城樓正德八年知縣徐環重修嘉靖二十三年知縣毛述古重建城門

國朝康熙三十四年地震塌毁知縣盧承宗重修

市鎮

東張鎮　王村鎮

趙城縣

唐麟德元年建屢被汾水浸塌明正統十四年知縣何璁移築稍東周五里一百二十四步高二丈池深七尺正德五年知縣于洪修補四門上各建樓四隅建角樓窩鋪一十三座牙墻磚甃浚池深七尺濶一丈池邊加築女墻高七尺馬路內外俱濶一丈崇禎十二年知縣陳君舜甎包南北二面十四年知縣孫份包砌東西二

面
國朝康熙三十四年地震後知縣徐容重修

市鎮

東關廂　南關廂

營田堡　安定堡

太平縣

唐尉遲敬德建爲堡貞觀七年以縣治徙此遂爲城明景泰初知縣岳嵩修周三里六十五步高四丈池深一丈五尺門五正德間知縣龔進修築周三里二百四十步高三丈上濶一丈五尺池深二丈六尺濶三丈門樓五座角樓四座知縣盛琛終其功嘉靖十四年知縣耿儒易土堞爲甎二十六年知縣牛綱建墩臺二十座三十二年知縣袁從道建亭隆慶二年知縣羅潮補修浚池深濶各四丈崇禎四年知縣魏公韓磚甃高四丈一

尺上廣三丈不等周圍一千四百步有奇
國朝康熙十八年知縣呉軫重修

市鎮

古城鎮即後魏初設邑治也　北固縣　趙康鎮東爲古晉城地　清儲鎮汾陰　山之麓有汾陽鎮相傳晉大夫趙成子宣子產此村旁有趙宣孟廟　史村鎮汾　侯公祠　河東共九堡　北柴西爲古晉城地以上俱有堡

相李堡

岳陽縣

隋大業二年改安澤縣爲城元至正二十八年守禦斷事宋恭肅知縣段文質修築周二里一十二步高三丈上濶一丈二尺池深五尺南北門二明成化二年水衝城圮僅存遺址景泰初知縣劉與居重修弘治間知縣

姚顯繼修嘉靖十年知縣周冕築西關土城萬曆四十四年知縣羅日瑞磚甃北門崇禎六年知縣喬王翰石砌東城一角九年知縣戢邦禮石包東一面

國朝順治十二年知縣郭奇勳築北城一面康熙元年以後知縣李丕先趙時可朱亮采盧振先王勷陛俱重修

安民堡　郎連城西郭因紅巾賊亂創築

喬岳堡　郎連城南郭崇禎五年知縣喬王翰創立爲西堡犄角之勢各鄉有灣裡五馬東池尧典故縣永樂高邑曲底東里藍村孔村高壁和川唐城亢驛賈寨弱郲羅家山辛庄高城徐村賈村左村二十三堡

市鎮

府城鎮　冀氏鎮　和川鎮　故縣鎮

曲沃縣

隋開皇十年自樂昌堡徙治今址始築土城明洪武二年縣丞邢彦文重修正統十四年知縣張寧大修周三里五十步高二丈五尺厚如之門四池深二丈五尺濶四丈鈌東北角正德十一年知縣葛禬增築易以甎建四門樓角樓周圍舖舍二十五座舊城無北門嘉靖二十二年知縣陳萬言自舊城東北西南二角接築高厚如舊城周六里五十步炮臺二十五座始闢北門一東門二南門二西門一合舊西門二爲八門二十八年知縣劉魯生建東西城樓三十四年地震知縣張學顔修梁口隆慶初知縣郭廷梧增築內外城共高三丈五尺崇禎三年知縣張文光築各門月城十五年知縣石瑩玉甎甃北門

國朝康熙二十四年知縣何遵約二十七年署翼城知縣署曲沃縣事司鉦先後重修三十四年地震知縣潘錦次第修築西門城樓月城弔橋

市鎮

順城關廂　蒙城鎮　侯馬鎮　西莊鎮　曲村鎮

高縣鎮　王村鎮　東閻鎮　下鄔鎮　隘口鎮俱有集

翼城縣

舊治在翔皐山下後唐長興四年因王逵屯兵故寨遂徙於此郎今治元至正十九年統軍元帥葉企顏補葺周六里有奇高六丈四面懸崖中間地勢大半與女墻平東南近澮水從坡入無池西北臨溝壑由橋入池深數丈門四門樓四角樓四奎光樓一明景泰初知縣徐禎重修正德間知縣靳顏甃女墻嘉靖四十五年知縣陳錡重修萬曆七年知縣周詩重修崇禎四年知縣李士淳重修八年知縣趙堪設子門繕濬

國朝康熙二十五年知縣司鉉重修三十四年地震後城四門並橋路塌壞邑人上官澍捐修惟角樓奎光樓城堞盡圮未修四十五年知縣馬文鏞繼修

南關外郭三面倚城明崇禎五年知縣李士淳創里人李誦捐貲築有記

北關外郭邑東北隅溝因崖勢修築舊郭里人陳策捐貲獨成歲久損壞崇禎四年知縣李士淳改築康熙三十四年地震北門並樓塌壞里人衛景秀募修

鎮堡

城外四關廂四市　北常鎮　中衛鎮　北㪚鎮　隆化鎮

南常　桐城　鄭壁以上俱有堡

汾西縣

宋太平興國七年徙縣治主簿趙彥修築元縣令李克初重築明景泰初知縣陰俊補葺周四里高二丈厚一丈門四東南正北迤西有壕西南無壕陡臨深壑弘治七年知縣路欽建重樓四嘉靖二十年知縣黃甲重修

萬曆三十四年知縣毛炯增築四門甕城女墻門甃以磚

國朝康熙四十六年知縣金舜白重修

市鎮

城内四街　四市　芹香鎮　鳳頭鎮　水潤鎮

古郡堡　上團栢堡　下團栢堡　黄皮堡　對竹堡

掌禮堡　店頭堡　水潤堡　畢家庄堡　高寧堡

槐花村堡　馬家寨

靈石縣

創基自隋文帝始元至正二十四年同僉朱貞因舊城築明洪武間知縣張先重修正統間知縣張翼展濶周

三里一百八十八步高三丈九尺池深廣各八尺門四
正德間知縣孫璲主簿郭清增築建南北城樓四隅角
樓後山水暴至東城圮署事照磨白繼宗補築嘉靖間
知縣种奎重修甲辰河溢西南城圮知縣汪文炤李徵
繼修隆慶間知縣申嘉言增高六尺幇築裡城七尺砌
甎堞女墻門樓舊惟有南北二門萬曆元年知縣曹乾
開東西門三年水溢壞知縣白夏補築砌城角石堰建
東西城樓及南甕城復建穿廊防東南山水敵樓四座
窩鋪十座
國朝順治六年知縣趙希晉重修康熙四十二年知縣梁
國光重建窩鋪并修築南北城及門樓

鎮堡

水頭鎮　索洲鎮　仁義鎮　雙池鎮　索洲堡縣北二十
里索洲鎮東山　冷泉堡縣北四十里冷泉關東山上係
上土民修建　一邑險要舊設營兵鎮守居民

因而建

靜昇堡 縣東二十里靜昇村北山上堡居焉遇亂避兵一方恃爲保障

仁義堡 縣南四十里仁義鎭北山上郎劉武周修築屯兵以拒唐兵處四面斬削山壁立峭拔若天成者極爲完固唐太宗與仁義之師破之故名

桑平峪堡

上村堡 縣東北山上土民修建　以上六堡俱有土城梁口門樓內有居民

馬跡崖寨 縣東三十五里綿山上勢極陡峻其中岩穴窟洞足容數千人四面無路惟一石梯攀緣可登極高又有一石門據之雖萬人莫敢仰視凡有警可避兵患

送飯子寨 縣東三十里牛鼻山岩下高峻險阻土人多依之以避兵

三清寨 縣東四十里綿山上四面俱懸崖陡澗險不可登上有一尖峯高百餘丈厚數十丈若屏風然內有清泉可以避兵

曲買峪寨 縣東四十里山亦陡峻中有清泉

禪房岩寨 在綿山內四圍險阻中止一路可通上有一石洞深入百尺風雨莫能加內一泉深止三二尺四時不涸不溢

以上五寨均係險峻在深山中並無墻垣居民今俱圮

廨

蒲縣

唐武德元年築明景泰初知縣孟順重修周一里七分高一丈五尺無池東西二門弘治間知縣高郁重修隆慶間知縣韓起然闢南門濬池深一丈濶八尺崇禎間知縣張啓謨申請𠏉磚包砌

國朝康熙二十年知縣朱元裕重建東門城樓

市鎮

喬家灣鎮　化樂鎮　張村鎮以上俱通臨汾襄陵洪洞趙城等處

薛關鎮　古驛鎮俱通隰州永和大寧等處　峪峪鎮通隰州汾西等處

蒲州

即虞都故城周圍幾二十里歷代相因金哀宗八年元
兵侵河中金將懼力不足截半爲内城以守周八里三
百四十九步元至正十八年增修明洪武四年重築用
磚包堞城高三丈八尺堞高七尺門四各建樓一座角
樓四座敵臺七座土庫五座窩鋪五十七座四門外各
建月城北門月城二重西臨黄河東南北三面池深一
丈五尺濶十丈環六里四十五步嘉靖三十四年地震
城圮巡道趙祖元知州邊像重建隆慶元年守道歐陽
穀知州宋訓甎甃有記
國朝康熙元年知州侯康民申請重修

東關城　即舊城所截之餘明嘉靖二十年守道郭時叙知州趙統重建三十四年地震傾圮守道王之
誥知州邊像復築連接治城有東南北三門上各建樓
崇禎九年守道李一鰲知州王舜徽甎甃
國朝康熙元年知州侯康民重修

古護堰　在州城西門外北起古官道灘角南抵河瀆廟明萬曆庚辰重修砌石堅固以護州城

連城堰濶一丈長三丈

鎮堡

東豐鎮舊名趙伊村知州許鵬更此　考老鎮地名西仕　黄龍鎮　韓陽鎮

匼河鎮　東張鎮　永樂鎮　大陽村　焦盧村

小李村俱有集　大澗堡　下陽堡俱州南　孟盟堡　張華堡

趙伊堡　下莊堡俱州正東　蒼陵堡州東南　呂芝堡　高市

堡　考老堡　下村堡俱州東北　減莊堡　長干堡俱州正北明嘉

靖間知州趙統創建三十四年

地震盡傾知州邊像復築

臨晉縣

唐天寶二年建明景泰初修周三里二百三步高二丈八尺址廣一丈池深一丈門四隆慶二年知縣黃茂易桀以磚三年知縣史邦直加瀗萬曆間知縣高惟嵩修葺舊制南有甕城後于東五十餘步開新南門塞南門甕城遂廢崇禎十四年知縣閔自寅大加修繕重建南城樓兩角樓未竣遷去

國朝順治十三年知縣孫宗元增修康熙二十七年知縣徐煜開舊南門塞新南門四十六年知縣徐炘復開新南門舊南門仍塞

市鎮

西關　七及鎮　樊橋鎮　周吳鎮　坑頭鎮　虞鄉鎮古虞鄉縣　故市鎮　孫常鎮俱有集

吳王寨縣西三十里即韓信渡河擒魏豹處

滎河縣

隋文帝時建元至正十四年主簿邢天傑修周九里八步池深一丈五尺東南北三門城東倚坡堅厚西逼黃流故東高西低池漸沙壅明景泰初知縣于縉重修成化間知縣馬懋復修正德二年河水至城下圮西北隅知縣宋綿築補後知縣馬安繼修嘉靖二十七年知縣楊灝起築東西女墻三十四年地震後知縣侯祁重築雉堞易以甎增三門樓有記萬曆七年知縣郝朝臣開西門八年塞二十九年知縣梅煥復開崇禎十二年知縣王心正於內別築西城棄舊城於外

國朝康熙元年知縣張錫文重修四十六年知縣梅夢紱繼修

市鎮

孫吉鎮　廟前鎮　薛稽鎮　馮村　西李　程村

雙營鎮　后土廟會　三官廟會　王顯市

猗氏縣

唐興元元年節度使馬燧築爲屯兵之壘其後遂爲縣城明景泰初知縣徐善重修周七里七十步高二丈池深二丈一尺濶三丈門四敵樓一十六角樓四舖共六十四正德間知縣翟聰重修隆慶二年知縣江潤易堞以磚萬曆十四年知縣陳經濟創建門樓四座磚甃十八年知縣黃道見浚池築圍墻崇禎五年邑紳荆可棟倡民增築月城

國朝康熙二年知縣楊乾晋重修角樓東西城門樓

市鎮

東關　莊武王廟會　城隍廟會　關王廟會　高頭里　杜村鎮　下任鎮　張岳鎮俱有堡

萬泉縣

元魏道武天錫元年赫連勃勃東侵里人薛通率族人千餘築堡自固因名薛通城唐武德三年遂改爲縣明景泰元年縣丞常英成化二年知縣崔明弘治十一年主簿龎俊相繼修葺周五里三十步高二丈五尺池深廣斷續不一門四正德初知縣張席珍各建門樓隆慶三年知縣李廷陳重建城樓

國朝順治十八年知縣程章重建西門樓一座角樓三座窩舖二十座三門悉加修葺有記康熙三十四年地震知縣瞿亮邦重修

市鎮

城內四街　解店鎮俱有集

河津縣

舊城在今縣東南圯于汾水元皇慶初監縣哈剌哈孫移築今地明景泰元年知縣張濟重修周三里二百七十四步高二丈二尺池深淺不一三門各建城樓天順三年增關小東門正德六年知縣王諤重修嘉靖間知縣樊得仁重建城樓濬池二十四年知縣雍焯磚甃補建西門樓築敵臺一十八座三十四年地震城塌知縣高文學增修建角樓四座隆慶初知縣李成棟增修浚池四年知縣張汝乾繼修築大堤高厚崇禎三年知縣郭景昌建敵樓十餘座九年知縣李士焜合紳士弁舉人劉有綸等捐金始甃以磚增築城高二丈五尺女墻高二尺共高三丈基濶二丈五尺頂濶一丈五尺

國朝歷任知縣因時修葺至今完固

鎮堡

雙營鎮　僧樓鎮　方平鎮　東張鎮俱有集　牛張堡

陳庄堡　武備寨俱有土城

解州

明洪武初建景泰初知州張軨修成化弘治間知州張寧李溥重修正德間知州李文敏大修之周九里十三步高六丈厚三丈五尺池深二丈五尺濶十丈門四各建樓角樓嘉靖三十四年知州王惟寧始甃甎天啓末知州徐文煒建城上舖舍

安邑縣

自後魏始建明景泰初知縣稽岩修周六里一十三步高三丈五尺池深一丈有餘門四上建樓角樓窩舖八隆慶間知縣袁弘德築東西月城

市鎮

縣城集各四　運城集各四　王范鎮　霍趙鎮　陶村鎮　石

碑庄　北相寺　北曲　東陽　泓芝鎮　東郭鎮

下段鎮以上各一俱有堡

夏縣

後魏神䴥元年建明景泰初知縣雷縉增築周五里一百三十步高三丈五尺池深五尺門四正德間知縣楊樞重修嘉靖間地震後知縣李溥重修城墻砌磚增崇北樓設女墻隆慶間知縣陳世寶補築修葺城堤萬曆十八年知縣高奎峻南門改建重樓崇禎三年知縣許偶袁葵相繼修葺加厚五尺高五尺

國朝順治六年被賊殘毁康熙四年知縣羅于廷重修四十六年知縣蔣起龍繼修

市鎮

水頭鎮　胡張鎮　裴介鎮　曹張鎮俱有堡

喜安庄城堡在縣西三十里西張庄地方舊名牛家凹明萬曆元年因村落遥遠盜賊生發知縣陳世寶申請建堡城廵道馮叔吉名曰喜安庄萬曆十九年知縣高奎設法招來展堡廣十丈袤六十丈蓋屋五十間鑿地三百餘畝以安貧民仍修南門樓一座名曰保安庄　以上俱有集

聞喜縣

唐元和十年刺史李憲建元至正十七年修明景泰元年縣丞韓軒重修周五里三十六步高二丈七尺下濶三丈上半之池深二丈濶三丈門四正德間知縣李時王琳建城樓築月城嘉靖間知縣李朝綱閻倬先後增修敵臺三十六座開水西門以便民及知縣沈維藩磚砌垛口崇禎間知縣楊儁績築東西城各厚五尺高三丈建角樓二知縣賈之驥磚包東南二門各數丈

國朝順治六年兵變焚燬知縣鍾萬齡修垛口及五城門十六年知縣李如蘭修城濬池重建五門城樓康熙四十年知縣佟國珙重修

護城石堤城南臨涑水漲則齧城明萬曆元年知縣王象乾建石堤長一百六十丈有奇高二丈餘闊一丈餘邑人李汝寬撰記二十六年知縣徐明于廣濟橋西建石堤長五十丈有奇高一丈餘邑人翟繡裳撰記迄今城無水患邑民賴之惟徐堤近年被水激壞數丈當事者共留意焉

市鎮

南關城　西關城俱明崇禎六年築　横水鎮上下　東鎮　栗村

鎮　蘭德鎮　裴村　小郭店　宋店俱明崇禎間築堡

平陸縣

距古虞城六十里金丁丑年建明景泰初知縣李榮增築周二里五十步高二丈五尺池深一丈有奇門三上爲樓北有重門弘治八年知縣侯尚文開南城爲大城門東去舊南門數仞嘉靖間御史尚維持塞故南門知

縣趙重器修葺後知縣王發蒙新其三門并雉堞甲午
年知縣李東主建郭門五崇禎間本府判徐嵩修築浚
池邑人李宏築外郭環繞五里
國朝康熙五年知縣李德論建樓東郭上十七年知縣柴
應辰重修四十三年知縣董之燧增城上窩舖四十六
年重修南北城樓

市鎮

茅津鎮　張店鎮　八政鎮俱有集

芮城縣

後周明帝二年改立縣治始建明洪武初縣丞楊得知
縣張友直增修周三里二百六十四步高二丈池深七
尺正統十四年知縣孟濟重修正德間知縣張世恭增
修嘉靖間知縣張效仁增修以磚甃門知縣周時相增
敵臺浚池萬曆間知縣李選重修增高倍厚知縣趙庭
琰創建月城天啓間知縣姜士佐重修崇禎十三年知

縣倪光薦磚包未竟而止
國朝康熙四十六年知縣邵璿重修

堡

喬頭堡　陌底堡鎮有坑南堡　朱呂堡

萬歲堡縣北八里上郭村周顯王時芮民以其地西接于秦懼其強暴築此堡以防緩急以萬歲名者作事欲永久　太尉堡縣東南十五里瀕河本名鳳川春秋時秦攻芮芮民築此堡以爲避兵之所唐武德二年夏縣呂崇茂稱魏王應劉武周詔以永安王孝基討之行軍總管劉世讓屯兵於此人呼世讓爲太尉故名

絳州

隋開皇三年自玉壁徙此始建明洪武元年指揮鄭遇春重修周九里十二步高三丈五尺池深一丈南北二

門正統中知州王汝籫正德中知州韓輒嘉靖間知州

彭粲俱修葺知州貴儒建樓磚甃女墻隆慶元年知州

宋應昌加高鑿池一丈五尺濶倍之創砌石堤以防汾

齧計三百餘丈萬曆間石堤壞知州張繼東補修崇禎

末知州孫順築砲臺數座

國朝順治六年州同知徐祚煥於北門重建月城磚砌數

十丈十年知州單倜修石堤康熙初知州劉顯第新南

門樓修補雉堞三十四年地震三十九年知州胡一俊

重修堅固

市鎮

三林鎮　泉掌鎮

稷山縣

隋開皇十一年建明景泰初知縣胡士寧修築隆慶間

知縣孫倌增築周五里十三步高三丈厚如之池深三

丈澗一丈五尺門五角樓四兇樓一敵臺二十五臺上有亭崇禎四年知縣李燧庭加築並浚池

國朝康熙元年秋霪崩壞城垣一百九十二丈樓臺九座窩鋪一十五座知縣孟孔脉重修四十六年知縣謝兆龍繼修

鎮堡

小河鎮　下廼鎮　華峪鎮　大杜鎮　翟店鎮　管村堡　大杜堡　吳城堡　下廼堡　高歡寨縣五里攻玉壁時所築　斛律光寨縣西北二十里峪口村北　魔軍寨在蛾眉嶺今呼屯軍寨

絳縣

唐武德元年建明正統十四年重修成化七年知縣陳能增修周五里十三步高二丈池深一丈門三各有樓

正德間知縣包得仁於城上修窩鋪十七座嘉靖初知縣唐夢璋甃女墻地震後知縣陳訓加葺隆慶三年知縣牛應龍增築高五尺池亦濬深五年知縣翟來旬於西門外增重門重樓萬曆五年西北隅崩知縣王思治開北門以通出入後知縣黄維翰修復塞北門崇禎十四年知縣王敏增修北城敵臺二座加高南門甕城上建重樓

國朝順治七年知縣吴洪佐重修三門八年署印州同徐祚煥修建西門甕城樓十四年知縣鄭始宏重建東南二門樓十六年知縣趙士弘重修舖舍女墻康熙三十四年地震三門城樓俱毁未修

鎮寨

大交鎮　横水鎮　鄭柴　南栁　吉峪　范村寨

南樊寨上可避兵　郇王寨

垣曲縣

城制初隘金季展築明洪武十八年因水漲湮毀正統十四年知縣李哲補築周二里一百八十步高二丈池皆平塞西南北三門成化十五年知縣馬禎重修正德八年知縣任旒開展西北周四里九年知縣陳標開水東門水南門以洩水嘉靖五年知縣張廷相補修建樓九年創開東門是年水溢南城圮知縣李良翰築十四年又傾復築隆慶間知縣李自發易以磚萬曆二十六年南城水又傾圮知縣仝梧補修樹柳衞城後知縣呂恒重修埽口四十六年知縣梁綱增修南甕城一座塞東門於是科第聯綿不輟崇禎四年知縣張天德加修西甕城一座六年知縣段自宏幇修南城裏面長二百三十三丈寬八尺七年加修北門甕城一座又增城高五尺恐寇板樹伐柳崇禎十二年四面建敵樓十座加修女墻

國朝康熙七年知縣紀弘謨重建北門樓祀真武其水東門西北二門甕城今俱廢四十五年知縣許穀重修

護南城堤　明嘉靖十五年創建沙堤護城後河水衝沒萬曆二十一年知縣趙文炳慮水患議修未舉以欽取行二十八年炳廵按山西發金三千餘兩檄縣採石鬻鐵共修石堤二百七十丈廣一丈高倍之其深入地者幾半堤民賴之立趙公祠有記三十七年知縣呂恒重修

國朝知縣董爾性補修康熙四年知縣紀弘謨補修四十三年水漲衝崩四十四年知縣許穀捐築壘石灌灰較前加倍歷年不受水患

鎮寨

瞽塚鎮　王茅鎮　阜落鎮　葛伯寨　湯征自葛始即其地南臨河濱北倚山坡有南北二門人民聚居可以防守頗稱險隘向有土城係明季初年築

霍州

隋郎將宋老生嘗屯兵於此年久城頹池平明景泰元年同知張莊修築周九里十三步高二丈池深八尺門四成化初知州張玘重修正德間府通判柴凱復築高廣倍舊制各置層樓舖舍嘉靖二十七年知州陳嘉言重建東門

國朝康熙四十六年知州孔興璉重修

市鎮

辛置鎮　師庄鎮

吉州

晉公子夷吾築明景泰初知州王亨修因山爲城周一里二百九十步高三丈五尺南臨山澗四面無池城中只容公署全無民居嘉靖間知州蔣暘增築計四里門四上建層樓署州事鄉寧知縣李節亨於西城增敵臺五座

國朝順治間知州萬全忠南鵬俱加重修

倚梯城　姚萇城

鎮堡

桃源鎮　大度鎮　三垢鎮　臨峪鎮　馮家集　南山溝寨上州北六十里深山之中四面俱係石崖壘級以一人拖阬四面無從而上刀箭砲石皆不能壞

堨石崖寨　曹花平寨　樓兒山寨俱四面石崖有天塹之險亦與南山溝同　趙家堡　白楊堡　塌村堡俱係土山削築成堡極爲險要皆在深山可防賊盜有井深三百尺

鄉寧縣

春秋時晉鄂侯故壘宋皇祐三年知縣劉舒因遷縣治築明正德間知縣趙元重築周四里四十步高三丈池

深二丈東西南三門門有樓嘉靖間知縣王楊惠及民
相繼增築南城建樓後河水衝塌知縣王國楨重修繚
以女墻隆慶間知縣馬秉直築北城後知縣張一敬復
修東城增女墻城始高大萬曆十七年山水衝塌知縣
焦守已增修甃以石浚池水增縶口
國朝康熙五年知縣張聯箕重修增築護城石堰後因水
漲壞城復修建石堤一道長二十五丈高一丈二尺闊
八尺有記四十七年知縣屠煇現在興工加修

市鎮

營裡鎮　官水鎮　西坡鎮　船窩鎮

隰州

唐武德元年建明景泰二年同知李亨修周七里十三
步高二丈三尺池深一丈南北西三門嘉靖間知州黃
傑與同知曹鳳增修高二丈五尺址濶三丈頂濶一丈
建樓三座角樓四鋪十知州魏宗方易縶口以磚隆慶

間知州李遐齡增城高厚并建月城知州劉寅重修萬曆間知州王之輔重修南門并城樓後水齧西北隅知州儲至俊修築開東門旋塞
國朝順治六年知州王天貴重修康熙三年知州張灼鼎建戍樓四鋪八六年南北二門俱頹知州胡文煥修四十七年知州錢以塏重修建東南城門樓二鋪十二

鎮堡

午城鎮　義泉鎮　回龍鎮　西曲鎮　石口子鎮

水頭鎮　康城鎮　大麥交鎮　南孤山堡　諳真堡

羅真堡　張家川堡　西曲堡　紫荆寨州東六十里紫荆山

上

大寧縣

晉士蔿築元中丞時權院使李子厚建明景泰初知縣姜義補修周三里四十二步高一丈五尺池深七尺東西南三門弘治間知縣柳聰繼修正德間知縣艾芳增雉堞累三門以鐵隆慶間知縣邵蕙重築北寨城建樓增東西關城又築南門外石堤一帶以障河水崇禎七年知縣丁嘉謨同防守官馬儲秀重修三面砌石

國朝順治十一年知縣金肇補修東南隅康熙二年知縣王國棟補修西南二處康熙十年知縣馮應泰補修北寨東面及南門甕城二十年知縣王維藩重築關城四十六年知縣胡文煥繼修

寨堡

北寨在縣城後元右丞時權所築院使李子厚相繼據守

南寨在縣南一里許元人時權據守

古寨即浮圖結也在北寨之巔北齊武成帝河清四年築隋人移縣治于此元李子厚接連築城彎環合抱

阜城寨縣西十里安阜鎮之西石城村之東故曰阜城崇禎壬申闖賊陷城人無所避侯選通判曹權

倡先率居民李香賀嘉賓創築小馮寨縣東五里生員王之臣倡築单籬寨縣西五十里義官馮希尭倡築南堡寨縣南三十里生員劉必大倡築鳳落寨縣南四十里蒲人陳之善倡築

道教寨縣西二十里房祖星倡築東堡寨縣南三十里貢士王紡倡築高山寨在北山巔王申賊亂邑人避其上保全甚衆石城寨縣西十里石壘爲城據以高險下臨河明季里民郝奎軒倡築侗梯寨　保村堡　樓底堡　劏麥堡　胡城堡

永和縣

唐貞觀十二年建元至元間重築明洪武初主簿徐大榮修正統間知縣胡貞拓修周三里三十四步高下不一跨山無池芝水三面環繞南北二門嘉靖間知縣張守禮開東門

國朝康熙十一年知縣王爾楫重修

鎮寨

雙壁鎮 縣東五十里西有雙山兩峯如壁中通一道岔峯嶺之上石錚玲瓏自陜西至平陽由此

口鎮　劉台鎮　樓山寨 有石城　雙山寨 縣東二十里天生石壁如城

捕狐寨

運司

元至正二十九年運使那海建名鳳凰城明天順二年運使馬顯修築周九里十三步高一丈七尺池深七尺正德間御史胡正重建嘉靖間盧煥初杲余光何賛陶謨先後甃城包以磚萬曆間御史劉大受運使孫可撰重修完繕崇禎間增立敵臺

國朝順治十年運使陳喆重修

平陽府志卷之一

二十一

平陽府志卷之八

公署

物久必敝及其未敝而圖之則易爲力也郡内外暨各州邑自官舍庫藏與其他一切廨宇凡繫官者無慮數千百楹創搆以來廢修屢矣近更地震坍毁無存今之完整者皆新造也鳩工庀林良非細故蒞斯土者時其葺治俾無及於壞所謂無後前人無廢後觀斯已耳彼夫輕用民力無故改作以華侈是尚者固不可若乃視同傳舍不甚愛惜或者又益之蹂躪焉有心者亦必不

若此噫工不鬼役物不天來念之哉作公署志

府舊在城西北隅明永樂二年改建城西天順間知府姜德政正德間知府閔槐前後增修

國朝康熙三十四年地震塌毁殆盡

上發帑金遣户部員外倭倫同知府王輔重建

大堂　戒石亭　東西六房　儀門　大門

清軍廳　督糧廳　理刑廳舊俱在儀門外東名曰東署康熙三十四年地震盡

廢

經歷司廳大堂東　照磨所廳大堂西

知府宅二堂後

同知宅知府宅東康熙二十九年移駐蒲州三十四年地震宅廢

通判宅知府宅西地震廢移建推官宅址

推官宅同知宅東鈌裁康熙三十四年地震宅廢因建通判宅

經歷宅夾道東　照磨宅夾道西　司獄司宅儀門外西

土地祠儀門內西　馬神廟大門外東獄司獄司東北

寅賓館儀門外西廢　譙樓在府治東俗名小鼓樓康熙四十六年知府劉棨重建

陰陽學　醫學俱府治東　僧綱司天寧寺　道紀司天慶觀

織造局府治東關廟旁　清軍局滄建在小分司北明正德間同知李

稅課司在東關今裁稅歸本府徵收每年以經歷照磨遞領四十四年知府劉棨盡革從前陋規

庫大堂東曰豐南曰實　如京倉府治北　廣濟倉東關

建雄驛舊在北關今移城內建雄遞運所北關今廢

平陽衛府治東北

總鎮公署府治東北明德坊西北街康熙二十二年太原鎮移駐於此

遊擊公署二左營太平坊東北街右營普佑坊東北街

守備公署二左營崇道坊南北街右營景行坊東南街 以上俱鎮標

叅將公署府治東崇道坊西大街

守備公署崇德坊南大街 以上平陽營

兵器局府治東北 演武場府城西北明萬曆三十六年建

總舖府治東

臨汾縣舊在城西明永樂元年徙府治東感化坊以晉山書院改建弘治間知縣許莊正德間知縣趙綋重修

國朝康熙三十四年地震毀

上發帑金遣戶部員外倭倫督同知縣彭希孔重建

大堂　戒石亭　東西六房　儀門　大門

贊政廳　幕廳俱廢

知縣宅後二堂　縣丞宅西大堂　典史宅西南大堂

土地祠外西儀門　旌善申明亭東縣治　獄西南隅儀門內

察院西縣治　布政分司西南縣治　按察分司南縣治　小分司南縣治

以上地震後俱廢

庫大堂西　預備倉　社倉北關縣底喬李劉村吳村泊庄凡六　俸給倉
惠民局四　四門外月城內萬曆間知縣邢雲路建今廢
張村巡檢司今裁
大教場南門外八里　小教場縣治東南
總舖即府治前　九州舖城東五里　南段舖十里　趙下舖十五里　千伏舖二十里　練李舖二十五里　王明舖三十里　堯陵舖三十五里　北適舖四十里至浮山縣交界共四十里　馬頭舖城西七里　土脚舖十里　烟勳舖二十一里
石甕舖二十八里　洪墓舖三十五里　秤勾舖四十二里　善領舖四十九里
滴水舖五十六里至蒲縣交界共五十六里　南關舖城南二里半　郭村五里

堯廟鋪七里半　王庄鋪十里　大韓鋪十二里半至襄陵縣交界共十七里半

郭村鋪城西南五里　伊村鋪十里　神劉村鋪十五里　下靳鋪二十里至襄陵縣交界共二十五里　坂下鋪城北二里半　小村鋪五里　高河鋪七里半

賈村鋪十里　溝蘆鋪十二里半　東蘆曲鋪十五里　沙灘鋪十七里半

高鋪二十里至洪洞縣交界共二十里

養濟院縣治東邑人賈生圓北關外舊建雄驛萬曆間從准建今廢知縣邢雲路建今廢

襄陵縣城東北隅宋天聖元年初建金泰和間縣令韓旭修元至正間縣尹王嘉攷建明洪武二年知縣佘正重修

國朝康熙乙亥地震圮知縣諸來晟惲東生朱繼均續修

大堂惲東生重建　戒石亭廢　東西六房　儀門俱諸來晟重建

大門（俾東生重建）　贊政廳（大堂東俾東生重建）　幕廳（大堂西廢）

知縣宅（大堂後宋繼均重修）　縣丞宅（大堂西縣丞朱鉞重建）　典史宅（縣丞宅西典史錢世美重建）

土地祠（大門外西俾東生建）　賓館　譙樓（俱廢）

旌善亭　申明亭（俱廢）　獄（儀門外東俾東生重建）

察院（縣治西南原係楊氏花園）　布政分司（縣治西南隅）　按察分司（縣治西南原係永貞觀）　府館（縣治西南康熙三十四年地震毀遂俱廢）

稅課司（大堂西宋繼均重修）

陰陽學（縣治西）　醫學（縣治西）　僧會司（聖壽寺）　道會司（縣治西以上俱廢）

庫大堂東宋繼均重建　預備倉縣治西南惲東生建　常平倉縣治北　各里社倉今俱廢

演武場縣南今廢

總鋪縣治前街東　東柴鋪縣南十里　新店鋪二十里　義店鋪三十里接太平

荊村鋪縣東南三十里接太平　靈伯鋪縣東十里接臨汾　張林鋪縣東二十里

西王鋪縣西南四十里接鄉寧

養濟院縣治西南今廢　漏澤園今廢

洪洞縣十字街東舊在范村隋義寧元年徙今治明洪武三年知縣楊茂建嘉靖間知縣浦鋐王大任隆慶間知縣王詔相繼重修

國朝康熙乙亥地震毀知縣李宣重建

大堂　戒石亭　東西六房　儀門　大門

贊政廳　幕廳

知縣宅二堂後　縣丞宅知縣宅東　典史宅縣丞宅南

土地祠儀門外東　寅賓館　譙樓儀門上

旌善亭大門外東　申明亭大門外西　獄儀門外西

察院縣治東明洪武二年典史王信建嘉靖間知縣王業萬曆間知縣喬因羽南兆鄭選趙宸各增修

布政分司縣治東北正統二年縣丞姜弘重修萬曆間知縣喬因羽增修

按察分司縣治南弘治嘉靖間知縣楊光澤趙宸相繼重修

府館按察司西

稅課司舊在曲亭鎮後移城隍廟街西今裁

陰陽學醫學俱縣治西　僧會司　道會司俱無定所惟隨護印僧寺道院爲之

庫樓大堂東　舊預備倉二一在城東隅後廢改爲古佛寺一在舊街口今改東岳行宮

預備倉縣治西北嘉靖間知縣陳宗仁建康熙三十四年地震毀知縣李宣重修

社倉縣治東北萬曆十年知縣喬因羽建又四一在城一在萬安一在曲亭一在陽曲

演武場縣南門外二里許逼驯橋南嘉靖間知縣陳宗仁建

普潤驛縣北關教廂街東舊在縣北十里苗村里西明洪武八年置正統十年汾水侵逼知縣王彧改建北洞里官路東嘉靖二十年知縣楊九澤移建於北

楊曲鎮公館縣南二十里

總鋪縣前　賈村鋪縣北五里接趙城屈項鋪　東左鋪縣南十里　楊曲鋪二十里接

臨汾韓村鋪　李保鋪縣東九里　蜀村鋪十八里　郭盆鋪三十里接岳陽張莊鋪

養濟院縣治東明嘉靖間知縣王業建　漏澤園

浮山縣在城東元時建明洪武二年縣丞徐秉彝五年知縣趙思義各增修嘉靖間知縣許安萬曆間知縣楊逢春趙應斗重修

國朝順治六年賊燬知縣安應耀重建

大堂　戒石亭　東西六房　儀門　大門

幕廳大堂東

知縣宅二堂後　典史宅縣宅東康熙　年典史戴日杲建

土地祠儀門外東　寅賓館土地祠前　獄儀門外東

察院縣治東

陰陽學　醫學俱在治東今廢　僧會司羅漢寺　道會司三元廟西

庫大堂後東康熙間知縣盧承宗建　預備倉縣治南　常平倉大堂西康熙四十五年知縣張昌言建

演武場北門外

西門外鋪城西五里　趙庄鋪十里　西韓鋪二十里

養濟院西門内城隍廟後

趙城縣城東唐麟德間建明洪武二年縣丞沈煦重建其後知縣何子聰古儒向明倪繼志邢倫相繼增修

大堂　戒石亭　東西六房　儀門　大門

贊政廳大堂東

知縣宅二堂後　典史宅縣宅東

土地祠儀門內東　賓館儀門外東　譙樓大門上

旌善亭大門外東　申明亭大門外西　獄儀門內西

察院縣治東南　布政分司縣治東南　按察分司縣治西南

醫學縣治東今廢　陰陽學縣治南今廢　僧會司寶嚴寺　道會司天寧觀

庫大堂東　預備倉縣治南　義字倉縣廳東　社倉八一在城七在鄉

演武亭城東北三里

總舖縣門前　王闆舖城南十里　屈項舖二十里洞賈村舖　接洪衛店舖城北

十里通汾西縣益昌鋪二十里接霍州辛置鋪

養濟院縣南門内東順治十六年知縣安錫祚重修

太平縣在城東南隅唐貞觀七年建歷五代及宋爲兵所焚金天會八年縣尹畢景魯重建大定間縣尹鄭景甫元至元間達魯花赤明理明洪武二年鄧普顔不花七年縣丞毛煜成化間知縣李濟弘治間知縣尹琭各重修嘉靖三十四年地震傾圮隆慶元年知縣羅潮重建知縣鄒學魯胡蓮俱增修

國朝順治初兵變焚燬康熙十五年知縣吳軫重建

大堂　戒石亭　東西六房　儀門　大門

幕廳

知縣宅二堂後　典史宅大堂東

土地祠儀門外東　寅賓館東北　六神祠　獄縣署西　輕犯倉寅賓館東

申明亭舊在縣治東弘治間知縣尹球改建縣治西　譙樓縣治西

察院譙樓西　布政分司縣治西俱洪武間主簿白原善建　按察分司縣治東

府館縣治西俱正德間知縣盛琛建

陰陽學　醫學舊俱在譙樓北弘治間改建縣治東南順治初燬於兵康熙間知縣吳軫重建

僧會司慈氏院　道會司長春觀

大堂庫左右　預備倉城內西北　常平倉城隍廟西今廢

演武場縣南三里　史村廠城東四十里史村鎮

總舖在城　高張舖縣北五里　相李舖十五里　故城舖二十五里　義郭

舖縣南五里　汾陽舖十五里　趙康舖二十五里　李村舖縣西南三十五里　史村舖縣東北四十里　閻店舖縣東三十五里東通蒙城驛　二舖俱在汾河

養濟院縣北關主簿白原善建

岳陽縣在儒學東金大定二年縣尹劉榮祖建明洪武二年知縣楊守忠修景泰間知縣劉英嘉靖間知縣周冕各增修

大堂　戒石亭　東西六房　儀門　大門

幕廳大堂東

知縣宅二堂後　典史宅知縣宅東

土地祠儀門內東　獄儀門內西　譙樓縣治東一名岳陽樓今祀魁星於上又名魁星樓

申明亭 旌善亭俱縣治南

察院南門內 布政分司縣治東今改義倉

陰陽學 醫學俱縣治南 僧會司大覺寺 道會司 真武廟

庫大堂西 預備倉南門內 大有倉縣治內 盈字倉內 儒學

育嬰堂康熙四十五年知縣王昌祚奉文建

西門舖城西五里 張庄舖十里接洪洞界

養濟院北關 漏澤園縣北

曲沃縣在舊城東北隅明洪武二年縣丞邢彥文建成化七年知縣高隆正德十一年知縣葛檜萬曆十三年知縣何出光各重修三十七年知縣趙彥復增修

大堂　戒石亭　東西六房　儀門　大門

幕廳大堂西

知縣宅二堂後　縣丞宅縣宅東　典史宅縣丞宅前

土地祠儀門外西　寅賓館儀門外東　譙樓郎南城門樓後移建舊城東門樓

旌善亭大門外東　申明亭大門外西　獄　鐘樓縣治西南

察院　布政分司　按察分司俱縣治西　府館縣治東南

陰陽學　醫學俱縣治西　僧會司東禪寺　道會司玉清觀

庫大堂東　常平倉縣治西洪武三年主簿張文直建成化八年知縣高隆重修

國朝康熙三十七年知縣潘錦重修增建倉厫九間

社倉二 一在縣治西南嘉靖間知縣陰秉陽建一在古南門外賈祠東側康熙七年邑人賈漢復建

稅課司 縣治南洪武六年縣丞邢彥文建

襄城驛 縣西北四十里 侯馬驛 縣西南三十里俱萬曆十年知縣沈琦叙建

侯馬遞運所 縣西南洪武八年建今廢

演武場 城北正德十三年知縣侯秩建

總鋪 縣治西 交南鋪 城南十里 任莊鋪 二十里 喬村鋪 城西南十五里 西辛村鋪 二十里 侯馬鋪 三十里 驛橋鋪 四十里 郭馬鋪 城西十里 楊村鋪 城西北二十里 容裕鋪 城東北二十里 辛店鋪 城北二十里 柴村鋪 三十里 襄城鋪 四十里

養濟院縣治東洪武七年知縣朱武建天順成化間知縣王聰劉璣各重修
國朝順治十七年邑人賈生芝重修

漏澤園一在城北一在城西邑人賈漢復建

翼城縣在城南隅舊治王逢寨東南隅郎今布政分司後唐長興元年縣令張仲温建明洪武四年知縣李諒改建於此訓導靳桂有序嘉靖間焚於賊縣丞張鴻重修知縣賈名儒周詩增修崇禎十四年知縣趙堪重修
國朝康熙四十年知縣馬文鏞增修

大堂　戒石亭　東西六房　儀門　大門

縣丞廳大堂東北　典史廳大堂東北

知縣宅二堂後　縣丞宅廳後　典史宅廳後

土地祠儀門外西寅賓館儀門內東今廢獄西南六房

申明亭大門外東旌善亭大門外西譙樓在庫上

察院城隍廟西

布政分司縣治東內有文路公河亭按察分司衙道街西府館察院西康熙三十四

年地震俱廢

稅課局在剪桐坊今廢

陰陽學在預備倉東醫學陰陽學北俱廢僧會司華嚴院道會司紫陽宮

庫後堂東預備倉縣治西南社倉三陵下梁壁中衛俱廢

鐘樓衙道街教諭張九叙有序

吳村公館距城五十里　把總署在吳村

演武場西關南

總舖縣治南　孝行城東十里　南衛二十里　神王三十里　隆化四十里　神馬五十里　東烏嶺六十里接沁水界　陵下城西十里　天續二十里接曲沃界

養濟院馬王廟北

漏澤園演武場西

汾西縣城東門內宋太平興國七年主簿趙彥建明成化二十二年知縣陳文英修萬曆八年知縣王自謹開拓後宅二進二十年知縣王賓改建崇禎元年火知縣孫以約重建

大堂　戒石亭　東西六房　儀門　大門

幕廳大堂東久圮　國朝康熙九年知縣蔣鳴龍重建側置里馬廠三楹

知縣宅二堂後　典史宅儀門西

土地祠儀門內東　寅賓館土地祠前　獄六房西南

中明亭　旌善亭俱縣西南

察院東門內成化間知縣賈宣建知縣蔣鳴龍修

陰陽學　醫學俱縣治東　僧會司嚴棲寺　道會司關帝廟

演武場縣東門外一里官路南

庫大堂西　預備倉縣治東舊縣丞宅後缺　社倉二一在縣治南一在水澗鎮萬曆間知縣毛炯建　裁改倉蔣鳴龍重修

總鋪在縣　貼金鋪縣南十里　僧念鋪十里　衛家灘鋪十里

團栢鋪十里　水潤鋪十里接趙城衛　廻城鋪縣西三十里　三雲鋪七十里接蒲縣總鋪　連村鋪縣北十五里接靈石仁義驛三十五里

養濟院

漏澤園城西一里年久葬無隙地　義塚城東泰山廟側蔣鳴龍捐置

靈石縣在闈絃門街北明洪武十一年知縣張先建正德六年賊焚知縣孫璲縣丞石宗璽重建嘉靖間知縣董大經申嘉言萬曆間知縣白夏遁有增修

國朝康熙三十八年知縣郎國禎重修

大堂　戒石亭　東西六房　儀門　大門

幕廳大堂西

知縣宅二堂後 縣丞宅二堂東 典史宅縣丞宅南

土地祠儀門外 寅賓館土地祠東 獄六房西南

申明亭大門東 譙樓縣治西

察院正明門街東 布政分司縣治東南隅 按察分司聞啟門街南

陰陽學察院街南 醫學縣門街南 僧會司惠濟寺 道會司瑞雲觀

庫大堂東西 預備倉東門內 社倉五一預備倉內一仁義鎮一冷泉鎮一蘇溪村一段純村

演武場小水北岸 草場惠濟寺東

靈石口巡檢司城北四十五里冷泉鎮今裁

瑞石驛南門外高崖頭鎮隋開皇間獲瑞石於此故名　仁義驛縣南四十里仁義鎮

冷泉鎮察院城北四十五里　冷泉鎮公館察院西街北

仁義鎮公館在驛東

總舖城內　竹竿舖縣南十里　高壁舖二十里　常家山舖三十里　仁義舖四十里　大會頭舖五十里接霍州界　河洲舖縣北十里　索洲舖二十里　兩渡舖三十里　冷泉舖四十五里接介休界　道美舖縣西南六十里接汾西界

養濟院城內東北隅

漏澤園北門外東山下

蒲縣在城東門之內明洪武間建崇禎十五年知縣劉正德修

國朝康熙七年知縣吳運新二十年知縣朱元裕二十五年知縣張帽三十五年知縣張元英重修

大堂　戒石亭　東西六房　儀門　大門

贊政廳東大堂　廷尉署順治十一年典史俞廷音重修

知縣宅二堂後知縣吳運新重修　典史宅大堂東北康熙元年典史朱之增重修

土地祠儀門內東　寅賓館儀門外東　獄六房西南隅

旌善亭縣門東　申明亭縣門西俱久廢

察院舊在城之中天啓四年知縣羅永新改建於縣治西舊學宮地康熙二年知縣王啓泰重修

陰陽學察院東　醫學南門外俱久廢　僧會司勝果寺　道會司關帝廟

張村谷巡檢司縣東七十里

《山西文華》編纂委員會 編

山西文華·史料編

平陽府志

清康熙版

卷三十六（三、四） 第十册

劉益令◎整理

山西出版傳媒集團
三晋出版社

山西文華

序

史記集解序　　漢裴駰

班固有言曰司馬遷據左氏國語采世本戰國策述楚漢春秋接其後事訖於天漢其言前漢詳矣至於采經摭傳分散數家之事甚多疏畧或有牴牾亦其所涉獵者廣博貫穿經傳馳騁古今上下數千載間斯已勤矣又其是非頗謬於聖人論大道則先黄老而後六經序游俠則退處士而進姦雄述貨殖則崇勢利而羞貧賤此其所蔽也然自劉向楊雄博極群書皆稱遷有良史之才服其善序事理辯而不華質而不俚其文直其事核不虚美不隱惡故謂之實録駰以爲固之所言世稱其當雖時有紕繆實勒成一家總其大較信命世之宏才也考較此書文句不同有多有少莫辯其實而世之惑者定彼從此是非相貿真僞舛雜故中散大夫東莞徐廣研核衆本爲作音義具列異同兼述訓解粗有所發明而殊恨省畧

聊以愚管增演徐氏采經傳百家並先儒之說豫是有益悉皆抄內刪其游辭取其要實或義在可疑則數家兼列漢書音義稱臣瓚者莫知氏姓今直云瓚曰又都無姓名者但云漢書音義時見微意有所裨補譬彗星之繼朝陽飛塵之集華嶽以徐爲本號曰集解未詳則闕弗敢臆說人心不同聞見異辭班氏所謂疏畧牴牾者依違不悉辯也愧非胥臣之多聞子產之博物妄言未學蕪穢舊史豈足以關諸畜德庶賢無所用心而已

爾雅序

晉郭璞

夫爾雅者所以通詁訓之指歸叙詩人之興詠總絕代之命詞辯同實而殊號者也誠九流之津涉六藝之鈐鍵學覽者之潭奧摛翰者之華苑也若乃可以博物不惑多識於鳥獸草木之名者莫近於爾雅爾雅者蓋興於中古隆於漢氏豹鼠既辯其業亦顯英儒贍聞之士洪筆麗藻之客靡不欽玩耽味爲之義

訓璞不揣寡昧少而習焉沉研鑽極二九載矣雖詮者十餘然猶未詳備并多紛謬有所漏畧是以復綴集異聞會萃舊說考方國之語采謡俗之志錯綜樊孫傳觀群言剟其瑕礫摩其蕭稂事有隱滯援據徵之其所未了闕而不論别爲音圖用祛未寤輙復攡管清道企望塵躅者以將來君子爲亦有涉乎此也

薛簡肅公文集序　宋歐陽修

君子之學或施之事業或見於文章而常患於難兼也蓋遭時之士功烈顯於朝廷名譽光於竹帛故嘗視文章爲末事而又有不暇與不能者焉至於失志之人窮居隱約苦心危慮而極於精思與其有感激發憤惟無所施於世者皆一寓於文辭故曰窮者之言易工也如唐之劉柳無稱於事業而姚宋不見於文章彼四人者有不能於兩得況其下者乎惟簡肅公在真宗時以才能爲名臣事仁宗母后而遺風餘烈至今稱於士大夫公絳州正平人也自少以文行推於鄉里卽舉進士獻其文百軸於有司由是㸔京

師其平生所爲文至八百餘篇何其盛哉可謂兼於兩得也公之事業顯矣其於文章氣質純深而勁正蓋發於其志故如其爲人公有子直孺早卒無後以其弟之子仲孺公期爲後公之文既多而往往流散於人間公期能力收拾蓋自公薨後三十年始克類次而集之爲四十卷公期可謂能世其家者也嗚呼公爲有後矣熙寧四年五月日序

送陳子履令翼城序　歐陽修

陳子履業吾儒者故與予接聲欬甚習予昔過鄭遇子履於管城其後三歲子履西自馮翊會予於洛陽而去又明年復來遂舉鄉進士自河南貢於京師又明年予方解官洛陽以來則子履中甲科徵拜爲校書郎即其冬得翼城令於絳又明年春西拜其親於洛而後行自鄭之遇及兹行計凡六歲而四見之焉其始也純然氣和而貌野再見之則道所學問出其文辭煒然有出於衆人矣又見之則挾其藝以較於

郡士而以其能勝之今之行也又曰我將試其爲政於絳而且力廣其學當盡落其華而成其實直取古人之所以尚以距今之爲者其修巳力行之道屢見而屢進進且不已而志愈大焉孔子曰未見其止孟子曰孰能禦之者歟夫年少者心銳氣盛者好剛苟有志焉無所不志也然君子之於臨政也欲果其行必審其志審而後果不可易而後悔而學者亦在一朝其所趨而後傳其聞其致思必精其發辭必易待其足於中而後見於外予友河南富彥國嘗與予語於此今彥國在絳而子履往焉又從而辯之後之復見子履豈特若前之見者乎將有駭然者矣

司馬公詩序　宋范純仁

古之君子修身以齊家然後刑於國與天下蓋其言動有法出處有常子孫幼而視之長而習之不爲外物之所遷則皆當爲賢子弟猶齊人之子不能無齊言也書曰積善之家必有餘慶詩云貽厥孫謀以燕

翼子錄此道也端明殿學士司馬公以清德直道名重天下其修身治家動有法度其子弟習而化之曰趨於善蓋亦不言之敎矣又伸之以詩章俾日諷誦簡策則其積善貽謀之道可謂之備宜其子子孫孫世有令人苟尚不能自修而入於君子之塗者則其人可知矣宏孚之子壻也持公詩求序於孚孚樂道公之盛德又因以勉之熙寧八年月日高平范某序

絳守居園池記序　　宋孫冲

長慶中樊宗師爲絳州刺史嘗作絳守居園池記其辭句隱僻不明宗師與韓退之親且相推善觀退之文大不如此咸平六年七月冲奉詔爲絳通判觀園池記其石甚卑小文字多摧缺因熟讀及遊覽園池考其亭臺池塘渠竇花木隄原川河井閭墻墉門戸凡爲宗師筆記處所者雖與舊多徙移然歷歷可見猶視其文未能過半樊之所記有亭曰洄漣曰香曰新曰望月曰柏有塘曰蒼塘有隄曰風隄有原曰鼇

蟋原惟亚西曰白濵今無遺址又鑿其搆水涯爲亭
名也冲登城西與北引望所謂黄原决天汾水鈎帶
者在其記又得之一二其亭爲今之所存者惟香亭
與望月焉按其出處又非舊也其餘皆非當時所名
者也得非遭梁周間鎮是郡者咸因循改易也蒼塘
湮没矣風亭鼇蟋原雖問老吏故民是非難校今之
亭有東南者曰四望居高臺臨鄽市可以望也依斛
律光廟之東曰望京據北曰香香之西北曰會賓前
垂崖之下連柏陰曰水簾池之中曰水心跨昂橋歷
虎豹門而西曰曲水旣北少西夾池曰望月又北限
篠竹搆水曰禮賢且西曰耆黎園曰感恩南對遠引
曰射圃可以習射也前畦夏花新竹三四本壓堤屈
律西北來實水上走别一亭曰姑射西北正與姑射
山相對最居北城上西連廢門臺樓東北可周覧人
家依崖鑿列屋高下水竹葩花老棗翳桑陰咨欝邃
礓響激流引溉蔬圃環折縈帶左可登望今題二亭
曰浩氣菡萏皆北向浩氣連仁豐廳後當公退時可
逍遥養浩然之氣也菡萏蔭虎豹門其下皆芙渠菡

菑也今之亭既興於樊文且多焉其餘渠竇引决花水蔭滋歲久且古輿記舛訛不可驗矣記之易解者曰西南有門曰虎豹其門猶在左畫虎𧸘怒挾力牙而人立所謂葛力千氣𤔡伏地鼉火雷風黑山右胡人鬅黄帬纍珠丹碧錦襖身刀囊鞾撾縚悉如記白豹黄班爲皆非故物也亦後來好事者圖之又曰考其臺亭沼池之增蓋豪王才侯襲以竒意相勝至今過客尚往往指可創起處如此不過數處俾人再三讀之可曉其理如曰水本於正平軌正平帶郭縣也隋開皇十三年内軍將軍爲臨汾令臨汾郎正平也十八年改正平爲軌字世𪶇材令也患州民井滷生物瘠疲因鑿山原自北三十里引古水圖經云鼓堆水地鈌絶經濠坎則續之以槽穿城牖入衙注池别分走街衖阡陌汩汩然鳴激溝渠又灌溉畦町訖入於汾河其文多如此類故欲使人昏迷往往莫辯其理項縣前有梁軌遺記熟見其蹟則知水本於正平軌由此而發語也餘無遺據則皆莫能知嗚呼文者道之車輿也欲道之不漓在文之中正夫聖人文章

八卦彖辭爻象之體雖不膚淺然終能傳解孔子繫辭則皎然流暢其詩書禮樂之文披之皆可窺意是聖人於文章本在達意垂法而已不必須奇怪難入也由經書外子史百家之言固可通導獨楊雄太玄準易而爲之當時之人或不肯一覽故文章在乎正而不雜但如兩漢風骨則仲尼周公復出固無所嫌也太子中舍耿君說知是州將一年常念園池既歷年歲惜其文字缺落因磨石别刋之俾不墜没亦大好事者也畧而序之冀後來者知文之指歸

絳帖評序　宋姜夔

小學既廢流爲法書法書又廢惟存法帖法帖乃古人陳迹耳况數經摹刻已失筆意然苟能冑之亦勝墻面法帖始貞觀自褚遂良所校舘本十七帖是也我太宗皇帝造淳化帖十卷自後有所謂劉丞相沆潭潘尚書師旦絳臨江劉次莊宗氏將字世章汝刻續帖大觀之類不可勝計要皆本諸淳化帖淳化帖

今難得而諸家舊帖亦不易致絳帖傳至今者復有三四本潘師旦所刻爲勝絳公庫本次之厥後漫滅屢經補治甚至字畫乖譌嘗以相校乃知其有三四本也嘉泰辛酉予入越友人朱子大以絳帖遺予歸而玩之因而爲之本事釋文名曰絳帖評按淳化帖王著所集其間固已真僞混淆名代爽失潘氏不悟又從而刻之如劉次莊王輔道劉無言諸人皆嘗刻帖亦不知其非也世有劉氏釋文二卷山谷跋法帖一卷跋絳帖一卷評潭帖一卷秦少游官帖通解六篇米元章官帖跋一卷黄長睿刋誤十篇陳去非校定釋文一卷榆子才潭帖釋文一卷秘閣有法帖字證二卷北方有絳帖字鑑二卷近日榮芑有絳帖釋文一卷并説一卷曾氏釋文一卷諸家惟黄長睿鑒賞最精然帖大畧予因絳帖條流而增偹之使覽者識真僞通其義理然後究其點畫不爲無益於翰墨矣若王著以率更爲何氏東坡以鐵石爲梁老人米以王珣爲張旭以晉帖爲羊欣劉氏以臨海爲諮諏以修齡爲修鄙諸如此類不可悉數皆辨正之蓋帖

雖小技而上下千載關涉史傳爲多惟慚淺陋考訂未詳故著其解闕其所不解以俟博識之君子嘉泰癸亥五月十九日悉易姜夔堯章序

送田師孟知河中府序　元趙孟頫

予讀漢史至循吏傳觀古循吏之所爲政事教化之所感召能使蝗不入境虎渡河去民至稱之爲父母嗟乎何以得此於民哉三代而上未置郡縣循吏之名未立繇漢以來士大夫之賢者苟不得一郡一邑而爲守令政事不見於世德澤不及於民何由列於史官使循良之名愈久而常存也予友田侯師孟以儒家子弱冠而仕於朝且三十年若銓選財用刑名凡國家急務莫不周知而練達而又未嘗一日廢書故于經史百家悉能深知其義而不同于流俗朝家循序而遷得知河中府或謂如侯者當位之于朝出其所學上爲朝廷羽儀展其所長亦足以裨補于明時予謂不然以師孟之才且賢得一城而守之宣布

聖天子德澤下及於百姓將古循良吏復見于今日矣河中古蒲坂舜所都也有虞氏之遺風存焉民淳而事簡亦師孟之所樂也一旦聖天子擢天下之治最者而大用之必自河中始于其行群公賦詩贈之而孟頻爲之序俟名衍師孟其字云

平陽人物志序

明　張昌

洪武乙卯夏昌在成均鄉友張君定方走書來云某承先人之志纂集鄉邦前代人物上自唐虞下迨宋金元氏凡載諸簡冊者得數百人目曰平陽人物誌子盍序之昌乃言曰天生才也不數而其功業之所成亦有大小之分焉有澤被當時功遺後世爲天地立心爲生民立極垂法萬代者若堯舜禹湯皋陶稷契巫咸傅説聖賢之倫是也由是而下代不乏人春秋時則有晋諸卿及師曠亥唐荀息百里奚戰國時則有豫讓田子方段干木在西漢則有霍光衛青張昌馮奉世東漢則有鮑永關羽徐晃賈逵晋則有鄧

攸郭璞衛玠隋則有王通陳茂韓擒虎唐則有張玄素薛收裴度裴洎司空圖陽城柳子厚宋則有孫明復侯師聖司馬温公趙忠簡金則有馮内翰李鶴鳴李莊靖元有郝文忠徐文靖李秋谷王康莊或出而謀國雄長諸侯或效忠報主死節服義或隱居不仕師表一國或身居將相掃空塞漠勒銘燕然或身任社稷事效伊周或領郡撫民治功居最或英義絶倫氣奪三軍有講道授業樂育英才者有位登元相身係安危者有功加當時夷夏畏慕者有首冠巍科名輝一日文章傳後者有出使敵國抗節不屈不辱君命者有歷官清要風節峻厲爲一代正人者是其表表特著足爲後來之楷範焉其他或以行稱或以材顯雖大小不倫而各有可取是何也平陽迺堯舜禹湯之故疆也其遺風餘澤至今藹然尚存故歷代人才之生其間者多忠厚而質實守禮而貴義憂深而思遠原其所自實由聖人之德化淪肌浹髓有以使之也使後之覽是編者聞聖賢盛德遺風之遠英哲功業節義之異將有感發而興起焉則於世教之補豈

淺哉予也生乎堯舜之邦世爲堯舜之人漸濡其化也久矣惜乎德薄才劣空老無成立功立事無補於世視前代之賢哲實有厚顔然得托斯文於編首則誠幸矣故於定方之請不敢以鄙陋辭特爲書此云

薛文清公讀書録序　明閻禹錫

讀書録者先師河東薛文清公手筆前後二十四卷也當先師著述時中心有得至忘寢食隨筆劄記未暇倫類已板行于世矣先師歿之二年愚反復讀之深有感焉乃倣近思録分門別類去其重複釐爲二十四卷嗚呼書誠未易讀人誠未易知夫六經四書之在宇宙如天地之無窮江海之不竭然而漢儒讀之則爲訓詁之學唐儒讀之則爲詞章之學伐根而沃葉埋珠而絢彩於是口耳枝葉之學盛而吾道隱矣及乎宋儒讀之然後如麗日當空瑶琴出匣而吾道始大明焉然程子未遠而有溺于佛老之説朱子未遠而有易爲無極之論是盖不待七十子喪而大義已乖矣惟我先師崛起數百年之後心印濂洛神

會洙泗學以復性爲本言以明性爲先其言曰六經
四書性之一字括盡又曰孟子之後道不明只是性
不明至論所傳之事曰明此性行此性而已嗚乎至
矣盡矣若夫風雩之樂鳶魚之詠每曰道理舉目可
見其獨智自詣何如哉真可與點爾同遊周程共吟
也韓子曰世無孔子不當在弟子之列愚於先師亦
云故曰書誠未易讀夫以武王之聖而不知夷齊以
晏嬰之智而不知仲尼雖王通之舉周子蔡襄之薦
明道亦豈盡知二公者哉若先師之處世自功名者
視之則以爲偏自富貴者視之則以爲迂尚綺麗者
則病其枯淡尚傳洽者則病其拘束抑孰知先師貌
曰人誠未易知若夫先師仕止久速充實輝光許魯
象太極心遊天真而無所待于外哉先師嘗曰揚子
言後世苟有揚子雲者必好之矣某之自信亦然故
齋之後僅見而已其飄然脫灑無所顧慮雖劉静脩
鳳凰翔于千仞之氣象又何尚焉是宜行已立朝磊
落潔白終始無虧而立德立言與天壤俱存也歟嗚
呼深哉愚以無似蚤遊門墻老大無成心衰之餘手

類遺編偕書于首後之君子幸垂鑑焉其詩號爲河汾集者亦偕爲序以傳其文若干卷仍如其舊書成友人山東章丘尹鈞州張慶景祥考績至京師見而冀曰此吾道正脉也願捐俸鋟梓以廣其傳况山東乃先師持節提調學校舊歷之地遂書以歸之先師諱瑄字德溫官至禮部左侍郎兼翰林學士諡文清云

送陽子極尹夏縣序　　明呂柟

臨漳楊子極尹玆夏縣將行有渭川周子曰民之窮矣子極慈之民之暴矣子極鉚之民之慾矣子極宄之民之盜矣子極省之民之愚矣子極誨之靜齋劉子曰廉也者爲政之體也明也者爲政之用也惠也者爲政之效也故君子有不廉廉斯明矣廉而不明非廉也君子有不明明斯惠矣明而不惠非明也涇野呂子曰柟又言之書者君子用以修身也見諸政律者君子用以一民也歸諸禮今之君子之用書也

志取科第已矣仕而弗用也今之君子之用律也計
壯威方已矣原情而弗用也或曰以書仕者腐以律
原情者罷曰若是則著書之聖定律之王皆過矣子
極之才柟久知之雖有惑之者不能亂也

少保王公督府奏議序　明王世貞

貞不佞待罪晉臬而是時少保蒲坂王公以御史大
夫都督雲中上谷諸鎮屬挿部帥俺荅之諸孫把漢
那吉者闌入邊請降未幾而不佞用憂去數從田間
傳邸報部帥以那吉故欵塞縛叛人梟北闕下諸部
解辮受封號請世世比于屬國而王公亦自大司馬
宫保四命而至今官寻世禄親軍錦衣太學上舍亦
再三而其錫有蟒繡褭蹄勲親所不敢望者天子既
用威德臣古所不臣告廟飲至以風四裔梯航重譯
之邦相望于道路而王公獨受上賞人主所以寵靈
而光大公者非一天下固人人頌王公之功而猶未
悉其所以然迫不佞入備九列以通家子謁公始得
公所著督府奏議者伏讀之乃作而嘆曰天下能頌

王公功不能頌王公所懸功也天下之名知公者以功不戰而屈敵能收功于易而不知公之所以屈敵其難固百倍戰也當那吉之始入塞也邊吏以爲一孤童亡所係中國輕重而公獨亟爲上言此奇貨可居俺荅卽急之因而爲市諭以執送叛人趙全等還我爲優待而遣之陰中其舐犢之愛而制其命其次俺荅卽不急之我因而撫納如漢質子法使招其故部居近塞俺荅老且死而黄台吉立勢不能盡有其衆然後以一屠耆谷蠡秩羈縻而置之塞外其與黄台吉媾我則兩利而俱存之其弗與媾我則興師以翼之外不失興滅扶危之名而内收其力報日可蓋不待發公之次策而强敵之父子以及他族若抜之股掌之上而惟我所使矣然是時敵方擁十萬衆壓境不能無所邀求而老將利鹵獲不欲兵寢恣爲恫疑虛喝廷臣守是故常議洶洶不決夫外有不可測之敵情下有不一之將心而上有不一之廷論公謂不蚤斷則大事去故外揚兵以脇敵而内示之忠信挺言辨争以勝盈庭之議而後事始決藉令公一當

生部長平冠軍之屬粟殼騎而躪蒲類踰皐蘭夥溫禺尸日逐不過下軍令申約束取央片言聽捍于一塵尾而已吾故日公之所以屈敵其難固百倍戰也公在鎮凡三歲餘後先所上疏積數十百萬言不獨能得敵要害使其權恒在我而不在敵至於練兵實選材官斥奸宄備要害諸可以鞭撻膺懲之具靡不備使敵曉然知欸我之利而犯我之害其言固班班可考也藉令公果一當生部冠軍長平之屬粟殼騎而躪蒲類踰皐蘭夥溫禺尸日逐得志如漢時而王庭之南北骨白而燐青者豈盡匈奴丁零之屬也耶夫中國之費不過數大縣一互市而坐致十萬之馬敵空群而歸我苑囿之監我不發一鏃而坐弱其兵使之日婾衣甘食遨嬉而廢忘戰事亡堅墉擊柝之劳而安赤子于衽席之上其功又何啻百倍戰也不佞嘗讀趙營平所上屯田封事與李太尉會昌集其論羌魯河北利害瞭若指掌以爲孝宣武宗亡論明主即中人亦能辯之何况隆萬之際稱明良者哉夫晋蕞爾侯國也林父以奔北之餘僅敗一赤狄于曲

梁獲賞狄臣千室而爲之主者士貞伯亦遂有瓜衍之縣魏絳因無終之請納虎豹之皮以請和而晉稍得志于鄭遂舉鄭之歌鍾鎛磬女樂之半以酧絳而享金石之奉乎皆臣天子所以寵靈而光大公者度不爲後也貞不佞竊因公之屬而爲叙其所以令後世知禦戎至明而始有上策其與管平會昌灼然并傳哉

楊襄毅年譜序　明李維楨

嘉靖慶曆之朝蒲坂有三名臣曰太師冢宰楊襄毅公太保司馬王襄毅公太師學士張文毅公楊公後秉銓時王公方領宣大節公卒數年而王公典本兵則張公入政府三公里閈密戚相繼位公孤之尊係天下之重其事最盛然王公未秉銓而文毅爲首揆僅一年勳業似猶有所未竟又於公或厲行或後進皆所謂有待而與者獨公舉進士令關西巖邑因以熟西北邊情形已召爲司馬尚書郎募兵西夏巳從

翟文懿公行邊東踰陽而西張掖所經萬里山川險夷土俗異同亭障堅瑕士馬登耗將吏勇怯與諸邊部落強弱遠近及所牧聚入犯徑竇咸得其詳實而豫籌之出而斧鉞入而樞密一督宣大再督薊遼邊吏奔命至照之目中而畫之掌上壁壘如山號令如風調發如雨卷舒如雲斬獲如取如攜狠子野心戢而不敢肆鞭笞之威乳哺之恩隨所施而奏效遺功遺烈後人賴之是以單于解辮委質而稱臣妾其他萑苻之盜潢池之兵西南之烽火海島之鯨鯢雖有蠢動旋就撲滅則近代爲司馬者無出公右矣當鼎革間再計內吏一計外吏罷贓官邪夜除殆盡已盡録用諸敢諫之臣恬退之士老成耆宿弓旌交錯忠魂枯骨表卹備至薦紳學士翕然顧化秉禮奉法迄于今八座九列百司庶尹方嶽郡邑蜚英聲而騰茂實大都門人故吏公車所薦拔啓事所甄敘風聲所鼓舞感激也則近代爲冢宰者無出右矣公之蹤而致青雲歷中外垂五十年批卻導窾芒刃不折見以爲易而察其時勢殊難肅皇帝深居法宮或有所

假借以濟緩急而每虞太阿倒持槐棘臺鼎重臣在大譴大訶之域者相踵公受委寄如左右手密札咨問非時請事捷於桴鼓羽書上聞潛使人覘鼻息爲安危外專任而內猜嫌毫髮不相當必無幸矣其時相臣阿諛取容連體固寵債帥錢神離跂攘臂而公不善也此一時也若與相兩難也隆慶初相臣尚清議開言路而虛談廢務浮文妨要者輩出甚者儒衣墨行逃諸無何有之鄉人人得尚書自專蜩螗鼎沸熒惑聽聞而公不善也萬曆初相臣務綜覈米鹽煩碎察見淵魚其流慘礉少恩而公不善也此一時也君端拱而聽諸相難在相也公一人之身歷三朝之變而得中其志究其長權震人主而上不疑功蓋天下而人無忌者何也竊觀公朴忠以事主平恕以待士廉慈以馭衆惇大而行之以詳審銳敏而守之以愼重位冠百僚而無安昌杜鄠之產清商半部之樂小人狎侮欺紿攟抄挨扰實繁有徒而恬然不介於懷操生死榮辱之柄頤指氣使炙手可熱而聲色不大嚴凝若不可犯而人必爲質坦然無町畦與人言

和易若可狎而不能以非義干中涓貴勢之造請望
之自遠士大夫賢者咸知遇而思奮不肖者莫窺其
際回心而向道將卒悍者黠者懾而為吾用弱者兢
而樂為死故在鎮則李臨淮之蒞朔方郭汾陽之治
河中在朝則周條侯定燕代而為太尉裴晉公平淮
蔡而領中書韓魏公威西夏而佐元樞獲上信下以
永終譽豈偶也哉楨又嘗考之古今蚤達者不必穹
貴身名俱泰者不必逮其親不必有子孫公年十七
舉於鄉二十成進士未四十而御史中丞甫五十而
宮保其為御史大夫也尊人舜原公無恙三掌邦政
再掌邦治子以文武魁天下六卿一品父子生得者
國朝才兩家而公居一焉任子為金吾至佩玉若郡
守起家鄉會進士若太史省郎之屬項背相望海內
所不數見或言蒲坂故帝都二華中條諸名山環峙
拱向黃河西來繞之如帶風氣所鍾地靈人傑而楊
氏以積德凝承至公大發其祥殆天授非人力也構
李項使君纂公年譜成而少子水部屬楨為序惟公
盛德大業金石竹帛所不勝書詎以不腆之辭重第

述所得於見聞者其槩如此云

送盛子令太平序　明何景明

盛子令太平太平鉅多桀難治何子曰一人百羊無弗群者百人一虎無弗搏者言治體異也十室之邑必有忠信百步之内必有茂草言有惡必有善也故君子不可以善隱惡不以惡傷善夫智而好自易遁也剛而好發易訾也好尙而有欲易畏也三者凡以有巳也有巳者不可以治人夫執火而盗避借鬼以明也屢罵而童子弗趨不慎出也虎豹之在山也莫之能近也然可以出而穽之者有膂于人也是故君子之治民以民之知知民則獲見其情以民之怒怒民則獲伸其威自絜以求甫則人弗得訾故辯其文異其品則黒白章矣公其法定其守志令行矣制愛而取義詘利而尙節身名榮矣

河東兵署序　明畢自嚴

歲巳酉庚辛之交河東大祲夫運在金宜穰而旱而毁討然七策不盡可用也所在易子析骸莫必其命萑蒲之佩牛帶犢者走死地如騖回又時時躁躪我河上無虛日天子速俞王爵議從田間起吾許公來視兵事公至首行部阻深僻遠將皆必有車轍馬跡焉毋下車延見吏民勞問疾苦雖芸牧嬰嫗無不周咨拊循者溥施含哺饘醃矜寡眎圉姦蠲汰貪墨平輸納薄金矢禁廚傳嚴保伍警斥堠民是以有寧宇盜是以有戢志乃其兵策之大者尤在大創回問阨塞幾何某所可地守某所可堵截執殳之士幾何人其可以賈勇先登者誰氏之子也周官之移甲而具財用者何若漢法之踐更者何若天塹豈能飛渡其借寇舟者何以聽彼坐而馴者蟲臚秄介而馳者象人邪何以不爲百姓出死力鞭七人貫三人耳豈異人任也盖精神與文告俱流賞罰與指撝并用而回一再失利去從此不敢窺平渡關矣會公以祝釐行重念天子恩不忍忘河東即不忍忘回遂手録其巳事成篇而自志之曰河東兵畧余讀而歎曰甚矣公

之知兵也詳哉乎言之矣直畧也與哉又寧獨河東也與哉大者軍旅微者奏當而兼焉難精者君子不易檢者小人而兼焉米鹽凌雜籌書期會而賅存焉是兵刑之脈絡相通也是司馬辯論官材司徒井田軍賦之指也是黄潁川之精力獨能行而諸葛武侯之所盡瘁軍務者也晉之先其中軍師有説禮樂敦詩書者諸所張設不盡以文采見無暇論若趙營平晉人所伏羡亦回類史稱沉雄有方畧矣侯亦自言願至金城圖上方畧矣乃當時徵璽書報可者屯守而外無他也數語而外無多也豈惟無多疑有班史傳葢之者非盡出營平古本也是二者公皆過之畧乎不畧乎乃若所畧則有之不鋪張于前不誇詡于後是也不然回卽不若今之魯古之羨亦寧渠出近時仁義王下天子且破留中例用公矣乘機蹈隙條事論功安知不爲封拜地而僅煩記室示不忘已也嗟乎公可謂不貪功者矣然何以不并此巳之兵勢國之大事老臣不明言利害誰當復言之者是又營平之長慮而忠藎之遠謨也且公以太守爲前茅而

謬推余爲後勁即諸銅墨之長一善必有記籍焉公之心可見也嗟乎公可謂不貪名者矣夫公介性所至雅負奇節已信于士大夫矣亦有知其不貪功不貪名者乎是可以告天下之治兵者使公一旦莬中樞顓外閫得盡展其奇畧其奇功應籠蓋人上而猶僅符卿相界豈非以不鈎奇之故耶若余則真碌碌無奇者而獨與公有奇契且余與公生同里與公李舉同籍余先爲雲間李而公之刺郡後之公先爲秋曹而余之入署後之余先公秦藩晉中而其副臬也又後之神相縈也趾相錯也斯其機緣亦已奇矣知公宜莫余若豈待西域及側而後知定遠語非平平耶至公惓惓稱太守策太守惓惓傳公策交相愛也操斯以往何向不克是又可以告天下之同力而治兵者

贈南莊先生致仕詩序　　何景明

南莊先生曲沃李公以禮部尚書視通政使事屢疏伸明農之志上未以爲可數褒慰勉留之至是疏復

上以伸前志既懇以决乃進太子少保賜祿米人夫乘傳還里又錫璽書嘉尚之供帳在途行朝士歎慕觀者傾都曰休兹亦罕異矣能言者咸贈詩焉於是汝南何景明誦其贈詩三歎之曰嗟乎斯可以覽時而見榮辱之幾矣夫道之薄也則人競進競進之時識者以退爲榮夫競進以干榮也至于不已則陷覆繼之是干榮而罹辱也當競進而勇退則身名完矣身與名俱完其爲榮也不亦大乎仕者至以退爲榮其時見矣而其幾之著亦無俟于識者明之然非察微而斷者莫能處也易曰君子知微知章知柔知剛萬夫之望先生兹行也上蒙恩禮下而清議歸之古之退而榮者漢疏傳宋錢若水者其儔匹與夫化格而俗靡者風之衰也故世不可以無風風也者流化而激俗者也詩也者所以風也

幽光録序

明翁正春

幽光録者何録喬太母令狐氏之孅節也幽光何以有録喬太母夙以節蒙褒至今上覃恩賜之棹楔其

玄孫侍御汝儁君輯先後旌語彙爲集以垂不朽者也録成示不佞春盖春莊誦數四而有感于太母之植節難得天厚云夫太母十八而字越四年而嫠遺孤甫周歲即侍御君之大王父也維時豈不能憤烈自裁從夫遊地下顧念此襁中者喬祀之續絶關焉即欲言死義不可耳而日月云遠矢志靡它姑無論其首蓬面垢茹荼攻苦之難堪而以藐然之孤處強宗罹患侮鮮不頹然沮挫者太母乃能委蛇調劑卒以保六尺而有烝嘗斯足奇也昔下宮之難程嬰以不死撫其孤竟以振趙氏後申包胥不殉楚難終復楚業綿歷至戰國春秋多之若太母者殆嬰胥之儔歟妻道與臣道等耳世儒矜才智而務巧宦稍遭威㑹遽爾頗隕甚者弁髦名教畧無顧惜國家奚賴焉太母閨閣者流目未覩詩書躬未覲保傅而能識事情敦大節艱危百出曾不少變故曰難也噫此豈偶然哉太母之性天植之矣要以迪德履應疇非天道夫天道猶水也窪則盈之亦猶橐籥也翕則張之藉令太母不蚤厄則節不完節完矣而亂嗣匪振則無

能表著于世遞世遞矣匪旌嘉于聖天子又安所貽諸後為不朽今大母撫幼守貞儻嘗輒閱六十載如一日而以踰耋終僅四傳而孫子繩繩衣冠赫赫相與闡發幽光直指使者疏其事下禮官議賜旨表閭昭示來禩如前所云太母備之矣諺曰弗謂寘寘將受其報余以是知太母之得天厚也然非太母意也太母若曰吾蘄以勿斬喬祀耳詎敢責報于天又詎知保世滋大永有令譽如今日乃侍御君追念九原冀彰義烈茲録也上以肅主恩中以揚先德下以維世風卓哉忠孝之執而錫類之思乎是可以傳矣故春不辭固陋搦管而弁諸首簡

褒忠録序　明葉向高

讀家乘不後於讀國史讀忠義書不後於讀春秋此褒忠譜之所以必傳也譜盖今死節高公事合天子之音諸名人之銘傳記而成之夫世有寵於銘傳記而不得聞天子之音者其人卽可不朽而非以天子

故不朽也世有寵於天子之音而不得竊名人之銘
傳記者其人未可不朽而竊寵於天子者非真不朽
事也公品格氣節與日爲昭不必在譜中也公肝腸
淚血與火爲碧未必不在譜中也然此家乘也子孫
之瑞也而有天子之音存是一國史矣不在史氏記
載之外也此忠義之書也國之瑞也而譜公必譜公
薊門之所以拂衣譜公必譜公今日之所以不死廣
寧而死松山譜公必譜公今日之死於松山而又燼
於松山譜公必譜公之僕死公若公之死國譜公必
譜先公而死河東者有某某不能如公死者有某某
不能如公死而心忌公死者有某某如春秋法是譜
也褒公也而貶寓焉無貶非褒之至也褒公褒公死
也而生者愧焉生者愧後世必有如公死不忌公死
者可以死也譜則公之子輯之曰忠節則天子之所
錫也今其譜獨曰忠天子之一字爲華衮也褒之義
余竊取之若銘若傳記諸文章皆褒也信史也非若
他人之銘傳記之僅爲家乘也

弘治丙辰重修蒲州志序　明楊廷和

自結繩廢而書契興以治百官以察萬民其爲用大矣及其至也而圖記作焉今之郡縣志皆是也志史類也古之爲史者有表有書有傳志特其一體耳今之爲志者或紀建置或紀山川或紀土田戶口祥異或紀風俗人才盖兼諸體而雜出之者志兼諸體則其治官政益詳察民風益審誠爲政之不可缺焉者也蒲隸平陽府爲名郡故嘗有志元季毁于兵因循至今百二十餘年卒未有能修輯之者成化丁未山陽許侯以鄉進士領州事下車卽欲從事于此顧以歲事之不易兼秉筆者之難其人也姑有所待久之政成屢豐年可以興事會四川布政司叅議郡人楊公致仕還侯大喜亟開局禮聘公主其事且屬鄉進士謝應嘉諸君傳采郡籍以資考校侯政暇則時就公而討其去取盖十閱月三易藁而書始成今年侯述職來朝出以示予請爲序昔宋熙寧中有常州守召至京師引對問以錫山去郡遠近其人無以應神

宗謂其爲守臣而不知境内山川則其爲政可知即日罷歸朱文公守南康始至輙問郡志君子謂其知所先務侯之爲志不獨紀其山川形勝而其土田戸口風俗人材之類一一具見觀于此則凡爲政之次第節目亦畧盡矣侯殆知所先務者哉侯名鵬字雲程嘗守卭州惠政如其在蒲時叅議公名塋字大潔清修篤學老且益堅侯之屬筆于公盖不獨取其史才之長也志凡若干卷有刻板在郡齋云

絳帖考序　明韓霖

從絳人問絳帖譬問聾者以鍾鼓叩盲者以青黄也或曰移之晋府以寶賢堂帖當之譬指山雞曰鳳凰目鼠腊爲玉璞也余少有墨華之癖因取古今評絳帖者互考之源流十得八九然竊有疑焉歐陽永叔嘗古最篤且爲薛簡肅公壻絳有車轍馬跡焉宜得潘氏舊本乃云竊取官帖中數十帖傳寫多失豈數十年間舊本遂散軼耶曹陶齋在淳祐間去歐公又將二百年見真帖即如阿閦至後世所傳求當年之

優孟虎賁亦難矣曹明仲絳帖考以爲十二卷與十卷二十卷之說不合又云靖康兵火石並不存然則宣德間所存非公私兩本或爲重摹者耶石入晉府而蒼頡以下四人書獨若魯壟光晉府奚不並取之且晉府之石今作烏有亾是公則又何如也乃好古之士見絳人必問帖無恙嗟乎鵬翱劍去久矣猶爲藪澤之覛刻舟之求也哉余於世間傳本曾寓目焉横簾北紙神采煥發不知的係何本較之諸家闗本若右軍宅圖等帖字多不同所謂骨法清勁足正王著肉勝之失者定評也白香山鶴荅鵝詩大都我瘦勝君肥堪爲絳本贊語間詢之黄髪曰州官惡石之爲厲也碎而瘞之頃宗侯子固掘地得賑民帖數字較余所見不差毫髪然則石入晉府者訛傳耶抑子固所得公私兩本舊石耶考証未備尚有俟焉文獻通考載姜堯章絳帖評二十卷並單炳文絳帖辨証曹匋齋所稱絳帖字鑑不知尚存人間否惜乎未之見也

巡鹽御史李公還朝序

國朝衛既齊

國家歲一遣侍御史行部按鹽政者凡四區而河東其一也河東歲額較淮浙長蘆爲最約自軍興來加課半喻舊而鹺池久浸丁商告困蓋已十年于茲無敢以請蠲入告者今者侍御李公按河東數月親歷渠堰相水勢蓄洩之方其庳薄不中程者更督修築工成夏秋大雨霖川澤無復潰溢鹺池較往昔免於浸矣既乃力請於

朝蠲豁加增課額数萬兩司計者難之

天子鑒其忠而憫商之久困乃竟用公言蠲免河東人士感公之造福世世也於公之歸朝群謀以言贈公而來屬於余余惟古之以言事君者惟其誠而已矣曰納約自牖卷㢠君之惲於受言故委曲進之耳若當

聖天子加惠元元屢飭大法小廉上下毋飾情以相遁有昌言不諱之朝復何所慮哉

言責者弟患誠意之未孚不患進言之不見聽也今以數萬之賦已成之額以一言而請蠲即以一言而

蠲之仰見
皇上止輦受言約已惠民之至意與侍御爲民請命之心
有深相孚而無間者則公之言有功於國計民生者
大矣乃公之所以見信者不於進言之日也當攬轡
初毅然有澄清之志受事以後日夜肫肫以商民之
心爲心一切秕政弊竇釐革殆盡月晷巡歷堤圩數
十里不憚勤也修渠功倍而費省計丁捐俸給米穀
不忍以厲民也與士大夫接剖藩籬推誠相示語及
鹽法利弊輒諄諄咨訪若惟恐興除之不盡也值風
雨夕每起坐爲計日無妨生鹽否無妨堤工否無妨
民田否不啻田家較量陰晴而憂喜形於色也其至
誠動人感孚中外夫是以通引篆而商民均利緝私
販則威愛兼伸三省諸屬被其澤都邑遠近傳其化
有所請闓遂以上格
宸聽也藉非然者以數萬之賦已成之額而以一言獲蠲
豈易得之數也哉且公嘗爲堤土計請復運判亦幾
格於部議矣而終獲
俞旨惟其信在言先故小言入而小效大言入而大效非

幸也公之誠爲之也天下惟誠在於任事者事無不舉公鹽政之餘朔望集士民於學宮講解

聖諭娓娓不倦父老率感嘆而去河東舊有書院公捐貲葺其敝陋延三省生童肄業其中凡百有二十人日給廩餼月三課之盖文學彬彬稱盛凡此作人敷教固公才所優爲亦孰非公之實心實政有恒不息者然哉詩曰無封靡于爾邦維王其崇之明奬廉之有成憲也又曰中心藏之何日忘之明忠愛之無已也公行矣入對彤廷必將膺寵錫承顧問其所當言者又寧獨鹽政一端而已乎公且盡展底藴慷慨談天下事指畫在堂陛而照及於幽陬蔀屋之下籌策在俄頃而惠成於數千百年之遠則皆於公之誠卜之也食福將遍海内而我河東人士之謳思歌詠方益深且久亦何能一日忘也耶是爲序

李則叶太史六經考序

國朝劉　棨

六經皆明道之書而學士家從事帖括竟視爲博取科名之具遂置精義不復究間有有志經術者又多

惑於諸子百家之說互相牴牾雜而不純是以曲學
爭鳴異端角起而聖人之大道不傳晉絳李則叶先
生以名進士讀中秘書數年請假還鄉里聚生徒講
學西河書院嘗手一編如韋布之士絕跡不入城市
日取歷代先大儒著述有足發明經義者裒而輯之
彙成一書名曰六經考于易詩則取程朱于書則宗
蔡于禮則尊戴於春秋則守安國皆以傳闡經不強
經從傳而于樂記則益加叅訂考據精確折衷於理
或析其義蘊或究其原委或辨其疑似或正其舛訛
俱能抉經中之奥不倍聖人之旨顯而當約而該令
人讀之了然心目其淵通融貫非好學深思惡能神
會默契如此也昔明道先生始求道未知其要返而
求之於六經考亭先生亦受經於劍南羅李而晚年
方著述聖人之大道遂賴以明後之言經未有不以
程朱為宗者今
聖天子重道崇儒行將召先生入金華見先生是書必且
懸之國門頒之天下使人人知六經之義不為異端
曲學所搖奪是即百世後學之津梁也其有裨于聖

人之道豈淺鮮哉余固久耳先生名及覿先生而見其容貌辭氣冲和溫厚粹然知有得於六經者及出是書見示索余序余歸而卒業乃益知先生之學大有原本可坐而言即可作而行也龍門文清先生既没繼關閩濂洛之緒者吾知自先生始矣遂不辭固陋而爲先生序

張同雲先生閑存齋集序　同雲先生諱根樸　國朝衛蒿

振古文章之盛莫先於吾晉曾南豐謂二典三謨亦臯夔輩人所作是已而禹貢一篇載錫元圭告成功之事當在帝舜攝政時孔子删定以冠夏書之編聖人復起無以易之矣班孟堅溝洫志偹録之未敢增減一字良有以也然則陶唐虞夏之文非吾晉孰與歸乎三代而下西漢之文首推史記而太史公龍門人也耕牧河山之陽本紀世家表傳諸書爲百代作史者楷法吾晉文章可知已先生生於晉之聞喜庭訓諄切長公卿會試皆占高魁由翰苑爲部郎出守西粤之平樂迎養郡齋及載賦歸來解裝出其所著

予得之而卒業焉不過先生餘技之一癢者耳會不足以見其才學之大凡而析義精確運筆雄矯蓋不離乎吾晉之文也昔聞之以文章著者晉之著作佐郎郭景純氏洞林蒼雅方言至今不刊晉豐二公功烈爛矣而文章不少槪見豈滄桑屢變而遂失其傳與抑承學者之匹也先生幼出於明少司馬袁袁山先生之門與於直指誣劾之獄由是氣益奇文益肆晚而應膺歲薦自以頒白之老恥爲五斗米折腰鄉里小兒輒拂衣去之其含英咀華雖不敢謂上窺姚姒之涯涘而未嘗見其絶吟停披于百家六藝之編斯藁也嘗我以九鼎之一臠雋永若是使盡出其所弆藏其饜飫人心而果其枵腹也可勝道哉其斯爲吾晉之文章也乎

仕國人文序　　國朝朱之俊

談文於今世幾無人焉錦繡綦組文之衰也論文於古世幾無人焉太羹玄酒文之至也故古人大名節

大忠義洗於兩晉之清譚靡於隋唐之月露腐於宋之道學而留於秦人之一火韓愈之言曰人其人火其書論世之意微矣哉吾晉以十六字爲文章之祖乃陳常明允鑿草野之聰發天地之賁不啻混沌六經嬰孩二十一史也者破龍逢之膽而後世知有君爵首陽之薇而後世知有父觀嬰杵之變而後世知有死生達師曠之耳而後世知有治亂文至此雖筆如董不能增減一字舌如張不能塗隳片言漢家黨錮文光埋土瀝壯繆之血而玄黃戰勝於乾坤唐室闞麗蜀道爲難耀睢陽之劍而菁華掩照於日月外是裴霍狄文之相業廉李衛薛之將才王宋柳白之詞章皆一代偉人樹旗鼓於名節忠義之壇者也或有進予而正之者曰君晉人也毋太過予曰人之用能通節義之窮今人一古人也文之用能空經史之變古文即今文也二毛之傳不以註詩文中之達不以衍易史記何足以名腐遷春秋何足以重孫盛至若温公居鄉鄉化在朝朝安甚至遼人相戒曰中國相司馬矣慎勿生事開邊釁此又寧第一資治通

鑑之力已哉然則非其人而存其書吾謂不如祖龍之灰也范子燿見識此意編曰人文交鄉友古道該是與周樂作而十五國之風大備於季子札一聽間范子其無掞爲晉書也可

唐宋間列國録序

衛蒿

唐宋之間朱子所謂無統之世也國各有史雖梁唐晉漢周爲大國然不容特以勢言而不折之以義也自宋祖命薛居正作五代史而歐陽公又私爲之葢有不滿于薛史者乎惟不爲韓瞕眼立傳爲闕如而侃然論焉道之爲人實足繫千秋名教然亦以五代稱猶有勢之見也存焉迨司馬公奉命修資治通鑑摘取一國之號以紀年以爲便于記事耳而既非大統終難系屬綱目出于甲子下分注列國之年義綦精哉而無不可折衷者朱温賊也當時晉岐淮南西川猶稱天祐天復温爲友珪所殺此與安史皆見屠于其子者何異况國亦隨亡此豈足據諸國之上而接唐統者乎且南唐固非唐裔不得比于漢之昭烈

隱帝遇害世祖紹統義無正于此者而以郭周繼漢擠北漢于劉鋹孟昶之間不幾晦千古之大義乎綱目凡例謂大國紀年小國紀元未免徒據其一時之勢而以宋受周禪爲介介耳蔫不敏輒敢以五代之說爲有宋作史之誤而非百世不易之定論也今但名之曰唐宋間列國而紀年以建國爲先後必閏稱藩於晉南唐奉周正朔貶號江南然後序晉周宋下也庶有當乎至于紀事不過録其興廢始末及圖其譜系已耳若夫其詳則有本史洎通鑑綱目在未敢多贅焉或者謂自唐昭宣遣使奉冊寶于温歷唐宋漢周而及乎宋其餘雖建國而寶不在焉以是爲相傳之次第嗚呼曹操之篡也而寶在魏然不得不以昭烈爲正統晉之南渡也而寶在漢趙至詆晉爲白板天子然不得不以正統與東晉若是者何也義也何獨於唐宋間列國而淆之耶夫義之所在雖薛歐馬朱之編有不可盡信者故敢附孔子竊取之義而爲說如此或者又謂繼恩繼元皆𢷤和假子以僞亂真不足繼漢則將應之曰唐明宗周世宗非乎且以

牛易馬未聞以是而抑東晉况漢之建國也前乎周
及其亾也後乎周者凡再世而威其故臣也夫安得
于北漢乎獨少之惟其義不惟其勢則土地之廣人
民之衆蓋有不足較者朱子嘗曰如本朝必以併河
東為正統至哉言乎而徐氏乃以當時之勢度之謂
六國不足以敵秦吳陳不足以敵晉隋河東不足以
敵宋且引藴氏之說而明朱子語為一時問答云然
于春秋之義果有當乎此蒿終不敢信薛歐馬朱諸
編而竊附孔子之意也

碑銘

柳宗元墓誌銘　唐韓愈

子厚諱宗元七世祖慶爲拓跋魏侍中封濟陰公曾伯祖奭爲唐宰相與褚遂良韓瑗俱得罪武后死高宗朝皇考諱鎮以事母棄太常博士求爲縣令江南其後以不能媚權貴失御史權貴人死乃復拜侍御史號爲剛直所與游皆當世名人子厚少精敏無不通達逮其父時雖少年已自成人能取進士第嶄然見頭角衆謂柳氏有子矣其後以博學宏辭授集賢殿正字儁傑廉悍議論證據古今出入經史百子踔厲風發率常屈其座人名聲大振一時皆慕與之交諸公要人爭欲令出我門下交口薦譽之貞元十九年由藍田尉拜監察御史順宗卽位拜禮部員外郎遇用事者得罪例出爲刺史未至又例貶州司馬居閑益自刻苦務記覽爲詞章汎濫停蓄爲深博無涯涘而自肆於山水間元和中嘗例召至京師又偕出

爲刺史而子厚得柳州既至嘆曰是豈不足爲政耶因其土俗爲設教禁州人順賴其俗以男女質錢約不時贖子本相侔則沒爲奴婢子厚爲設方計悉令贖歸其尤貧力不能者令書其傭足相當則使歸其質觀察使下其法於他州比一歲免而歸者且千人衡湘以南爲進士者皆以子厚爲師其經承子厚口講指畫爲文詞者悉有法度可觀其召至京師而復爲刺史也中山劉夢得禹錫亦在遣中當詣播州子厚泣曰播州非人所居而夢得親在堂吾不忍夢得之窮無辭以白其大人且萬無母子俱往理請於朝將拜疏願以柳易播雖重得罪死不恨遇有以夢得事白上者夢得于是改刺連州嗚呼士窮乃見節義今夫平居里巷相慕悅酒食遊戲相徵逐詡詡强笑語以相取下握手出肺肝相示指天日涕泣誓生死不相背負眞若可信一旦臨小利害僅如毛髮比反眼若不相識落陷穽不一引手救反擠之又下石焉者皆是也此宜禽獸所不忍爲而其人自視以爲得計聞子厚之風亦可以少愧矣子厚前時少年勇於

爲人不自貴重顧藉謂功業可立就故坐廢退又無相知有氣力得位者推挽故卒死於窮裔材不爲世用道不行于時也使子厚在臺省時自持其身已能如司馬刺史時亦自不斥斥時有人力能舉之且必復用不窮然子厚斥不久窮不極雖有出於人其文學辭章必不能自力以致必傳於後如今無疑也雖使子厚得所願爲將相於一時以彼易此孰得孰失必有能辨之者子厚以元和十四年十一月八日卒年四十七以十五年七月十日歸葬萬年先人墓側子厚有男二人長曰周六始四歲季曰周七子厚卒乃生女子二人皆幼其歸葬也費皆出觀察使河東裴君行立行立有節概立然諾與子厚結交子厚亦爲之盡竟賴其力葬子厚於萬年之墓者舅弟盧遵遵涿人性謹慎學問不厭自子厚之斥遵從而家焉逮其死不去既往葬子厚又將經紀其家庶幾有始終者銘曰是惟子厚之室既固既安以利其嗣人

樊紹述墓卑　韓愈

樊紹述既卒且葬愈將銘之從其家求書得書號魁紀公者三十卷曰樊子者又三十卷春秋集傳十五卷表牋狀書序傳記紀誌說論今文讚銘凡二百九十一篇道路所遇及器物門里雜銘二百二十賦十詩七百一十九多矣哉古未嘗有也然而必出于已不襲蹈前人一言一句又何其難也必入仁義其富若生蓄萬物必具海含地負放恣横縱無所統紀然而不煩於繩削而自合也嗚呼紹述於斯術其可謂至於斯極者矣生而其家富貴長而不有其藏一錢妻子告不足顧且笑曰我道蓋是也皆應曰然無不意滿嘗以金部郎中告哀南方還言某帥不治罷之以此出爲綿州刺史一年徵拜左司郎中又出刺絳州綿絳之人至今皆曰於我有德以爲諫議大夫命且下遂病以卒年若干紹述諱宗師父諱澤嘗帥襄陽江陵官至右僕射贈某官祖某官諱泳自祖及紹述三世皆以軍謀堪將帥策上第以進紹述無所不學於辭於聲大得也在衆若無能者嘗與觀樂問曰何如曰後當然已而果然銘曰惟古於詞必已出降

而不能乃剗賊後皆指前公相襲從冀茫今用一律
寥寥久哉莫覺屬神徂聖伏道絕塞旣極乃通發紹
迷文從字順各識職有欲求之此其獨

贈尚書都官郎中司馬君墓表　宋王安石

君姓司馬氏諱沂陝州夏縣涑水鄉高堠里人其先出於晉安平獻王孚至征東大將軍陽始葬於河東安邑後魏分安邑爲夏縣遂爲夏縣人自齊以來降在畎畝而君之曾祖林祖政父炳皆不仕然累世未嘗異居故家之食口甚衆而貧無以贍君幼孝謹父兄悉以家事付之能儉勤以成其家當是時田不加廣又未嘗爲商賈奇衺之業而司馬氏更富父兄皆醉飽安逸而時有餘力則及其鄉人然君遂以惡衣蔬食終身其卒也以景德三年十二月丙子年三十二以祥符六年葬涑水之南原夫人同邑李氏女年二十八生男詠里及一女子而寡頃之詠及女皆卒於是父母欲奪其志而舅姑亦遣夫人自誓不嫁躬

執勤苦使里之四方就學姑李氏老且病常卧一榻扶然後起哺然後食夫人左右侍養未嘗少失其志如是累年以至其没既而里仕奉夫人之官夫人始別其母而思慕成疾久之乃愈里積遷至尚書都官郎中歷將數州而封君尚書都官郎中夫人封永壽縣太君年八十三以嘉祐五年九月甲寅終於京師其年十一月壬寅合葬於君之墓而君之從父弟子起居舍人光叙其事如此以來請曰願有述也以表之墓上嗚呼君所謂謹身節用以養父母而道行於妻子者歟以此而學則豈與夫操浮說而無其實者比哉夫人之德可謂協矣雖非其家人所欲論著吾固樂爲道之又況以起居之賢常爲吾僚而有請也于是書以遺之云

薛簡肅公墓誌 并銘

宋歐陽修

明道二年尚書禮部侍郎叅知政事河東公以疾告歸其政天子曰吾不可數煩公乃詔優公不朝而使

視事如故居歲中數以告乃得還第又數以告然後
拜公爲資政殿學士户部侍郎判尚書都省罷其政
事景祐元年八月庚申公薨于家年六十有八贈兵
部尚書公諱奎字宿藝姓薛氏絳州正平人也公爲
人敦篤忠烈果敢明達初舉進士爲州第一讓其里
人王嚴而居其次于是鄉里皆稱之淳化三年再舉
乃授秘書省校書郎隰州軍事推官始至取州獄已
成書活免者四人徙儀州推官士爭薦其能拜大理
寺丞知興化軍莆田縣悉除故時王氏無名租莆田
人至今以爲德遷殿中丞知河南長水縣徙知興州
州舊鑄鐵錢用工多久以爲苦公乃募民有力者弛
其山使自約利而收其鐵租以鑄悉罷役者人用不
勞遷太常博士召爲殿中侍御史判三司都磨勘司
錫緋衣銀魚出爲陝西轉運副使坐舉人免官居數
月通判陝府府歲餘召還臺安撫河北稱旨改尚書户
部員外郎淮南轉運使江淮制置發運使開揚州河
廢其三堰以便漕船歲以八百萬石食京師其後罕
及其多轉吏部員外郎入爲三司户部副使與三司

使李士衡爭事省中士衡扳時權貴人爲助出知延州遷右諫議大夫御史中丞契丹使蕭從順來朝是時莊獻明肅太后垂簾聽政從順舉止多不遜以謂南使至契丹者皆見太后遂請見朝議未決公獨以理折之從順乃止而嫉公者譏其漏禁中語由是拜集賢院學士出知并州改知秦州秦州宿重兵兵嘗歉食公爲勤儉積蓄教民水種歲中還樞密直學士知益州而秦之餘粟積者三百萬征筭之衍者三十萬聚民舊隱田數百頃所得芻粟又十餘萬秦州之民與其番落數千人詣轉運使請留不果公在開封以嚴爲治民相戒曰是不可犯也囹圄爲之數空居蜀尤有善政民有得僞蜀時中書印者夜以錦囊掛之西門門者以白蜀人隨之者萬計皆洶洶出異語且觀公所爲顧主吏藏之畧不取視民乃止老嫗告其子不孝者子訴貧不能養公取俸錢與之曰用此爲生以養母子遂相慈孝里富人三友皆孤民或妄爭其產公析其貲爲三爲嫁其女于是人皆以公爲仁入拜龍圖閣學士權三司使拜參知政事公入謝

上曰先帝嘗言卿可用吾今用卿矣公嘗使契丹與其君臣語而以論議服其忠坐其後契丹使來必問公所在及聞已用乃皆曰是得人矣邊吏得諜者言契丹欲棄約舉兵上亟召大臣議或欲遣將增兵公曰契丹畏勢而貪利且無隙以開其端其必不動不宜失持重之勢而使其可窺已而卒無事他日上顧公曰果如公言于是益重之明道二年莊獻明肅太后欲以太子衮冕見太廟臣下依違不決公獨爭之曰必若王服見祖廟若何而拜乎太后不能奪爲改他服太后崩上見羣臣泣曰太后疾不能言而猶數引其衣若有所屬何也遽曰其在衮冕也然服之豈可見帝乎上大悟卒以后服葬于是益以公爲果可用也公子男一人直孺大理寺丞女五人次適盧陵歐陽脩公性孝慈雖在大位家人勤儉不知爲驕奢諸子幼孤撫養不異平生所爲文章四十卷直而有氣如其爲人五年某月甲子其孤直孺奉其柩自京師葬于絳州先期狀公之功行上之太常議謚法乃謚曰簡肅

司馬溫公忠清粹德碑　宋蘇軾

上卽位之三年朝廷清明百揆時叙民安其生風俗一變異時薄夫鄙人皆洗心易德務爲忠厚人人自重恥言人過中國無事四方稽首請命西羌夏人叛服不常懷𢙣自疑數入爲寇上命諸將按兵不戰示以形勢不數月生致大首領鬼章青宜結闕下夏人十數萬寇涇原至鎮戎城下五日無所得一夕遁去而西羌兀征聲延以其族萬人來降黃河始決曹村旣築靈平復决小吳橫流五年朔方騷然而今歲之秋積雨彌月河不大溢及冬水入地益深有北流赴海復禹舊迹之勢凡上所欲不求而獲而其所惡不麾而去天下曉然知天意與上合庶幾復見至治之成家給人足刑措不用如咸平景德間也或以問臣軾上與太皇太后安所施設而及此臣軾對曰在易大有上九自天佑之吉無不利孔子曰天之所助者順也人之所助者信也履信思乎順又以尚賢也是以自天佑之吉無不利今二聖躬信順以先天下而

用司馬公以致天下士應是三德矣且以臣觀之公仁人也天相之矣何以知其然也曰公以文章名於世而以忠義自結人主朝廷知之可也四方之人何自知之士大夫知之可也農商走卒何自知之中國知之可也九州八蠻何自知之方其退居于洛渺然如顏子之在陋巷纍然如屈原之在陂澤其於民相忘也久矣而名震天下如雷霆如河漢如家至而日見之聞其名者雖愚頑無知如婦人孺子勇悍難化如軍伍異域以至于姦邪小人雖惡其害已伉而疾之者莫不歛衽變色咨嗟太息或至于流涕也元豐之末臣自登州入朝過八州以至京師民知其與公善也所在數千人聚而號呼於馬首曰寄謝司馬丞相愼勿去朝廷厚自愛以活百姓如是者蓋千餘里不絕至京師聞士大夫言公初入朝民擁其馬至不得行衛士見公驚蹶流涕者不可勝數公懼而歸洛遼人夏人遣使入朝與吾使至塞外者必問公起居而遼人敕其邊吏曰中國相司馬矣愼無生事開邊隙其後公薨京師之民罷市而往弔粥衣以致奠巷

哭以過車者蓋以千萬數上命戸部侍郎趙曕内侍省押班馮宗道護其喪歸葬贈等既還皆言民哭公哀甚如哭其私親四方來會葬者蓋數萬人而嶺南封州父老相率致祭且作佛事以薦公者其詞尤哀炷爇於頂以送公葬者凡百餘人而畫像以祠公者天下皆是也此豈人力也哉天相之也匹夫而能動天亦必有道矣非至誠一德其孰能使之記曰惟天下之至誠爲能盡其性能盡其性則能盡人之性能盡人之性則能盡物之性能盡物之性則可以贊天地之化育矣書曰惟尹躬暨湯咸有一德克享天心又曰德惟一動罔不吉德二三動罔不凶或以千金與人而人不喜或以一言使人而人從之者誠與不誠故也稽天之潦不能終朝而一綫之溜可以達石者一與不一故也誠而一古之聖人不能加毫末於此矣而况公乎故臣論公之德至於感人心動天地巍巍如此而蔽之以一言曰誠曰一公諱光字君實其先河内人晉安平獻王孚之後王之裔孫征東大將軍陽始葬今陝州夏縣涑水鄉子孫因家焉曾祖諱

政以五代衰亂不仕贈太子太保祖諱炫舉進士試
秘書省校書郎終於耀州富平縣令贈太子太傅考
諱池寶元慶曆間名臣終於兵部郎中天章閣待制
贈太師溫國公曾祖妣薛氏祖妣皇甫氏妣聶氏皆
封溫國太夫人公始以進士科事仁宗皇帝至天章
閣待制知諫院始發大議乞立宗子爲後以安宗廟
宰相韓琦等因其言遂定大計事英宗皇帝爲諫議
大夫龍圖閣直學士論陝西刺義勇爲民患及內侍
任守忠姦蠹乞斬以謝天下守忠竟以譴死又論濮
安懿王當準先朝封贈期親尊屬故事天下義之事神
宗皇帝爲翰林院學士御史中丞西戎部將嵬名山
欲以横山之衆降公議其不可納後必爲邊患已而
果然勸帝不受尊號遂爲萬世法及王安石爲相始
行青苗助役農田水利謂之新法公首言其害以身
爭之當時士大夫不附安石言新法不便者皆倚公
爲重帝以公爲樞密副使公以言不行不受命乃以
爲端明殿學士出知永興軍遂以留司御史臺及提
舉崇福宫退居于洛十有五年及上即位太皇太后

攝政起公爲門下侍郎遷正議大夫遂拜左僕射公
首更詔書以開言路分别邪正進退其甚者十餘人
旋罷保甲保馬市易及諸道新行鹽鐵茶法最後遂
罷助役青苗方議取士擇守令監司以養民期於富
而教之凜凜嚮至治矣而公卧病以元祐元年九月
丙辰朔薨於位享年六十八太皇太后聞之慟上亦
感涕不已時方祀明堂禮成不賀二聖皆臨其喪哭
之哀輟視朝贈太師溫國公襚以一品禮服謚曰文
正官其親屬十人公娶張氏禮部尚書存之女封清
河郡君先公卒追贈溫國夫人子三人童唐皆早亡
康今爲秘書省校書郎孫二人植桓皆承奉郎以元
祐二年正月辛酉葬于陝之夏縣涑水南原之晁村
上以御篆表其墓道曰忠清粹德之碑而其文以命
臣軾臣蓋嘗爲公行狀而端明殿學士范鎮取以志
其墓矣故其詳不復再見而獨論其大方議者徒見
上與太皇太后進公之速用公之盡而不知神宗皇
帝知公之深也自士庶人至於卿大夫相與爲賓師
朋友道足以相信而權不足以相休戚然猶同已則

親異已則睽之未有聞過而喜受誨而不怨者也亟况于君臣之間乎方熙寧中朝廷政事與公所言無一不相違者書數十上皆盡言不諱蓋自敵以下所不能堪而先帝安受之非特不怨而已乃欲以爲左右輔弼之臣至爲叙其所著書讀之於邇英閣不深知公而能如是乎二聖之知公也知之於旣同而先帝之知公也知之於方異故臣以先帝爲難昔齊神武皇帝寢疾告其子世宗曰侯景專制河南十四年矣諸將皆莫能敵惟慕容紹宗可以制之我故不貴留以遺汝而唐太宗亦謂高宗汝於李勣無恩我今責出之汝當授以僕射乃出勣爲疊州都督夫齊神武唐太宗雖未足以比隆先帝而紹宗於勣亦非公之流然古之人君所以爲其子孫長計遠慮者類皆如此寧其身不受知人之名而使其子專享得賢之利先帝知公如此而卒不盡用安知其意不出於此乎臣旣書其事乃拜手稽首而作詩曰於皇上帝子惠我民孰堪顧天惟聖與仁聖子受命如堯之初神母詔之匪亟匪徐聖神無心孰左右之民自擇相我

與授之其相維何太師溫公公來自西一馬二童萬人環之如渴赴泉孰不見公莫如我先二聖忘巳惟公是式公亦無我惟民是度民曰樂哉旣相司馬爾賈於塗我耕於野士曰時哉旣用君實我後于先時不可失公如麟鳳不驁不搏羽毛畢朝雄狡率服爲政一年疾病半之功則多矣百年之思知公於異識公於微臣公之思神考是懷天子萬年四方來同薦于清廟神考之功

靳孝子碑　　元揭傒斯

河東有純孝之士曰靳昺字克昌居曲沃同知晉寧路總管府事贈亞中大夫懷慶路輕車都尉追封西河郡侯用之孫贈嘉議大夫兵部尚書上輕車都尉封西河郡侯德淵之子金奎章閣承制學士榮之弟也先九月而喪其父六歲知學母王氏節食衣腕斂釧聘名師以教之長通六經有少未解思之弗得夜以繼日諸疏議皆可默誦而不喜爲文章然落筆旣就作者不能及及其兄奉母官于朝廼至京師有勸

之仕者則日余之至京師也以母與兄之故且京師
者天下賢士之歸也萬一有見聞之益進知其他故
其居京師也自溫凊定省之餘雖飲食坐臥必置書
册其前又有誚之者曰大丈夫生世不乘時樹功業
取將相以揚名顯親何乃齪齪守此蠹魚耶曰人莫
親於父母昆弟其性情非難見也其好惡非難知也
吾日夜求以事之時有弗盡況事君乎賢聖之言載
在方册家承祖父之業具有其書吾日夜求以明之
時有弗得況治人乎古之人四十而仕良有以也且
子所謂樹功立業爲人也吾安能病己從人貽母兄
之羞也閉户讀書如故天曆元年春三月十五日母
王氏卒與兄護喪還河東過平定之平灘雷雨驟至
至曰吾下奈母喪何有頃水果大至遂漂没而死水
坐車上伏柩呼天長號兄及路人皆呼使下暴水且
退得柩三里之外得屍五里之外君子曰靳氏其
不没乎兄生而弟死均謂孝也非兄之生無以承祭
非弟之死無以明必死之義死生雖異皆孝也而屍
難矣後十年翰林學士奎章閣大學士沙剌班聞而

感焉告諸天子天子以爲孝命翰林待制臣徯斯文
其事于碑以爲世勸也臣徯斯曰夫孝者百行之首
萬化之原也治天下者有加于孝乎自聖人之道不
明先王之澤既泯有匿親之喪以固位者矣有假親
之喪以避禍者矣有毫髮之私睚眦之怨以至於弒
父與君者矣况肯不忍其君親之難躬蹈水火而死
乎孝哉靳氏之子天下有愧于靳氏者多矣抑非好
學之所得乎母得年五十九與祖母賈氏並追封西
河郡夫人君年三十九葬于曲沃先塋娶李氏女一
銘曰惟天蒼蒼罔不覆矣惟地茫茫罔不載矣彼靳
之子亦孔孝矣孝而不弔誰之咎矣謂天不仁天則
有神謂地不知地則有祇以孝而死莫知何期生我
者父父既夙喪育我者母母亦長往畏死偷生誠恐
何心死從其母甘與俱沉水之方至雷震萬鼓高原
大陸忽爲水府身在喪車所見惟母可沒者身難沒
者義死見吾母吾亦無愧君則死矣有行卓然譬彼
太行峻極于天惟天子仁方以孝理勅贈封碑以著
天紀

張總管墓碑

明宋濂

君諱仲儀字伯威張姓絳陽人以大官薦由絳學正入翰林爲書寫改戶部令史出爲江西行省掾俄入掾中書用年勞遷寶鈔庫副使階承直郎調奉訓大夫杭州路總管府判官杭爲東南一都會臨以省憲二府幸有事左牽右綴若未易爬梳君處其間不吐不茹上下籍籍稱之曰能吏云海寧潮溢民田廬多没君憂之以牲牲禱于海曰民非田不食非廬無以居神忍化爲魚鱉宮邪即爲魚鼈宮神亦將何依吾恐神不自寧也神加識我語良海波當帖帖禱畢覩沉石水中命健卒繫之未幾復海爲地陸奉議大夫兩浙都轉運鹽使司判官轉奉政江西等處行中書省左右司都使豫章歲凶民掘野鼠食餓莩横道凶執棘釾集城下將爲變衆懼不敢往君單騎出呼曰爾等寧饑死乎兵死乎我張都事也敢害者前敢害者前民皆泣拜散去君還言于省臣大發倉廩賑之賴以活者萬數萧鄧二大姓以武斷自豪州縣匪門

受事顏色不異輙縮縮不敢進小民重足立戒毋敢高聲語君皆治于獄聞者刺羊豕相慶曰吾屬卧始安枕矣擢亞中大夫撫州路總管年始六十有八至官一月即喟然嘆曰顚毛已種種尚可仕弗止乎當從天子丐我婆娑大陰山間以沒餘齒耳遂上休致之請掛冠徑歸越一年卒至順乙酉十月十日也君藏書數千卷披閱不輟上馬入公府亦置袖中人譏以蠹書蟫擢首笑不應曾祖諤金明昌中舉進士登第官至朝請大夫吉州刺史聲號赫然

楊襄毅公神道碑　　明許國

昔我世宗肅皇帝神聖睿明旁燭獨斷選任羣吏各稱其器能讒言遊辭罔間罔貳策役指使動有成功用克內奠方夏外攘四裔功德之隆上配二祖垂譽無極而其時出入將相文經武緯天下倚以爲安者則少師兼太子太師吏部尚書楊公實爲第一公諱博字惟約別號虞坂山西蒲州人也舉嘉靖己丑進

士知陝之盩厔徙長安徵拜兵部武庫主事遷郎中故相翟文懿公奉命犒諸邊以公叅幕府當是時宣大卒悍驕屢戕其帥公告文懿以便宜撫諭之鎮賴無事至肅州屬番數百人遮道要賞文懿欲弗予不能欲予患來者滋衆無以應公請文懿坐堂數以命使至不悉衆遠迎將縛以屬吏番人叩頭再三請乃釋不罪而稍賚其首至者諸番感且畏竟不敢復來文懿還朝首以公薦賜白金文綺改職方郎中公之從文懿起遼左迄甘肅行萬餘里具得山川險易士馬強弱怯勇民所欲惡之大端及在職方曾數入宣大山西督撫奏報一夕十數上公懸度立斷悉中機宜時出奇畫衆謂未必然已而無不然肅皇將有討於安南公請先以文告及乞降請許以自新因疏便宜六事肅皇盡用其策益知公自山東提學副使山東糧儲叅政不四年起拜僉都御史巡撫甘肅畢東諸屬番以辟土畧番居肅州境上其後族類日盛強西人以爲憂而力莫能遣公召語之曰若屬羈於此謂甃安可耳非所以計久遠也自白城至金塔水甘

而草肥吾爲若築城堡作渠壩給耕具俾往居之何
如咸頓首曰幸甚公遂築城七計地與人置食用之
器咸備以示諸酋諸酋讙呼遂出塞遠者至百五十
里鑿龍首等渠墾田三萬餘畝召民耕其中又請以
廵按御史督學政西人由是富而知學會常大入土
兢爲公與戰斬首百四十餘級賜詔嘉獎晉右副都
御史丁毋憂西人遮道泣留窮荒孤戍至今以爲尸
祝俺鑾之未敢也公與總督曾襄愍公論之徵下詔
獄而時襄愍方議遂奪敵情東勝及故受降三城期
並河以爲塞鸞與黨誣爲生事卒殺襄愍庚戌敵入
薊薄都城鸞以勤王有寵數毀公肅皇知其情竟不
爲害壬子鸞死公亦服除明年詔即其家拜兵部
侍郎兼僉都御史經略薊保二鎮庚戌之變敵實道
潮河川入議者爭請爲備而水湍悍不可城公緣水
築墩離立錯峙墩置戍守矢石相及敵衆不復敢捍
臂行其間秋召還提督京城九門故事歲七月輙分
兵守陴如寇至公曰此自敝術也亟罷歸其營兵不
勞而費省冬詔公督薊遼保定軍務選士馬繕堡柴

除戎器爲不可攻以待攻無何敵犯古北口號二十
萬連營百餘里公身被甲督諸軍禦之敵屢攻不得
入則併力攻孤山堡夜攀堞登我軍斬其驍酋敵氣
大沮肅皇馳賜公緋豸衣幣金萬犒士公宣布德
威諸軍益感奮殺傷敵無算已又募死士持火器夜
警其營竟夕四五發敵衆自相蹂躪死比明悉遁去
論功晋右都御史兼侍郎廕一子錦衣千户明年敵
萬騎入馬蘭峪擊却之幾獲其長悉遁去召拜兵部
尚書尋加太子少保黜陟將吏人莫敢干以私丁父
憂戊午召還本部公方疏辭會敵圍大同右衛急召
公往據公乃墨縗出關敵聞曰楊太師至矣遽解圍
去先是右衛被圍久其將士固守無二以公疏請褒
郵條戰守及善後十事奏行之又築牛心等堡寨墩
臺二千八百七十二座濬大濠二長各三十里小濠
六十四交互聯絡敵左右顧不得騁而南晋太子太
保兼左副都御史敵首哮素時以輕騎擾邊計擒之
斬其黨十五人分兵襲擊斬獲又若干人未幾敵入
薊州詔公移鎮公畫地爲十區檄諸將分區拒守而

三耀武於邊諸部震慄終歲無敢近塞者召還掌部
事加少保權倖不便公所爲往往爲飛語中以奇禍
肅皇悉拒不納更下諭褒美諸邊奏捷賜本兵金帛
有加一品考績賜羊酒授勳柱國又以勳其先於是
讒忌始息癸亥秋敵且犯薊前鋒陽指遼督臣信之
身走遼以禦公策敵詐撤止其行不得手爲書三止
之又不得乃嚴備京師而撤諸路提兵傅闕下後數
十日敵果從墻子嶺犯通州烽火徹御官諸邊兵里
見馳入據一日夜雲集敵驚爲神乃解去乙丑以一
品再考廕一子國子生吏部尚書缺廷臣首推公肅
皇難其代留疏一日念非公不足任竟改吏部未幾
肅皇崩穆宗莊皇帝奉遺詔錄忠諫舉遺佚公皆贊
成之平宸濠功復新建伯文成王公爵召諸舊德布
在臺省郡邑長吏有聲績增秩示勞不輕徙官一時
所稱善政多出公請丁卯一品三考晉少傅兼太子
太傅再廕子國子生已論事忤旨會左右倖臣多
毀公者謝病歸辛未莊皇悟詔起公以冢宰行兵部
事今上嗣統邊警益稀詔公還吏部以一品四考晉

少師兼太子太師仍廕子國子生賜賚甚厚癸酉分獻夕月壇疾暴作扶歸上疏乞致仕上不允加賜饋牢酒米公又疏辭謂有不忍言去之狀三不得不去之情三上乃許賜乘傳命子俊民俊卿侍行至蒲數月卒上聞震悼輟視朝一日賜祭葬贈太傅謚襄毅廕一子中書舍人公性明達事無小大一見輒能得其微與其終所當成敗言於士大夫下至厮卒無隱情談說古今品第人物敷暢該博聽者忘倦蒞官蒞戎應酬庶務雖甚繁遽意常安閑夙興候朝夜分討政不少倦怠亦無勞苦之色秉旄仗鉞鳴玉曳紱顒顒昂昂人望而畏蓋其稟厚養完非偶然也所著真坂文集詩集雜著歷官奏議凡八十四卷生正德己巳五月二十四日卒萬曆甲戌八月二十三日壽六十六公之先出弘農華陰國初有諱善甫者始徙蒲州曾祖諱祖遷考四川按察僉事贍皆以公貴贈如其官曾祖妣張祖妣趙李妣田皆贈一品夫人配良累封一品夫人子男五俊民嘉靖壬戌進士太僕少卿俊士萬曆甲戌進士鳳陽府推官俊彥官生俊卿

隆慶戊辰武舉第一人管錦衣衛事指揮使俱叚夫
人出侯臣官生側室賀出女四長適州學生景宣次
適舉人馮淪次適嵩縣守備孫仲金夫人出又次未
字側室何出孫男八元禎元祥元祉元禧元祺元祜
元祐元祿女十四太僕兄弟以歲乙亥十二月二十
日葬公王莊之原書謂予曰先公有碑在神道顧爲
銘予始官翰林則識公其後濫竽內閣與公同知肅
皇數奉諭計兵事及朝之大政大疑言合志孚旣各
自爲知已而孤危之迹每互爲保持賴肅皇察知無
他獲有終始公數謂予曰博之稍有建立肅皇恩也
當宮車宴駕山陵掩土予與公相對撫膺而號者歷
五六而益悲故銘公勳業悉論次肅皇之知而能任
者大書刻焉蓋公志也銘曰君臣之際古難其逢或
旣逢矣而鮮克終於維肅皇協德二祖挈持儀舜熙
茲下土賞必有功用必當才恭已穆清坐制九垓公
於其時奮自郎吏奇畫計謀動與帝契重瞳屢囑曰
宜佐予出總方鎮入秉戎樞先事而言中如龜卜信
口發論萬邦讋服攙搶未鼓鼉裘彖奔荒域載戢鯨

波晏澄帝曰武功已就厥緒尚勅掌銓臣我文治乃
位冢宰董正百官貴權佞諂避莫敢干吏職具修民
用寧一暨於嗣聖亦賴其績顯而復起德音爾昭士
望民譽冠於三朝惟公之生功在宗社厥初未貴誰
識知者赫赫肅皇識公於微豈無謗傷帝意不移同
德同心廿年一日式闡厥猷勳崇名立湯與尹舉宣
作召庸凡公所就孰非天功我銘公碑稽首頌帝明
哉良哉欽於世世

張文毅公墓碑　明申時行

上御極之三年蒲坂張公以官詹晉宗伯大學士入
參機密又八年秉政踰年以父封公之喪歸其廬蓋
上時時念公也嘗顧問左右張少師無恙乎何時服
除於是朝士大夫驩傳張公且復召海內延頸而望
太平曰張公且復召然未及召而公卒上聞震悼輟
一日視朝賜祭加等為十三壇遣官治葬事贈太師
謚文毅蔭一子尚寶丞及是公伯子甲徵等奉閣學
山陰公狀屬余紀其墓隧之石余與公共事三朝凡

公之論議著作與其盾注于國家者皆余所親覩即
不斐其何敢辭公諱四維字子維別號鳳磐山西蒲
州人也其先自解徙世以高義聞里中曾祖寧配雷
祖誼配王繼解父允齡號嵋川公配王實生公以公
貴曾祖祖父贈封俱如其官妣皆一品夫人公生而
穎異甫能言解夫人弄之膝上問兒所欲公亢聲曰
欲一當明主康濟天下解夫人大驚年十五舉茂才
高等督學劉公少許可獨奇公推曰國士嘉靖己酉
舉鄉試第二人癸丑成進士以庶吉士第一讀中秘
書乙卯授翰林院編修無何丁內艱服闋補職壬戌
乙丑兩充會試同考官分校永樂大典是時詞林少
事日游遨徵逐公獨與同志楗户讀書窮討博覽而
尤好深沉之思袁文榮公嘗以博物策士屬公代對
立具草袁公歎曰此眞博物君子矣徐文貞公嘗語
諸詞臣集直中語及國計屬公考訂纂緰推利害所
蹊曰此參政異日憂也隆慶丁卯大典錄成陞右春
坊右中允予五品服莊皇帝首御講幄以公充經筵
日講官公盡心啓對多所開發莊皇帝常竦意聽之

是年主順天鄉試尋陞左春坊左諭德兼翰林院侍
讀戊辰冬請假歸省賜銀幣給傳吕行及春而復巳
巳陞翰林院學士尋陞吏部右侍郎轉左新鄭高公
雅重公推轂甚亟而同事者意忌以爲軋已從中撓
之公遂以疾乞歸壬申春上出閣講學愼簡宮僚以
公充侍班官協理詹事府尋掌府事兼教庶吉士無
何復引疾歸萬曆甲戌詔再起公以原官仍掌詹事
府事充世廟實錄副總裁肅皇帝在位久章牘浩繁
請司掌故皆闕軼公極意蒐討自嘉靖辛卯以後朝
章軍務國賦人才皆犂然具備江陵張公矍然稱服
乙亥上簡置弼臣陞公禮部尚書兼東閣大學士入
內閣參預機務公旣拜命侍上講讀於便殿賜公御
書一德和衷大字公稽首謝出上吕公器度不凡注
視者久之丙子充重修會典總裁官丁丑主會試肅
皇帝實錄成加太子太保進文淵閣大學士賜銀幣
鞍馬戊寅春大婚以公贊襄六禮勞加少保進武英
殿大學士廕一子中書舍人庚辰一品滿考加柱國
少傅兼太子太傅廕一子國子生壬午以決策功進

兼太子太師廕一子錦衣百户世襲凡三進秩皆予三代誥命自江陵柄國以刑名一切痛繩海內既沒而親信之人尚與權璫表裏閣中議多齟齬不行公燕居深念間爲余言此難以顯爭而可默奪令以寬大從事少安人心會皇嗣誕生而公喜可知也日時不可失乃手書勸上宜以大慶施惠天下出諸司所擬寬條屬余損益凡數十事以進上欣然命行之尋以詔恩加公少師吏部尚書中極殿大學士廕一子尚寶丞先是席江陵寵者憚公而易余故起新昌位余上以逼公及新昌論罷設事構隙乃因陽城太宰劾罷族御史并劾公上曰元輔忠臣御史何得妄言持其章不下手詔趣公出憚公者愈不自安則夤緣罪人爵關說權璫保將爲公難御史疏再入上怒鐫御史三級出之外公上疏引咎乞宥言者上褒答不許是時權璫驕恣甚上積不能平言官亦微知上指乃共爲疏論爵及保不法狀上震怒立諭公擬旨曰奴輩盜我威福久其亟誅之乃下爵詔獄論死安置保于南京籍其家言者因追論江陵事上欲窮竟其

獄公從中救解事已請詔臺省舉骨鯁端亮之臣替
月間者賢在列朝宁改觀焉一日上視朝公立金臺
側眩暈欲仆上曰張先生不耐早寒命中使扶送至
閣癸未從駕閱壽宮陟峻嶺上顧近侍曰可令二人
掖張先生其優眷如此無何嵋川公訃至公哀毀不
欲生上特遣中使慰唁徵示以奪情意公泣固謝曰
臣死且不敢上憐之賜賻襚特厚仍命馳傳給道里
費遣行人護行公辭上于文華殿勸上以法祖孝親
講學勤政清心寡慾惜財愛民保終如始因泣下上
爲之動容慰勞甚至公歸壽宮閱定上猶錄公勞賜
白金文綺廕一子國子生比服闋上將召公而公疾
革不起是爲萬曆乙酉十月距其生嘉靖丙戌五月
享年六十公孝友天篤內行甚謹與人交斷斷不能
苟合而厚於故舊嵋川公家居月一馳使定省聞訃
匍匐兼程廢寢食道病幾殆甫至家後母胡夫人亾
兩弟又亾公雖病猶強起爲經紀喪事官保楊南澗
公知公於髫齔公以國士報既沒而葺其祠諸故人
遺孤無所歸公皆衣食之新鄭去國公時赴官詹命

自獲鹿取道會於逆旅江陵嘗以問公公曰昔事高
公猶今事公也去而遠之謂交誼何聞者稱服公居
恒簡重至臨大事決大疑迎刃立斷在閣中數爲余
稱楊文襄公曰本朝經濟國手無如是翁其詠瑩一
事大有作用可謂振古之豪傑意若深有慨於文襄
者乃公所扶危定傾安利天下余竊以爲過之公配
王氏封一品夫人者三有子六人長甲徵兵部武庫
司主事次泰徵禮部儀制司員外郎次定徵中書舍
人次久徵次元徵俱國子生娶皆名族詳在志中甲
徵等以丁亥三月葬公於蒲之風陵鄉蓋公所自卜
壤上卽以賜公從公志也公稱事未久而去去當復
召而閔然不能須臾天固未欲平海內耶何奪公之
亟也嗚呼悲哉余故撮公之大者揭之碑而系曰銘
曰翼翼虞都代鍾賢哲佐運匡時有聲烈烈顯允文
毅應期挺生才爲國華行爲士程肅皇之朝雍容載
筆摛藻琟鴻鑾坡石室暨事穆考執經周旋盟心解
頤賡廈細旃冲聖在宥公歸來復勒成信書乃符夢
卜天子曰咨汝作舟霖其代予言其沃朕心公拜稽

首對揚休命一德和衷不絿不競乃持火七易寒爲春滌煩去苛化瑟維新乃屏僉壬以肅在位射隼於墉投鼠於器乃徵遺逸置之天衢淵無考槃埸無逝駒夙夜劬勞不遑啓處盡瘁厥躬以報明主帝眷元臣日寵綏之其顛其危俾掖持之信若蓍蔡歡若魚水君臣之交終如其始素車西邁欒欒棘人豈不懷恩非弃無親祥琴在堂蒲輪在路乘箕行天公不返顧柄政無何其勳則崇帝心所懷朝野攸同去則有思沒則有卹何其厚矣用酬良弼不墜厥功不隕厥聲于千百年視此刻銘

韓忠定公墓碑　明費宏

士有負正氣懷直道憤世嫉邪以身犯難嬰龍鱗撩虎尾不少顧卹雖阽危瀕死得奇禍於一時然高風大節天下仰之後世頌之視彼脂韋淟涊喪名辱身以苟目前之富貴者其品流區別已相十百況天定勝人剝終必復其名位福履分所當得者卒之若持券取償無一鈌焉豈非所謂君子以得福爲常而得

禍爲不幸耶求之于今則公庶幾乎無媿於此矣當正德之初中官劉瑾等孽於武宗潛肆蠱惑謀移政柄公時爲戶部尚書曰亂其始此矣爲人臣子忍坐視而無言耶率百僚伏闕流涕請誅瑾等武宗幾悟將以瑾等寘於法公同列有乘旹規相位者與瑾等和應害其成瑾愈肆遂入中樞賞罰黜陟悉由已出卿公入骨體矯詔罷之給事徐昂上疏救公瑾黜昂再降公秩尋令以冠帶閒住其子高唐州知州士聰刑部主事士奇皆黜爲民瑾怒未已乃假公在部時計簿有遺失者以爲公罪遣官校械繫至京將煆煉殺之公在獄與司馬東山劉公倡和如平日瑾吹求既無所得乃矯詔勿擬公罪罰輸邊米千石又緣他事羅織而罰者倍之自是家業盡破幾無以爲養越五年瑾誅有詔復公舊職廷臣薦公百疏而瑾黨尚在卒不行今天子嗣極閔公守正罹害賜勑褒慰特加公太子太保階光祿大夫勳柱國賜誥贈其三世復蔭孫一人爲光祿署丞及公捐館訃聞上悼念不已再賜誥贈特進光祿大夫太傅謚忠定仍遣官諭

祭瞢葬於呼公以孤忠報主甘受奇禍一時縉紳莫不爲公扼腕而彼惡直醜正之徒則或傍觀竊笑以公爲不智其甚者忿公異己且從而下石焉其亦可慨也已然貞松勁栢挺立於歲寒之後完名盛福公卒兼而有之非公之所立無媿於天無負於國家曷克以臻茲耶公以某年某月某日卜葬大錫溝之原士奇與其從子廷偉衰絰詣予欲一言銘公墓道予素荷公知安敢辭公諱文字貫道號質庵姓韓氏其先世爲相人蓋魏公之裔也譜稱七世祖諱永値金兵之亂去相徙居山西之洪洞是爲洪洞人曾大父諱昌祖諱淵父諱肅皆以公貴贈光祿大夫柱國太子太保戶部尙書曾祖妣張祖妣李妣吉皆贈一品夫人公將生吉夢紫衣人抱送文潞公與之因名文幼負奇質才思溢發既長從太史裏陵邢公遜之遊學益淵博領成化乙酉鄉薦登丙戌進士第初拜工科給事中持節封韓府高平王諸餽遺悉卻不受會左都御史王越總邉事徼功啓釁率同官劾其罪狀又論薦前冢宰李公秉司馬王公竑可大用語涉宮

禁純皇帝震怒逮至文華殿栲掠幾死陝西紀功郎
中張謹疏總兵等官殺降罔上命公往覈之卒以情
之輕重具實還奏人服其公乙未陞右給事中以直
言爲當道所忌戊戌考滿始陞湖廣少參提督太嶽
太和宫分守荆南談者以用非其地爲公負屈而公
處之裕如勤於其職分守中官與其下皆嚴憚斂戢
境內賴之乂稽覈諸宫羨銀易穀創庾以爲荒備越
三年用巡撫吳公克誠薦改理司事會九溪酋長白
嘴鼻與隣境爭地相攻撫按屬公往視其爭遂息歷
七年以右轉左聞者駭然未幾以外艱歸弘治戊申
終喪赴部冢宰王端毅公知公久滯陞山東左叅政
濟南之俗秉旱輒聚衆發人墓而暴其尸謂之打魃
公曰是甚於尫巫之暴矣亟下令禁之越二年庚戌
用宗伯倪文毅公之薦超陞雲南左布政使先是土
官襲代旁支恃賄與力輒相仇奪土吏滿兩考者例
不赴京復於境內轉相叅補皆宿弊也至公始立法
以釐正之越三年癸丑陞都察院右副都御史巡撫
湖廣地方兼賛理軍務武昌諸郡歲歉疏乞蠲逋賦

以蘇窮民乙卯改撫河南值懷孟以北旱饑令所司
發銀賑貸復竭誠雩禱致雨歲乃大熟丙辰轉戶部
右侍郎丁巳以內艱歸庚申終喪改吏部明年轉左
銓綜平允士論浩然歸之癸亥陞南京兵部尚書參
贊機務先是會守備中官議事多遜避不發一言或
探其意嚮以爲可否公曰事之可否有理與法吾惟
以無私處之可耳嘿爲避禍耶遇事輒昌言商確聞
者無不敬服值水旱相仍民饑而死者相繼公移文
戶部欲預支三月糧以平糴價所司疑未請公以身
任之竟發米三十三萬石民賴以安甲子改戶部尚
書於是時敬皇帝勵精圖治公感激遭遇蚤夜勤瘁
期于足國旱朝畢嘗被召直至榻前諭以鹽法廢弛
邊餉空虛屬公稽考舊制及諸沮壞之弊公疏陳七
事極其剴切皆嘉納之時監軍以征虜宿兵近塞日
費不貲戚畹中貴往往侵民田寄占鹽引黃冠又以
左道禳禬蠹耗帑積公銳卻抑之雖怨謗弗恤也蓋
公自筮仕以來敭歷中外幾四十年凡職所當爲爲
之未嘗不盡其力晚節末路以身徇國尤極忠懇不

以利害得喪易其所守凜乎有古大臣之風此後生小子所以仰其聲光咨嗟願慕而自有不容已焉者公將逝雷電交作天色晦冥弔者如市莫不悲號哽咽蓋嘉靖丙戌二月十五日也距其生正統辛酉九月二十六享年八十有六配張德與公合先公三十年卒累贈一品夫人子三長士聰中壬子鄉試以知州致仕次卿士奇登壬戌進士今爲湖廣左叅政季士賢中乙卯鄉試授開封府同知以乞侍公養進階兩淮運司同知致仕孫男七廷彥以廕補國子生授光祿寺典簿廷臣中壬午鄉試廷端卽所廕署丞者也廷采國子生廷偉登丙戌進士今爲南京户部主事次廷諫廷選俱習舉子業孫女四長適國子生郭瑫次適李旦次適副都御史張潤之子元憲一尚幼曾孫男五曰景休景維景愈景復景偓曾孫女三長聘御史南企之子有拷次聘都司副斷事郭鋆之子維屏一尚幼所著有質庵奏議質庵存稿歸田稿藏于家公風骨玉立凝重和粹有若天成加以奮勵克養學知原本動必志於遠大故平生所立卓然不苟

卒以勳業振燿爲時名卿其子能奉公之教而世其業公可謂久而不朽矣銘曰士貴自立保終爲難志不物挫斯謂之完宋有名臣曰魏公韓社稷賴之如河如山初終一節罔避險艱公豈其裔嚮往夙端以身許國丹心桓桓起家青瑣乃歷屏翰廻翔臺省行衍鴻磐國有桑蘿公嫉其奸曰此巨蠹治亂所關首倡百僚伏闕叩閽危言剴切烈甚輿櫬剛大之氣可激懦頑我道若是寧我失官如彼砥柱屹於狂瀾壁立萬仞可望莫攀聖明御極進公爵班褒忠嘉直恩綸屢頒麟袍玉帶鶴髮朱顔聲光燁燁洋溢宇寰如彼松栢挺於歲寒風饕雪虐不摧以殘抑有子孫如玉如蘭趾美續聞世其衣冠公久不朽既順且安忠定之謚在公無慙巋然堂封過者聳觀

王襄毅公墓碑　申時行

萬曆戊子冬十一月十有七日少保大司馬蒲坂王公薨於里第其伯子謙爲職方郎泣而言於朝上若

曰是惟熊羆不二心之臣捍疆圉綏國家卓有成績
其祝功載優卹如令乃詔贈太保謚襄毅廕一子胄
學賜祭九壇遣官治葬而職方若以墓隧之石未刻
也來徵余言余時以疆事業誹辭未暇再踰年既解
職去乃克爲之蓋余逮事世穆兩朝承乏國史竊覩
記嘉靖中鹵數盜邊起漁陽盡酒泉張掖分三大部
而俺答最桀黠誘致緣邊逋人趙全等居之板升爲
耳目指使每入犯必饜飽以出而庚戌之變至薄都
城犯陵寢破州屠邑所過爲丘墟天子督過文武大
吏逮繫誅夷相屬然莫能制也而莊皇帝時鹵酋悔
禍歸命闕庭解辮交臂而受要束則自公總督宣大
始俺答之孫曰把漢那吉者以內郄來降公納之曰
此天授我也因熟計其便者三有如鹵挾兵坐索則
令以全等爲市陰散其黨便一如以兵挾求則嬰城
固守示之必殺以制其命便二即棄不顧則如漢置
屬國故事異時與俺酋諸子角立其勢自分便三乃
具言狀下部覆請詔官把漢那吉爲指揮使撫馭機
宜悉如公畫俺酋果分道大入索降者公堅壁不與

戰何其解縱奇兵左右擊之重兵遏其前一日七戰
所殺傷過當鹵氣大沮乃使使數輩來言歸吾孫矣
不近塞已又言歸吾孫且款塞然殊無意執全等公
盛陳兵仗召使者立庭下出把漢示之因讓之曰而
酋不念而孫欲速之死耶而以全等故攜釁中國而
孫來上貫不誅厚撫之恩至大而何惜叛人不執以
謝過耶且而孫與全等孰親因遣一偏將軍諭指俺
酋感泣請受封通貢保塞爲外臣遂縛全等九人獻
俘闕下磔於市公謂俺酋雖臣服不犯大同然其子
姓部落甚衆非盡入羈紲令東市西犯謾詞該責以
愚我非筭也則令俺酋籠致諸部部酋皆報如約公
乃爲會奏條陳錫封號等八事衆論譁然不可章日
數上上詔廷臣集議之或可或否或可否半無敢堅
决公聞而嘆曰絕虜易耳幾會一失難可復得奈何
令九邊繹騷無已時且鹵懷德內嚮非有所要脅市
與開原廣寧等非創制也夫言者乃以舌戰與耳食
何異利害吾獨身任之執政咸是公議因講帷面奏
計乃定有司按永樂中封三王故事勅封俺答爲順

義王諸部酋授官有差公臨邊宣上威德定約束諸酋羅拜歡呼奉表謝貢馬五百有奇其上駟以實内廐餘留邊給軍歲市馬牛羊以萬億計陝西貢馬附宣大入其市准宣大一如公策上乃祭告郊廟御殿受賀自是虜歲貢馬入市受撫賞以爲常俺答夙其子若孫再嗣王封皆遵奉法程無二志邊境銷烽卧鼓殆二十年歲省大司農金錢數十萬則公之功爲多始把漢來降或謂之左伊秩訾詐未可信其歸也則慮如悉但謀阻向化心市馬則稱引嘉靖中事謂旦夕必渝盟徙以召侮議撫賞則比於漢致金繒宋納幣詘體爲重而公皆抗言折之以身負荷卒決大計安利國家蓋至於西陲久安軍吏一不戒以資虜而言者遂極詆貢市欲挑釁決鬬甚乃咎公失策以是知人臣任事難而公之任邊事尤難也於呼公諱崇古字學甫别號鑑川其先出龍門文中子國初由汾陰徙蒲爲州人曾祖榮祖馨鄧州學正父瑾三世皆以公貴贈光祿大夫柱國少保兼太子太保兵部尚書曾祖母張祖母張母孫皆一品夫人公少有文

譽嘉靖丁酉舉于鄉辛丑成進士授刑部主事歷員外郎郎中居曹強敏有執嘗繩中貴人部校中貴人啣之欲中以事遣遝卒伺其門終無所得分宜搆陷貴溪獄具公不署名時服其正尋出知安慶府丁外艱服闋補汝寧大盜師尚詔起公計戮其渠率郡賴以完會訐伊藩法其左右羣小歸所侵民田伊藩憾甚誣奏公不能害也繼擢常鎮兵備副使常鎮之有兵備自公始以倭故公創海防條議躬擐甲往來清江柘林間出海殲倭二百餘級尋丁繼母憂起補陝西鄜延兵備轉參政無何擢按察使秦王家兒暴橫長安中公語長史吾用惠文彈治此曹不難難者林連王耳王聞使人謝過從是歛戢再踰年擢河南右布政使尋晉右僉都御史巡撫寧夏至則嚴飭秋防繕塞自花馬池至平虜城聯絡以拒虜約諸將令家丁與軍士同甘苦功罪共之無偏私人人感奮虜犯清水營遣帥鼎擊走之乃以間引河水溉田刱書院羣庠生講業焉虜憚公東徙寇榆林潰瓦渣梁殺大將公提兵救之存其危城絕口不言功功故不錄秩

滿晉右副都御史尋晉兵部右侍郎兼僉都御史總
督三邊軍務首陳四鎮便宜十事及延寧要務八事
皆得請覈實舉行旌旗壁壘皆變虜三入塞遣將岢
將一參將龍擊走之仍命龍等出長城二百餘里擣
虜巢穴覆之復遣兵狙伺破之靖虜衛虜嚙指出血
謂公天神益復遠遁又發兵剿桑園盜平之先以功
晉右都御史時宣大虜患劇上命公以原官移鎮宣
大公手疏言六事其最切者曰備內郡曰華紛議皆
報允虜易公新至悉精騎攻五堡公拒卻之東　虜
聲犯薊撤公應援公若弗聞也者　卒解散及把漢
內附封貢之議定邊境既安而公益以修邊練兵積
穀爲務凡四報工程墾田八十餘萬畝其馭虜施設
變化人莫能測虜奉胡僧戒殺欲迎佛因而許之黃
酋跳梁因間其父子令各自爲備及內困請降則好
語慰之拒弗內也終其身亦無他其善操縱多此類
公歷邊鎮最久熟諳虜情孳孳戰守之務在寧夏斬
首二百五十餘級虜獲無筭修邊垣三萬七千二百
餘丈督陜西時斬首七百六十餘級虜獲無筭修邊

六百餘里城堡墩臺稱之其堧鎮宣大斬首虜四十
六級鹵獲四千餘鹵旣疑罷戰而修邊至一千六百
餘里招降殆千人蓋戰伐則尚首功羈則先內備其
勢然也會遣大臣閱邊還皆推公賜勅褒賚上念公
久勞召還協理京營營務振舉尋改刑部尚書數讞
疑獄法都中宿猾之爲民害者御史言事侵當塗有
旨論戍公持不可曰祖宗設言官罪不言不罪敢言
此於法不當戍忤旨切責已改兵部尚書且一品再
考而言者遂承望詆公上持其章不下公抗疏求三
上彌懇詔許之給驛以行自公嶽歷中外受誥封者
五特勅獎勵者一賜御書正已率屬者一加俸者再
中官就第賜勞者再廕錦衣世正千戶者一國子生
者五因事賞賚白金文綺麟蟒章服之賜不可勝數
最後以壯酋則封追敘公首事勞晉原廕正千戶一
階爲指揮僉事仍詔有司閒問隆恩異數於人臣寡
二云公里居十有二年乃薨距生正德乙亥四月二
十一日年七十有四配張氏累封一品夫人子男二
長即職方郎謙丁丑進士次官生益孫男六人長之

襭錦衣衛管衛事都指揮僉事中丙戌武舉餘皆官
生所著有山堂彙稿歸與漫稿及諸奏議若干卷行
于世以庚寅年十月二十七日葬於郡東十里裴嵋
原公之季友篤於家庭行誼布於閭里及姻族姓氏
詳在楊太史元祥狀中不具載載其大者公有女適
都督同知楊俊卿元祥其子公之外孫也銘曰周稱
方叔克壯其猷晉利和戎實維絳謀嘉隆之間玁狁
孔熾有赫皇威以督疆吏桓桓司馬允武允文英聲
茂實卓爾不羣仗鉞擁旄陳師鞠旅自西自北不遑
啓處蠢爾內訌踊躍用兵駾其喙矣莫我敢攖胡雛
突　回回屈膝公曰天授機不可失終縲賈餌策將
安施曷若犬羊來就羈縻發言盈庭譁如沸鼎公披
腹心握其要領單于左賢聿來獻琛解辮受約不叛
不侵執訊獻俘伏我斧　鑕九塞暵戈四郊息燧當
其首事人持兩端央疑定分孰如公難非常之原衆
情所懼訏謨石畫孰如公豫帝曰休哉時惟藎臣窮
階異數庸答茂勳公還立朝垂紳正色王之爪牙邦
之司直旣倦而休鳳翥鴻冥朝寬純德鄉有典刑公

如長城險固萬里屹然金湯安危所倚公如喬嶽生
鎮八區膚寸崇朝膏澤所需天不憖遺帝有殊錫封
疆之思邦家之戚虞都鄭谷公有菟裘將作經營公
有樂丘生也有涯功施罔極于千百年過者必式

風后冢碑　明王三才

夫道域於正正基於實故德可範法可施功可久苟有實惠垂世自應崇報不朽而況於開物成務之聖乎吾獨怪夫世教之日詭也不崇正而趨邪不務實而尚虛不尊聖而媚佛佛氏者適從何來流入中國彼方立於無何有之鄉究竟安在不過以曇花幻影迷惑衆生而世之賢人智士且不難北面歸依競赴若狂故名山大都瓊宫瑤室丹堊金碧煊燿日月者必佛氏之宫也至於古昔聖賢其先世嘗有大功德於民而陵墓丘墟衣冠荆棘牂羊遊其上而牧豎寢處其旁曾不顧盼及之俾得抔土而託處焉亦可慨矣昔黄帝軒轅氏得六相而天地治神明至風后其一也彼其紀天周地造律製裳刳舟作室經土設井

賓服嚮爽淳化鳥獸爲萬世章程鼻祖至今藉其福澤不衰志稱其生於解而葬於蒲今蒲之焦盧里相傳有風后冢而堆鄉坡渡皆以風陵名其來已久知非浪傳矣乃荒丘夷削封識不存鞠爲民田將尋耒耜嗟嗟生也澤萬世而後不得安尺寸其祟報較之佛氏奚若則趨尙之謂何蒲太守從諸生之議請之郡守計建廟歲祀上達臬大夫及守巡兩大夫諸大夫可其請各捐俸以助役州守以下各有助工遂就凡蓋享堂三間門樓一間東西廊房六間易民間地五畝零南北長四十九步東西濶二十七步界石立表堂宇煇煌風后之德澤恍然如新也嗟嗟其世已遠其神不靈非有孝子慈孫之禱乞非有素封權勢之要求亦非有佛氏福田慈航之說以鼓動之也而諸生之請如彼諸大夫之協助若此豈非實惠之感人不朽而正道之猶在人心哉或曰軒轅之風遠矣山夷川實凡幾變更荒冢黍離孰辨蹤跡風陵有名實邪虛邪余曰然獨不聞風后之所以相乎昔軒轅以大風入夢得風后於占爰立作相夫夢與占皆虛

也及相之而天下果治則夢占虛而致治實矣古志有載鄭渡有名口耳揣摩或未足信而登斯堂者或有感曰夫夫也拮据於百代之前而尙能使百代之後崇報若此未必無興起之想焉則志與名虛也而感人實矣且彼佛氏之功德誰爲聞之誰爲見之而梵宇碁置動費不貲以此較彼孰虛孰實邪其虛也不猶愈於奉佛哉故余嘉其有裨於正學也而爲之記其始末

都察院左都御史贈太子太保眞予曹公墓表

明呂維祺

御史大夫眞予曹先生考終安邑里第上震悼命所司贈官賜廕遣使治祭葬且議諡矣吉陽緝敬李公狀其行蒲坂象雲韓公誌其壙其子訃部君曰良復屬表墓於呂子呂子曰表墓非古也雖然文章流別論曰古有宗廟之碑後世立碑於墓顯之衢路載銘辭也而曹毘鄒公墓詩則云青松羅前隧翠碑表高

墳若夫郭有道無愧之銘陳實文範之謚羊叔峴山之淚陶侃武昌之像先民既殁德音孔存夫亦猶行古之道也矧余與先生爲道義交可無一言鐫諸麗牲之石先生諱于汴字自梁號眞予曹以國氏文之昭也七世祖君祥始籍安邑數傳生公父雲津公希舜有程大中之風配喬繼張公張太夫人出也生而神采煥發目光炯炯舉止端重毅然以聖賢爲期旣入運庠益潛心於理學舉萬曆辛卯鄉試第一人壬辰成進士出鄒泗山先生門筮仕淮陰司李風淸弊絕政簡民和刑幾措所修防錄善直整飭武皆有成績𥳑志道書院聚紳士論學著共發編彙以卓異召爲給事中歷吏科都給事中莞內外計澄敘虛平門無篋牘旣而乞侍養疏九上移居城外神廟始從銓請晉太常少卿予告在言路諸所陳說無不關國計民生綱常世敎及丁太夫人艱誠信致哀自此十載林居澹然世故惟率諸弟子宣揚六諭商証聖宗鄉閭感化而四方來學者如雲光廟起官疏辭未允熹廟初有廣寧之陷乃急裝赴闕客問儻此行遂授遼

鈇如何先生曰濟則韓范不濟則張許尋轉大理少
卿歷僉副院癸亥佐內計璫局方熾先生力保正人
率多嘉賴會推少宰陪馮少墟先生特蒙㸃用先生
疏辭四上卒次去甲子起總留臺不赴乙丑璫局愈
熾竟以黨削奪屏跡養晦譽望彌隆會今上登極起
公左都御史再辭趨朝遂疏陳堯舜之學薦名儒條
吏弊飭廵方禁鑽營澄察典中外肅然宸眷彌殷亡
何　薄都城先生議安內地收人心嚴保甲給粥薦
嚴加警備獲保無虞　遁乞休疏數上奉温旨得馳
驛歸先生自筮仕迄今四十餘年位躋大僚而家猶
壁立布袍蔬食無異寒素至與人爲善之念晚而愈
篤學會復興諸生錄其敎言爲共發續編屬冠警則
扶病登僎形神交頓猶與門人論學不輟及病革謂
計部曰君恩浩蕩愧未報稱奈何甲戌端月十九日
子時正襟危坐逝矣是夕東北方有大星殞光之異
居民罷市弔客越疆臺使請卹督學牒祀郡邑門人
追稱之曰明學先生先生享年歷官元配子姓著述
恩卹具詳李公行狀韓公誌銘及家乘白子曰余始

筮仕郎知海內有真予先生迨余典銓先生爲僉院始定爲忘年交道義相訂臭味莫逆蓋二十年知巳也先生以斯道爲巳任其物身立朝清節忠猷純德邃學巍然爲一世靈光海內無識不識咸欽慕焉先生與鄉忠介馮恭定二先生友善余嘗與忠介往復論學亦親炙恭定友最善然未若與先生習且久也余聞先生之言曰以未發之中爲根本以萬物一體爲規模以改過遷善爲工課又曰學問要透頂源頭一澄萬流自清又曰孔子有耳目口鼻衆人亦有耳目口鼻何增何減要將真處求又曰搜玄窮隱譚天論聖其思如毛其口如河若非實有諸身一毫不濟於事又曰忠君孝親安民阜物辟如饑食湯飲寒裘暑葛隨時行之而已飲食不求人知而忠孝求人知惑也又曰害治不但小人不但不學者學術不正毋爲世病亂之生亦多坐此終日譚孔孟而合孔孟之脉者鮮矣功利辭章無俟論也嗚呼若先生者紹明正學纘承道統其有功於聖門可謂俊偉也巳余嘗謂斯道如日中天萬古不晦當今之時學者愈不可

不自任故表之曰此明大儒名臣眞予曹先生之墓也

浙江按察副使復庵衛公墓表　國朝魏象樞

平陽蒲坂之間土風敦樸自昔多賢人君子至薛文清公倡明絶學爲世儒宗其流風遺範被乎鄉國者所成就人才尤卓犖蓋中世之爲儒者往往滋辨論立門庭其流不能無弊文清之學主于躬修實踐深造黙成爲其學者悃愊無華而其究能有以自立若吾友復庵衛公其選也公諱紹芳猗氏人順治乙酉舉于鄉丙戌成進士知尉氏縣擢兵部武庫司主事再遷爲督捕郎中出補福建漳南道歷四川川北道貴州提學道浙江巡海道致仕家居十餘年卒公之先多宿儒世以易學顯公少孤貧力學得文清公讀書錄讀之慨然有慕乎其人潛心理學標錄儒先之言几案墻壁皆滿自爲諸生矩步繩趨痛自砥礪比居官益清謹勤于其職其令尉氏也招徠流亡芟除强梗民氣漸甦則爲之修舉學校完城郭新廨署百

廢具舉尉人尸而祝之其備兵漳南也戮營卒之通賊者而賊以衆降築隄注水困賊而深箐積年之寇悉就縛其在蜀也勦平川南劇賊单騎撫其餘黨在黔也能以正學董勸師儒士知向風此皆政績卓卓可稱道者而要於寛厚廉平實心任事不爲赫赫名而職業無所不盡以母老致其事歸中途而母夫人病卒二千里徒跣扶柩北歸盛寒露宿柩下手足瘃皴未嘗居旅舍其天性篤摯如此家居以維持風敎爲已任居喪一用古禮建宗祠修族譜釐正葬祭儀節著小學家訓等書凡若干卷於易學尤邃也冢子既齊有學行能世其家初爲翰林檢討公命之曰勉樹名節上報　國恩及出判覇州又命之曰官無尊卑內外隨分盡職皆足自見既齊謹受命賢名日益聞公之敎也余與公爲同年友始識公於京師表裏粹然篤厚長者也去而爲吏治行發聞知其勇於自樹也已而其子來官京師始得聞其闇修篤學之詳嗟乎生大賢之鄉風聞而興起者有矣修之于家見之于政事光明俊偉者亦無幾人如公可不謂賢哉

至行過人而不自表襮著書滿篋而不名一家余懼其久而無傳也因其子之請裒其大端揭而書之

賈封君墓表　　國朝楊永寧

太公曲沃之大李村人也諱生芝字蓉嶼別號瑞石祖定考承信以子尚書膠侯公貴皆贈如太公官太公幼讀遷史至曹相國世家慨然曰是亦足以豪矣遂試爲吏從圖籍中考究軍國之利病民物之憂喜德恁犂然有當於心殊自樂也會明季羣盜滿山歲𥠖洊饑當事者方大行繭絲之政則怏怏不得意時醉酒樓中藏其用以有待而尚書公方少年倜儻駿發負不可羈紲之氣時時急人之病以俠聞閭左閭顧壬人以蜚語中當事者下之理諸親串懼者閉戶憂者攢眉太公恬如也曰世有丈夫如吾兒而長患難者乎維尚書聞之亦語人以爲獨吾父知吾已而事白則縱尚書公杖策走函谷謁孫公白谷卒如燕以事下淮揚而得身依日月也諸親串賀者填門而太公恬然如厥初嘗廵遊國中見宮墻之外有隙地

馬則曰是可爲義學以教育吾鄉之子弟也於養濟院之漂摇則曰鰥寡孤獨之所托命者也黄帝廟之門塞也久矣則曰神之恫也郊之外沸澮無梁又漏澤園狹而無所受則曰吾不忍人之病涉鬼語秋宵燐燐者之無所依也遂出私錢若干畀其事是時尚書公侍郎工部矣具板輿迎養京邸鳴鐘列鼎捧觴上壽諸王侯貴人車馬喧闐登堂載拜太公傴僂揖讓進反從容已而酒闌燈灺絲肉交作仰視老人猶縱談古今旁及少時舊事呼觥暢飲晷無倦色諸王公貴人大異之都下相傳以爲盛事也而太公謂尚書公今

聖天子在上天下太平矣吾自此飽大官粟誠自快吾兒所與盡海内之賢者身名可立吾其歸與未幾尚書公有填撫兩河之役嘗遺之書其畧曰豫天下腹土滿而腴而民何以貧而教化不行也責在吏且在大吏兒其勉之矣尚書公稽首受命諸所設施者上關

國計下益民生太公之教也太公則日與二三老友徜徉西郊之園園中長廊曲檻繚以短垣門内湖石

平陽府志

數片蒼㙛有致當花晨月夕歌聲時出墻外聞者嘆爲神仙中人太公實陶然自得未嘗一擾公私閭巷優游以終老云蓋嘗跡其生平處貧賤富貴之交視夷險如一致其識遠爲善於鄉矣垂之訓誡使斯人食廉吏良臣之福其德溥抱可以用世之具不用於其身而用於其子世固未有厚藏而不大顯者也吾故表之於石使世之過者式焉

孝廉歷陽王公墓表　　魏象樞

吾晉風俗淳樸平陽爲陶唐氏之都尤稱近古自薛文清公以躬修實踐爲明醇儒而河汾之間多篤行君子迄今二百餘年流風遺烈往往而在以余所知有歷陽王公之德孚於家而善行於鄉學成於躬而敎洽於人以耆宿師表人倫者四十餘年余既雅敬公而公之子含眞與余子學誠同舉於鄉以故知公行事尤悉戊午含眞膺召試來京日以親老爲憂形於色踰年甫試畢而公遂捐館不及待含眞銜恤歸

復以書來求表墓之辭余惟公之生平既詳於誌銘謹揭其一二大節鑱諸墓上崇禎辛酉公父守延安吉能部落十餘萬薄城下公方赴省試聞警不終試而馳間道夜入延城登陴贊守禦人稱其孝辛未冬流寇掠縣境鄉民避趨城門閉老弱啼大雪中公力請於令啓鍵納焉庚辰歲饑大出粟以賑所活無算人以是德公甲申春闖賊破猗氏執君欲兵之邑人號泣行救者數千人乃得釋賊敗過猗氏挾公入關將污以僞職公不屈得放歸遂絕意仕進順治三年丙戌土寇起勢張甚縣令謀於公公曰官猶心也民猶體也心靜則體安君慎無擾此小醜必敗頃之果定六年己丑寇復大起城陷令出走寇且屠令家公遣諜者說其魁得贖以出給飲食馬無何令以援師至勢將屠猗公單騎迎言猗人無反狀且公家非猗人不完令爲感動復廉知其家無恙遂戢兵一城賴公以和軍中多掠子女公併請釋之既而有以餘孽告者將加兵復以公言而止自甲申至己丑邑凡四被兵公既得免於難邑中亦以公故不大殘人謂公

之爲儒體用該者也公自少至老未嘗一日廢書覽
益潛心濂洛之學著四書便蒙抄翼四書人物彙考
周易便蒙抄翼周易圖說性理探微等書凡數十卷
闢觀生書院聚學者而身爲之師蒲東闢布諸人士
多出其門顯達者踵相接也修族譜建宗祀置祭田
祭器歲時合食宗人以賙其貧者而扶其不率教者
撫弟孤如己子課家塾中提誨無虛日率次第成名
其婺令狐介俱供給終身被旌爲節婦學官坦獨出
家財新之障陂水於城南爲沃壤數百頃諸利人澤
物事不可勝紀歿之日遠近悲悼猗士民請于學使
者祀公鄉先生祀公之先司空卓封猗氏侯遂家猗
氏曾祖曰處士守祖曰封中憲大夫明德父曰光祿
寺少卿國瑚郎吾鄉所稱珍吾先生者也公名巖楨
字惟肖歷陽其號中崇禎庚午科舉人生萬曆二十
五年十二月七日卒康熙十八年三月十日得壽八
十有三嗟乎自學術之衰世競爲壇坫以空言相高
而無實行其流不可救止若公未嘗名某氏學而生
平無不合聖賢矩矱者斯可謂篤行君子矣百世後

聞其風必有過而式焉者其將徵信於斯文乎

賈義民墓表　國朝賈佩徵

公諱世隆字逸父付岩毋成元配趙繼常舉子三人孟仲禮仲仲賢季仲彝生平嘉言懿行家乘殘闕莫考惟是閭門中署尚行左記年嘉靖右列義民某迄今百餘年矣字畫塵漬幾磨滅不可辨識而里中父老及四方之親戚朋友過吾門者咸嘖嘖夫夫也古之仁者蓋當明嘉靖間歲饑人相食餓殍載道公慨然出廩粟若干石給寠人子寠人子活無算邑令列狀層累上諸部部報可旌焉夫公力田者耳非有學士大夫談道講德之習也公父付岩公當其受產於公之祖欽也屋斤斤一楹田斤斤二十五畝由承先而推貽後又非有陶朱之富可分其餘以及人者也顧殷然恙病如此此非天性忠厚貧而好行其義者耶百世之下斯碑可覩矣

副使翟公墓誌銘　　國朝李　霨

翟氏系出南陽以國爲姓粤魏相璜占籍安邑爲安邑翟氏數傳徙曲沃又爲曲沃翟氏居齊魯者爲東翟居晉魏者爲西翟聞喜古曲沃魏地也故翟氏世爲邑望族前代歷有顯人至諱美者始居邑西之宋村美生文宰文宰生養情養情生期古是爲公祖以明經仕爲同官教諭娶楊氏生封翁諱凌雲邑庠生娶王氏繼李氏生子三公其長也祖父皆以公貴贈封如其官配皆爲夫人公諱鳳翥字翼經號象陛生而警敏耆學稍長博究載籍爲文慕古作者不狥俗好留心理學而又時時高談經濟三晉諸生推爲祭酒已卯舉于鄉順治丙戌成進士授刑部陜西司主事歷員外進郎中以明習法律見稱于其長久之出知江西之饒州府饒當兵燹後民徙田荒凋𢇍之狀滿目公極意招輯流亡咸歸田野漸辟不數月民力蘇息百廢具舉踰年饒大治兩臺使者交章薦之大計以卓異膺蟒服之

陽時各省多荒田廷議設專官督墾俾撫按各舉屬吏治行著聞者爲興屯道董率府佐領其事江右首以公應遂擢江西按察司副使督理湖東七府屯田事屬糊始人或憚其難公精心區畫唯求便民清隱占減浮額按戶給貲計年收課咸井井有法由是民力恒見有餘樂趨恐後會

朝廷下詔求言公即條上十事曰廣屯利寬屯息折屯穀設屯官備屯防均里田豁虛糧立社倉飭鄉約養屯才皆關屯政要務并以所編鄉約鐸書進呈得

旨嘉納允行廣信山寇負固久公單騎喻降之平其巢穴招民屯種使者上其功增秩二級隨陞陝西按察使公起家西曹究心律例凡大獄至奏當立辯然意存寬厚不以周內爲功人咸以爲不冤僅數月陞湖廣右布政使值左使闕公兼攝其事錢穀殷繁案牘委積鉤稽考校夙弊爲之一清且籌西山軍需轉雲貴協餉鞅掌紛拏應之裕如也陞福建左布政使治之一如在楚時未幾以前政會計失當奏册誤罝公名鐫秩四級罷歸後奏辯得白復以遲報水災例議廣

西府江道副使未上裁闕補福建驛鹽道副使公舊
遊也職郵傳鹺政振飭尤力兩臺咸倚重之俄而以
疾不起矣公儀表偉岸不飾邊幅與人交不設城府
舉止伉爽濶畧細故而遇事精詳不失分寸尤長於
吏治故所至咸著聲績爲政務先敎化以古道期人
衍鄉約六諭成編即所謂鐸書者倣古講禮讀法之
意恒爲人解說月朔召見父老勸以敦信修睦課農
桑息爭訟人多化之所在必修葺學宫書院招士子
絃誦其中講學課藝有時親涖之擁皐比上座縱談
名理揚搉古今傲然自得也至于興復古蹟修舉廢
墜尤性所樂爲居官居鄉汲汲然惟力是視所搆涑
水桐園今稱勝地云篤於親交見義必爲恒期於人
有所濟而不見德色人皆以爲長者周世之志甚銳
蓋十未二三售焉惜矣元配景氏封夫人邑庠生㒷
祉女有賢行事尊嫜相夫敎子咸中内則樛木逮下
之風尤籍籍里閈間後公數月卒公生以故明萬曆
戊申二月一日卒以康熙戊申十月廿九日得年六
十有一夫人生以故明萬曆丁未八月二十三日卒

以康熙己酉六月十一日得年六十有三子二貞儀
拔貢生娶李氏恂儀貢監生聘任氏公卒之再閱歲
貞儀始扶櫬歸自闕卜以明年辛亥十月廿五日葬
公於百甲科百子盤之新阡夫人祔焉禮也以余與
公南宫同榜交公久知公最深併繫其事狀數千言
介宗丞楊君地一丐銘於余余不能辭乃畧其瑣細
書其賣之大而足傳者如右繫以銘曰古之志士道
德功名公于二者并力兼營游刃盤根效於歷試智
也無涯云胡中疐涑川之汭晉山之陽勒此貞石永
耀其藏

浙江督學崔公墓誌銘　　國朝張玉書

聞喜子高崔先生既没之明年其孤端等寓書京師
以銘壙之文屬余謂余辱交於先生久庶幾知先生
者余不敢辭嗚呼銓曹握天下人才進退之柄提學
使者握一省人才進退之柄二者均
國家治本所繫不得其人以任之未有不僨且敗者也
我

朝三十年以來任斯職者踵轍相望而兼歷者蓋寡故事
吏部郎無遷轉他曹及秩滿陞監司郡守之事其以
例歲出爲監司者又往往不能爲學使吏部郎之歷
他曹復出爲學使皆自吏部與五曹郎一例遷轉始
子高先生兼歷二秩實勝厥任惜乎天厄其年而使
其業卒未竟也方癸卯冬先生之以晉州守入銓司
也家大人適以假滿再入吏部典選先生至相倚如
左右手時
天子初元宵人妨政銓法紛更變亂不可枚舉惟先生議
與家大人合每銓補一人更定一例必執舊典與持
異議者譙誘辯論不爲少屈若品級考之更定供卯
法之初行其間謬盩錯迕多所牽制先生皆力持之
俾不失
國家大體而後已
功令重懸賞格招徠乞降之人闖越間投誠至者歲無虛
日先生日高爵厚祿以待降臣廟堂之仁也顧其仕
籍既無可鉤考而降者自署官秩輒稱三事大僚高
者得縣齎監司其次亦不失爲郡佐

朝廷名器可若是其濫耶於是嚴核符牒識察印劄僞冒者肅然一清是時栢鄉魏公實爲冢宰先生爲公及門高弟公嘗以二程遺書手屬先生較訂其以理學經濟期先生者甚厚既官銓曹爲之長益相推重意欲屬先生典選顧格于例不得行乙巳竟遷戶部浙江司郎中時家大人業以例出爲河南學使先生每見書俛仰時事戟手太息深嘆銓政之體日輕仕進之途日雜區區一巳之出入軒輊固非所論也未幾遭內艱去戊申復補戶部廣東司郎中己酉典四川鄉試庚戌出爲浙江提學道僉事先生自念稟持古道不能隨時俛仰間詢家大人在中州事益慨然三嘆以謂得行其志之難或曰昔崆峒滄溟皆負海內盛名出爲學使惟公易之先生曰崆峒以諫謫起江右失歡俞中丞鄭方伯幾中於禍滄溟在陝西與殷中丞爭文移不得竟拂衣去某之迂拙倍甚于是其能免乎雖然謹守繩墨砥礪廉隅可自盡者此而已矣其他何計焉既至浙頒示條約申飭月課修繕學校賑恤寒素以浙東諸郡爲冒籍托足之地首試台

嚴杜胥濫嚴較課不數月宿弊悉除自督撫大吏以下皆翕然稱之比至茗溪勞瘁遘疾食格格不下咽矣猶強起竣事而病益不支越旬日遂卒浙士民聞者無不咨嗟隕涕先生諱爾仰字子高世居聞喜縣南丘村曾祖永寧祖東志父贈奉直大夫直隸晉州知州俊母馮太宜人先生之學以明理盡性爲宗自幼游元修成公之門得其指授沉酣于性理大全諸書明體達用措諸行事事奉直公及馮宜人盡孝事其兄盡悌遇族黨子姓有恩戊子舉孝廉會土寇竊發身至賊所以至誠動之遂降其衆筮仕晉州勸學墾荒訓鄉勇停贖鍰治行爲畿輔第一在戶曹主粵東展界之議開復粵諸生逋糧粵諸生逋糧者五百四十餘人得脫於罪生平行誼指不勝屈栢鄉魏公孝感熊先生誌之詳矣茲不復贅特節舉在銓曹與爲學使時事此二秩者旣爲國家人才根本之地而先生理學經濟悉見端於此且書從家大人後聞之尤詳故不禁覼縷述之嗚呼先生眞無媿於古之清修直節介然不易其操者歟先生生于故明天啓五

年十一月二十七日卒于康熙十年六月初一日年
四十有七以壬子十二月十一日葬于村後祖塋之
右新阡卯山庚向配李氏封宜人子六人長端庠生
次靖已酉舉人次章庠生次毅國學生次韶次集賢
銘曰槩先生行淳備植孝友寡求攸師道立經術粹
年不永德無媿名千仞祀百世辛亥卒壬子窆

傳

文中子傳　唐杜淹

文中子王氏諱通字仲淹其先冀徵君覇絜身不仕十八代祖殷雲中太守家於祁以春秋周易訓鄉里爲子孫資十四代祖述克播前烈著春秋義統公府辟不就九代祖寓寓生罕罕生秀皆以文學顯秀生二子長曰玄謨次曰玄則玄謨以將畧陞玄則以儒術進玄則字彦法即文中子六代祖也仕宋歷太僕國子傳士究道德考經籍江左號王先生先生生江州府君煥煥生虬虬始北事魏太和中爲并州刺史曰晉陽穆公生同州刺史彦曰同州府君彦生濟州刺史一曰安康獻公安康獻公生銅川府君諱隆字伯高文中子之父也傳先生之業教授門人千餘隋開皇初以國子傳士待詔雲龍門承詔著興衰要論七篇每奏帝稱善爲昌樂令遷猗氏銅川所治著稱秩滿退歸遂不仕開皇四年文中子始生銅川府君

筮之遇坤之師獻兆於安康獻公獻公曰地二化爲天一上德而居下位雖有君德非其時乎是子必能通天下之志遂名之曰通開皇九年江東平銅川府君嘆曰王道無叙天下何爲而一乎文中子侍側六歲矣有憂色曰通聞古之爲邦有長久之策故夏殷以下數百年四海常一統也後之爲邦行苟且之政故魏晉以下數百年九州無定主也夫子蓋憂皇綱不振而天下將亂乎銅川府君異之曰其然乎遂告以元經之事文中子再拜受之學於四方不解衣者六歲仁壽三年文中子冠矣慨然有濟蒼生之心西遊長安見隋文帝帝坐太極殿召見因奏太平策十有二策尊王道推霸畧稽今驗古恢恢乎運天下於指掌矣帝下其議於公卿公卿不悅文中子知謀之不用也作東征之歌而歸曰我思國家兮遠遊京畿忽逢帝王兮降禮布衣遂懷古人之心兮將與太平之基時異事變兮志乖願違吁嗟道之不行兮垂翅東歸皇之不斷兮勞身西飛帝聞而再徵之不至大業元年復徵不至辭以疾謂所親曰我周人也家於

祁永嘉之亂岙遷焉高祖穆公有大功於生人天子錫之也始家於河汾故有墳壟於茲四代矣茲土也其人憂深思遠乃有陶唐氏之遺風先君之所懷也有敝廬在茅簷土階撮如也道之不行欲安之乎退志其道而已乃續詩書正禮樂修元經讚易道九年而經大就門人自遠而至咸稱師北面受王佐之道焉蓋千餘人隋季文中子之教興於河汾雍雍如也大業十年尚書召署蜀郡司戶不就十一年以著作郎國子博士徵並不至十三年終門弟子數百人會議曰仲尼既沒文不在茲乎易曰黃裳元吉文在中也請謚曰文中子絲麻設位哀以送之禮畢悉以文中子之書還於王氏禮論二十五篇列爲十卷樂論二十篇列爲十卷續書一百五十篇列爲二十五卷續詩三百六十篇列爲十卷元經五十篇列爲十卷讚易七十篇列爲十卷並未及行遭時喪亂先夫人藏其書於篋笥大唐武德四年天下大定先夫人以書授於其弟凝文中子二子長曰福郊少曰福畤後劉禹錫爲墓碑云

陳孜傳　失名

陳孜字勉學浮山人少孤育於繼母范氏中成化乙酉鄉試第四名壬辰第進士登吳寬榜初授浙江慈谿知縣興學校以育賢才敦孝弟以厚風化民有濱海田歲人湮没徵稅如故奏請除之百姓稱快大新邑學重立董孝子祠又於縣治前刱建書院一所選令俊秀楊子器姚謨等二十餘人讀書其中俾名儒錢源教之暇則親爲講解後多登第爲名臣戊戌擢貴州道監察御史將行老幼悲泣送者不啻以萬計至驄馬橋擁輿令不能卽去脫其履懸之邑門及巡鹽兩淮商人多勢要一以公平正大處之無敢犯其令者巡茶陝右用法嚴明私販屏跡時吏部尚書尹旻子編修龍所爲多不法抗章論之悉罷黜巡按山東舉賢能糾貪墨貞度肅僚大振風紀弘治初首陳十四事朝廷咸採而行之已酉陞湖廣按察司副使録囚湖南北多所平反施州苗白嘴鼻貿固恃強奪宣慰之印十餘年官不能取時天官馬文升爲司馬

檄令孜提兵討之孜聞命甚喜妻病劇不治束裝即行及至詢諸父老得山川之形勢乃選漢土軍二萬親爲節度令四川之兵塞其南荆州之兵捍其西施州之兵扼其東自以精甲當其北苗所居之地名銀山嶺前恃大江後倚峭壁自來官兵從未至其地孜令諸軍薄暮蓐食銜枚疾趨涉溪直抵其巢賊不意我兵猝至皆驚擾四奔孜傳令曰吾所誅者白嘴鼻一人耳無預若事諸苗聞之悉解甲投戈而降擒渠惡五十人餘置不問收其所奪印五顆捷報欽賜赤織金紵絲衣二襲鈔一千錠馬公文升覆奏曰陳孜不避艱險躬抵賊穴平負固之苗獲久失之印竭忠爲國奮不顧身若以尋常之賞酬功恐後勤事者解體於是繼加以四鈔亦倍焉且勑吏部進階値其繼母范氏卒即解任歸服闋再任湖廣副使弘治己未進雲南按察使執法如山風行六詔巡撫都御使陳金巡按謝朝宜連章薦其才大可用疏竟留中壬戌當朝覲黔國公沐崑餽贐金三百兩弗受沐公贈詩曰明如霽月懸銀漢清似寒冰湛玉壺癸亥進陝西

布政使辭不行朝廷令山西撫臣移文敦請不得已於甲子暮春始至任未幾進貴州左布政使及致仕鄉居朝廷命有司待以優禮歲時存問嘗以天下宗枝日繁而國家財用有限恐十年之後民不能支欲加裁損庶民困少蘇又以宦官鎮守各省日糜廩餼而百端擾人無益於事宜悉革去疏上朝廷不能用平生簡靜寡言笑對妻子如賓客疾惡甚嚴不干權要居官三十餘年著羔羊素絲之節曾祖敬祖俊俱隱德弗耀父福贈文林郎監察御史五子大經等皆為縣尹見與桑維翰等並祀鄉祠

陶恭介公傳　明夏言

陶琰字廷信號逸菴父銓陝西右副憲生五子公最少初務舉子業功甚純治蔡傳尚書成化辛卯鄉薦第一辛丑登進士廷試次甲授刑部主事累官至南京兵部尚書加太子太保公歷事四朝受知列聖中譽

逆瑾旋觸禍機喜怒不形於進退清苦無間於初終建業立功完名全節兩歸田里皆由自陳八轉京堂未經彈劾論薦計六十餘疏歷官踰四十二年奉身無長物適口無兼味自常祿外一介不取往來行李惟三竹笥時人呼爲陶三扛既歸休建别墅於城西汾水之陽鑿池種蓮開徑植菊每風日晴和輒命童子携筆床茶竈引肩輿造之徘徊其間或據梧吟哦或寄情翰墨鄉人望之若仙爲詩文渾厚雅正不事雕琢自成一家所著歸田稿菊莊録若干卷藏于家嘉靖壬辰卒享年八十四賜祭九壇諭工部給棺木遣進士嚴寬董工治坟贈少保謚恭介後復建祠崇祀三子滋治沭俱著名于時

王復允傳　　　明王　邵

王臣直初名聯科字聖隣别號復允父之屏壺關教諭公生而夙慧少有遠志讀書籠鷄卧榻側聞鷄初號輒危坐誦讀至夜二鼓不休十二歲補博士弟子員試屢壓其曹偶萬曆庚子領鄉薦乃大肆力於文

章兵農禮樂九流百家之書無不涉獵才名由是日
起徵文者絡繹於門敏捷如枚皐有求輒倚馬以待
太史倪元璐覽其古文辭致書云宏深奥衍異日當
左提闗西右携漳浦其推譽如此尤喜譚制舉義問
字者履滿戶外諸弟暨諸子姓籍膠庠者二十八人餼
廩五人鄉薦二人皆公督課力也志期傳一第大其
展布乃屢困公車五列乙榜戊辰以母命謁選授泗
州守日聽獄數十條曲直罔不稱情舊例庶人在官
者其祿半以媚上而剝民償之公却不受陵工求大
木須數月往返公秘召木商先以民餉充官用後以
官餉補之越八日積木如山治泗四月遭母喪諸臺
使雅重其才堅議會題奪情公泣血固辭輿櫬而歸
既襄大事無復宦情闢最古園日徜徉其間庚午流
寇渡河鹾臺陳廷謨憲副焦源溥造廬請練鄉兵咨
議城守公躬率義勇冒矢石禦寇鼓堆光馬黄花峪
諸處絳之固知得以無恐大中丞宋統殷秘咨軍務
公條列勦撫機宜悉中肯綮宋公兩薦於朝俞旨奬
勵念村居難以收保同從兄别駕聯芳各輸金數百

城之山麓之遭焚刦者耕無寧耒死屍相枕公同靈
丘管理朱彝鏵募金六百賑之而掩其胔骼既免喪
不改高卧志郡孝廉韓雨公霖投詩勸駕有每飜晋
史懷王猛未許明時卧謝安之句公感知已言再謁
選得開州開繁劇如泗且爲盜藪椎埋之奸無虛日
公至則懸書數百言開其自新之路尋建議修城捜
括九百金不擾里甲行保甲法城鄉各有長教以形
名步伐有事以旗致之椎牛而饗銀牌花幣以旌其
忠勇大盜陳樊諸人憚公嚴明出亡境外練兵紫岸
鎮數客戎服携三艷婦佇觀馬公睨視之曰盜也訊
之不服設計問三婦果被虜者遂誅數客移文招三
婦父兄領之且還其千金裝遠近莫不頌公仁明西
山寇掠濬滑距開九十里公率兵數千迎擊於清河
堡或勸勿遠出公曰戰所以守城也不則寇薄城下
矣兵憲盧象昇馳救濬滑執手相勞曰安得守令盡
如開州者相持五閱月賊竟未敢東行長垣闗令公
往攝篆終以交際不媚失權貴歡爲銓部所抑遂解
組歸抵家絕口不言宦途升沉但與王尊生曰善耡

天池承培辛復元全李肖溪承賜講明心性公精諳二氏而惟以周孔爲宗地方有關係事輒出爲剖白全活甚衆天性孝友以冢子當戶不蓄私囊與弟雖析居每飯仍聚食如故自爲諸生以迄宦游衫褌皆布爲之至賑饑恤困動割百金目不少瞬才具過人所好輒工彈琴奕碁獻詩作字間冗靡閒尤工書法懷宗見之嘆賞因傳御札令草書數幅進呈撰述甚富稿多散逸有德淵雜著及夜告亭詩刊板行世崇禎八年卒享年五十九子大武庚午舉人有才名世其家學

景處士傳　國朝杜篤祐

處士景姓名星字依庚安邑人少失怙繼母郭撫之毋嚴公委曲承順以孝稱安貧樂道潛心力學不以貧困動其心性嗜左氏史記班固漢書尤精舉子業從遊甚衆年三十始入泮時曲沃宰李公夢神人拊其背曰汝子與安邑景星同年友也覺而異焉使使察之得公於諸生間因延至署肄業嘗曰吾人當以

忠孝自期彼苟且名利餍妻活子者烏足道哉李閫之益重謂其子曰景生治世之棟梁亂世之砥柱也爾曹其師事之丙子舉於鄉而李侯子亦售於其省與夢中語相符云甲申闖逆犯都時其黨僞授公懷來道防禦使公不應賊黨强委節公猶不應又數日賊縣令祁呈瑞具車馬廹門公執義弗許賊强扶公馬上公投下復扶公復投縣令怒曰新法不仕者斬公大罵曰汝賊也欲使我爲賊吾寧就戮賊衆齟齬去觀者莫不稱嘆流涕公返謂妻子曰此余死時也遂絕食七日囑其子曰我死當題我墓曰明處士景星之墓外此不及一言言訖而逝時年五十二歲嗚呼公之節義豈不爭光日月哉余與公同年友也相距百里備悉其事遂援筆而爲之傳

曹月川先生傳　　國朝翟鳳翥

先生諱端字正夫號月川本姓楊曲沃閭村人五世祖嗣以父命繼舅氏後因姓曹徙家垣曲葛伯寨曾

王父仲和公再徙永寧父敬祖公徙澠池窟陀里毋卲夢修竹而生先生頴悟端莊二三歲坐必直身與群兒立必拱手不妄戲謔飲食知孝讓祭掃知恭敬儼然有成人度父異之名曰端五歲解河洛陰陽之畫究風雨雷電雲霓之故九歲就里師讀孝經曰不如是不成人子讀忠經曰不如是不成人臣父問忠孝二道乎曰孝以事親忠以事君孝也可爲忠忠也卽爲孝父又異之十五通四書五經傳及群書弱冠補邑博弟子同邑陳公見之曰世有好學如是者乎以女妻之父爲建勤苦齋先生晨夕讀書其中冬不爐夏不扇不飲酒不茹茶心無外慕手不停披坐下兩磚皆穿尤喜讀辯惑編爲其明正道闢邪說粹然一出於正也著性理文集力辯釋老之非勸其父勿賽神勸彭鄭二先輩勿赴水陸會詆巫覡之誣折府吏鬼神之事請邑大夫毀四野淫祠百餘所惟存夏禹雷公二廟爲設里社壇諭鄉人祈報焉建文二年攝澠池儒學事部使者照刷文卷以前官違式下先生獄先生處之泰然未幾白一日家被盜同舍廉得

其人不問曰以二絹訟官其人行止敗矣倡明道學
日事著述一言一行皆有規矩一動一靜盡合準繩
接人温和不較短長不言貨利一以誠心與之輯家
規編夜行燭以啓其父作詩勸兄弟同居立誡示子
孫安分建宗祠置祭田以祀先世建義祠以祀外族
邑大夫表其里曰端士里永樂戊子鄉舉第二人巳
丑乙榜第一授霍州學正霍先乏人師李白雲攝教
事先生至仍延同講席不冠帶不見諸生有問擬理
荅之務躬行實踐四方學者日益多霍初艱於科自
是每鄉舉有人多至五六人霍人饑分俸濟貧生勸
州太守發倉粟賑郡人賴之貧不能赴任者助之客
死于道者瘞之門人毋缺養者周之同僚歿母老子
幼者資還之在霍九年母卲儒人卒于家訃聞明日
遂行披髮跣足塊苫水飲途中見者感涕徒步抵家
踊哭幾絶既而父敬祖公亦病卒殯塟一循家禮不
用風水齋醮負土成丘廬墓三年有雀巢兎雉異來
學者卽於墓側受之制未闋霍人詣闕上疏乞復任
未報辛丑補蒲州其行巳教人如霍生辰不受賀祝

修學宮廨舍不辟太歲不計生旺同僚友遊梓潼祠僚友禮甚恭先生曰何諂也曰斯文主曰梓潼主斯文孔子主何事嘗論配享曰曾點顏路伯魚父也坐兩廡顏淵曾參子思子也坐殿庭非禮也合於殿東另祠祀叔梁配點路諸公斯爲當理一生爲其繼母訟先生論之曰閔損王祥皆善事繼母者繼母而不敬事視父爲何人愛親者不敢惡於人敬親者不敢慢於人況繼母乎言訖淚下諸在側者皆泣其母子悔悟而歸諸生有欲作佛事葬其親者以道正之有欲從母進香解州關侯廟者以義責之霍人邢大使重修五嶽廟求先生文皆力闢止之太學生王鑑母病貧不能醫爲延醫愈之門人卒者往弔必再拜曰師生有荅拜禮爲主其喪葬以儒禮西安知府郭晟問政曰吏不畏吾嚴而畏吾廉民不服吾能而服吾公廉則吏不敢欺公則民不敢犯其公廉乎霍蒲學者服其教多毀淫祠佛像以從霍生高文質與同輩觀樂中途返曰何以見曹先生一樵者鬻薪於米中得金釵還其主或問辛苦得金何輕也曰曹夫子有

道人也倡教吾郡可不知化平洪熙改元任蒲四年
考績吏部蒲霍二州人上章爭留霍先上遂復補霍
朝廷由是知先生名三命典陜西鄉試秉鑑至公稱
得人薛文清公與先生善先生築拙巢於霍庠文清
爲記而題以詩晉定王過霍延見之曰今幸識曹先
生矣時先生疾王以巳藥贈之先生謝以詩王和之
臬憲張公曰我編賢人録以先生首贈詩有心地光
如日襟懷蕩若春之句各上憲不以屬禮待多使其
子弟受學建頒書閣以貯上所頒書籍即令學者講
習其中秦蜀齊魯燕趙之士從至數百人以文行科
名顯者甚多在霍又九年於宣德甲寅六月卒于霍
先是州大夫問疾曰大夫能寛一分民受一分之賜
諸生問疾曰賢輩尊所聞行所知巳而語諸子曰我
生平不喜佛老惡其害道也爾曹以我葬考妣之禮
葬我我無恨矣與陳孺人合葬霍東郭外子琇璟廬
于墓四方弔無虚日蒲坂謝瑶爲志銘洧川范守巳
爲年譜澠池蒲霍皆有祠正統丙寅翰林黄諫捐貲
歸葬澠池正德中大司馬彭幸菴致書豫撫曰我朝

一代理學斷自月川先生始請從祀孔子廟庭陳建通紀曰月川學行如此楊方正理學録遺之豈微其爲校官耶先生著四書詳說性理論存疑録通書述解西銘述解太極圖述解孝經解儒家宗統譜夜行燭諸書自號伊洛後學薛瑄贊曰質純氣清理明心定篤信好古距邪崇正有德有言以淑後人美哉君子光輝日新

甯林垣先生傳　　國朝王鍾靈

先生姓甯諱二翰字林垣世居聞喜之裴村生而穎異風期邁上諸聲色玩好之物一無所慕至對圖書禮器則若有夙悟者其先君子節亭先生奇愛之旣長抉六經奥義傳極子史百家每試輙居高等其爲文也雄視一世而粹然一出於正至談及當世大務先憂後樂慨然以經濟爲已任歷癸卯丙子甲子中副車者三登甲子歲進士盍下帷攻苦爲窮理盡性之學孝事繼母問視温清之節至老無惰容友愛諸

昆弟推財讓產婚嫁不慕勢利所與姻者率多单寒焉性樂施予內外親族待以舉火者多家歲大祲捐米為糜以食饑者或盜穀百餘石知其人置不問倣朱文公法為社倉以賑窮乏甲子廷試道經靈石趙某以城旦羈驛中病無以生鬻其妻先生慨為贖之葉公問義以文章與先生爲貧賤交延之客雲道署沃人賄先生千金求免所控力卻之生平敬宗睦族修墳墓理族譜未嘗面斥人非而有過失者皆畏其知教授生徒問業常數百人賴以成名者指不勝屈年七十五卒于家自縉紳學士以及閭里田野之人皆哀之子世埏世璇俱成進士贈承德郎刑部雲南司主事崇祀鄉賢門人私謚曰文正

雙烈傳

國朝黃希聲

王開州臣直側室爲常氏者二以年齒大小別稱之崇禎八年四月開州捐館二常即有以身殉焉之志緣家人防護不得間至六月十五夜竟雉經於室內比覺而救之則一繯二頸陷肉各寸許氣息奄奄大

常久乃甦而小常遂死年十九矣大爲常貴女小爲常進勝女州大夫旌表之

衛絳山先生傳　國朝張根樸

先生晉之曲沃人名麟禎字瑞明絳山其别號也髫年補弟子員讀書能識道理其所爲文不屑屑與時流競聲調取材經史根柢聖賢蒼古朴茂在先秦兩漢間魏晉以下不及也受知於袁袁山先生袁山先生者江右六君子之一也文章道德冠絕一時時督學山右毅然以興道廣教爲已任置三晉書院聚多士講學其中與選者皆知名士惟先生與汾陽曹古遺太原傅青主秉德不同以古道相期許值明季綱紀紊亂人心澆漓先生不肯逐流揚波砥行飭節介如也鍵戶修業博極羣書凡陰陽律曆禮樂兵刑一切經世之學靡不究心而五經四子及濂洛關閩諸書尤專精焉嚴朱陸同異之辨闢陽明良知之謬格物窮理洞見原本隨其所得皆務設誠而致行之靜存動察日無虛晷甲申春闖逆犯闕辟地絳之逯家

莊五月聞京師陷毅皇繼煤山先生傷君國之淪亡痛哭流涕衣冠望北再拜而祭焉已丑之變先生與余俱僑居中董刱終日正襟危坐無惰容無㦤言周旋進反悉中法度閱數月如一日暨亂平奉母返里沃令周公慕其賢以師禮聘處義學執經問業者不下數十百輩先生家素貧有時饘粥不給當事者每欲爲之地先生終不受也學益邃弟子益進平水以南爭下榻以延先生教澤所加如洪鈞之冶鑄萬物莫不各得其性所近焉歲貢次及堅卻弗就有爲先生勸駕者先生正色言曰昔陶靖節晉亡不仕作桃源記以見志吾何忍以一明經背三百年踐土食毛之恩耶母夫人聞之曰汝能爲淵明吾雖黄虀終身復何憾先生早喪父事母至孝卽流離播遷而問寢問膳必躬必親毫不敢苟母夫人棄世先生以貧故生養死葬力已竭而心不稱自是更名曰蒿字匪莪志罔極也袁袁山先生督師江南爲左藩誘陷械致燕都不屈而死先生感知已恩爲文設位遥祭之先生著述甚富要皆本躬行心得之實無一語掇拾前

人塈餘惜未付剞劂流布尚少惟四書會問孝子傳學者家絃而戶誦之癸酉十月以疾終於裴郇易簀前一日猶吟哦自如不以生死介意其亦達天知命之驗歟子廷亮學問淵博制行純謹蓋不愧乃父云

衛侍郎傳

國朝梁清標

公諱周祚字命孫一字斯盛世爲曲沃縣人衛之先在宋有諱熙者居邑北有塚一區遂爲始祖後族姓寖蕃傳至鸞舉明經鸞生卿卿生舉以明經官鞏昌府訓導舉生根陽亦以明經由訓導爲義寧王府教授號清泉鄉里從受尚書人稱清泉先生清泉生臨山公嘉孚則公之父也臨山公客死江右公未十歲家徒壁立有豪者謂是兒孤弱詎能成立母許氏深痛之矢志撫孤篝燈紡績課讀絡緯聲與書聲相間公漸長從表兄郝唐甫受業聰穎異常兒唐甫稱爲偉器母亦曰吾固知兒之亢吾宗也人或目笑之無何公果以郡錄第一爲諸生益自鐵礪每讀書聲淚迸發庚午舉於鄉甲戌成進士出項水心先生之門

向之目笑者至是乃媿服起家金華府推官明敏仁恕多所平反理寃疏滯案無留牘豪强咸爲斂手婺號理學文物之鄉公餘輒進郡中文士立社講藝一時人文愈益彬彬矣丙子鄉闈分校得人爲盛余師餘姚邵時庵先生出公門已卯應楚闈聘所收亦多知名士會紹興推官缺臺使者檄公往攝事婺人擁署攀留以土塞門罷市二日不聽輿出因不果行遂膺特薦先是許孽搆亂撫按委公監紀輒躬履行間深入賊穴事平褒叙壬午選授四川道監察御史知無不言前後疏數十上所論列多報可中間彈大寮五人督撫五人風裁大著及遣巡關遍歷三協寧錦諸險隘料劾大帥以及儒弁無所顧避曰再劾當軸者左遷西安府知事會

興朝定鼎訪求遺逸命公巡按畿南當鼎革初萑苻所在多有人心恇擾公以敦大安輯爲務察民所疾苦櫛垢爬癢與之休息境内晏然時四方始定有司需人令長率期年輒遷去公以親民之官宜久任疏奏朝議遵之差滿掌河南道事旋升大理寺寺丞遷少卿

丁母憂歸里服除補原官
世祖章皇帝召見詢籍貫科分歷任衙門父母兄弟甚悉
又扈從南苑閱武 賜宴即擢工部左侍郎尋調兵
部右侍郎轉左侍郎時逃人之令方嚴展轉株連公
極言其弊下所司議公數邀 宸眷方嚮用會
有逃人案堂司俱得罪公亦竟鐫秩去官遂移病歸
搆園亭於城隅蒔花種竹爲終老計流連詩酒絕口
不問戶外事無復當世之志矣公素康彊健飯間發
痰症而好客愛士不輟杯酌順治十七年八月廿八
日卒於家享年五十五家無長物里人罔不咨嗟出
涕者蓋公生平端醇凝重而飲人以和坦易無城府
不事生産服官數十年澹泊自持歸田後葺舊屋居
之守薄田數十畝戒殺禽魚澣衣糲食而已居恒肅
衣冠正襟危坐臨池散帙而外無他嗜好著文集若
干卷藏於家余於公有淵源之誼長公台揆寓書函
狀屬爲作傳余雖不文謹志其大畧庶國史有徵焉
贊曰當公之按畿南也余方讀禮家居公每小暇輒
過余笑談移晷亹亹不倦余屬公門下士頗畧分忘

年似以余爲可言者距今幾四十年佩服不忘公直聲聞天下而援引後進如坐春風類若此其立朝居鄉剛不吐柔不茹可以想見矣公之弟文清公清節表著與余同官銓署以道義相切劘終始無間復如公之愛余太和元氣其在公家庭昆仲間也哉

明上蔡知縣許來苐傳　仇之遠

先生世晋之曲沃人字弘禎而號來苐所爲明之上蔡知縣許永禧者也咲先生孝友篤摯而性倜儻多權略顧尚氣而使酒褒岍闊奇望之凜凜然其在萬曆時爲諸生天下無事邑人士習爲豪羣恣黨附以辰宿自標謂其中不可無先生先生咲曰我自有事非而輩所知雖然以此一來而而輩有事得我不與爲足矣間授徒邑之南庄日與諸貴公子處杯酒談咲一言不合輒瞋目推案起踏其座具盡靡碎駡曰仵奴乃以乃公爲仰人鼻息者耶以予視爾輩如蟻蠓諸公子長跽謝過乃解而先生亦竟去其氣决如

此戊午薦於鄉數上公車不第因謁銓得河南汝寧之上蔡時則明之丁戊間也後不五六年流賊亡明如潰決而是時方藴毒於河南雲擾波沸幾無蔡可治矣先生既之蔡受代則空册數帙先生曰受天子命來治蔡我不治蔡誰當治者即以厥明行踏郊野則全殍之餘於食者殘骸之餘於兵者斷垣空井之餘於瘞礫荒榛宿莽之餘於樸潦蟲虎者白草荒原天風旻旻然先生周視嘆息曰不是之治吾何以治蔡乎即以其狀達諸司院道上書天子略曰上蔡汝陽重地其民國家休養二百餘年之民不幸而三載七災洊加十家八姓告絶疾痛不呼即父母亦不知其子之病也自八年來流寇蹂躪而人畜淪胥官罕征勦而玉石不分處處焚燒在在屠戮重以旱魃肆虐洊水横流蝗蝻蔽生疫癘盛作斛米萬錢民以草子樹皮度日甚而父死子食夫亡婦饁食畢俱死間有存者鵠面鵲形其氣奄然嗟嗟何代無兵戈何地無蟊賊何歲無災沴從未有死寇死饑死於疵沴如蔡民之甚者也近雖奉有兵荒州縣准俟秋成催徵

明吉而殘蔡負耒無人力田無具無秋可俟無科可
催臣竊思之與其逋而爲不了之局毋寧蠲而沛無
涯之澤夫民爲邦本本固邦寧撫此孑遺酸骨寒心
若猶以徵比爲事鞭朴日加不惟無益或且致損恐
正供之獲無多而兵餉之費更甚臣固爲民寔以爲
國也書奏天子動色爲蠲積逋條邊銀七萬七千四
百奇於時賦繁征急而忽聞德音歸蔡者如鶩先生
曰我有蔡可治矣復以所見兵火荒沴狀繪爲圖册
上上司籲賑上司多以錢以穀輸諸蔡爲賑貸復疏
奏其圖天子天子報聞焉而蔡人之甦也十九調停
補救勸分償先既以濟畜而兵餉亦取足焉以蔡所
夙苦馬政協餉諸不便於民者力與上司相辯駁皆
得請其所省雜徭以萬計蔡人忘亡土氛礦孽之在
陳項確遂鄖西商葉間者間來軼境先生團練義勇
成一旅身親督厲設伏出奇擒其渠鄭挂丘二毛盛
二張五平郭三海侯駁民葛花等斬之而以恩信開
諭餘黨賊皆懾伏不窺蔡諸院道交章薦其才宜文
武用天子嘉焉錫之誥勅以多乃積於是墾土興學

以次修舉入閭巷而聽之而絃誦之聲作焉先生家
蔡人而蔡人父母先生蓋先生治蔡者六年而蔡以
大治矣乃無何而曹闖復入汝當是時天下土崩勢
成寇氛熾不可遏摧陷河雒震撼歸許不浹旬而陷
名城者七十餘取州縣如探物然者是其去明亡也
不二年乃以崇禎十五年二月二十九日破蔡而先
生死先是賊逼汝司理官王世宗與諸令約死封疆
先生許焉召畫史爲圖像題其上曰無能安鴻雁於
桐野無能瘞萑苻於著城生既瘝官苟祿死何須畫
影圖形雖子孫痛報本之末由思世世血食之未免
留世世不忠不孝之名題已裹之函具以授子晉曰
但持歸許來茀自在也晉哀戀不肯去先生諭以大
義呵遣之晉欷歔俛伏先生怒曳起之掖而捽之門
外反手闔門入嗟乎賢者固不可測今以先生之死
爲至矣而其自道正有臣事未能之感然則一死不
足爲先生難也今人謂先生爲忠臣先生在九原其
以此舉自滿者也耶蔡有畸人曰秦鎬風孤門峻顧
獨心儀先生知時事之不可爲而若人之將以身殉

之也訣之以書曰天厭中原降斯羣醜破名藩潰都
邑未已也今且播虐宋壖肆荼潁水汝蔡一蔕殆之
殆矣致厘我明公隱憂戰旣不能守又未可日與邑
父老子弟慟哭言別誓致此身以報君父賈大樹云
桐棺已具摹像已成雪夜揮燈眞不知其涕之何從
也大義孤忠照天耀日事小定敢不礱片石記之如
鎬貧家百口半處郎山半棲荒野身携二小孫寄此
危城貴賤尊卑各持異議萬無生理垂老一軀不知
塡在何所闡幽恤孤亦望明公在念惟宗與鎬愛先
生以德惟先生不媿死生之言迄今書贊襲藏家廟
爲許氏弓王間一出篋其龍鸞日星之氣使見而讀
者敬愛徬徨太息泣下至於慟哭噫吁嘻古之遺烈
惇薄立懦興起百世之下其此志也其傑盛竟能全
縣印歸官護先生櫬歸里余聞之蔡人張沭曰方賊
之過汝也蔡層齒地皆報壞先生治城隍實廪庾謹
邏誓衆以孤城抗賊賊五來五不得志劇巨恚深語
陴上人曰若善守明以大勢至盪此地爲血池矣賊
去而蔡人大懼洶洶然或說先生以徒死一城生靈

無益者先生默然迨夜而蔡人空城出詰朝雞犬無留者一門生已出城行數里心念先生復隻身提槊入迨衙宇闃無人焉入至廨有皂隸伏門下其人則又先生所素賊惡者也呵門生曰爲誰曰來視而公皂隸手捕之門生趨至堂皇則先生盛服瞋目坐案秉兩燭寘利劍其間門生拜起立說先生全身去先生不荅門生涕洟再拜起復理前說先生終不荅門生掩面慟哭曰棄先生去矣先生乃大聲曰去門生復取槊倉卒而出而賊已有至者矣先生則伏劍自裁血拔襟而持劍坐如故賊戈攙之乃知其不生也相與咋舌戒毋犯或有拜者唉此先生詳確死狀也或曰先生蓋不死皂隸曰公之死我親見之而何以云生嗟乎先生之死與生彼皂隸者何知哉

少師衛文清公傳　　葉方藹

公諱周祚字聞石姓衛氏山西之曲沃人也少爲諸生有聲明崇禎丙子舉本省鄉試第一登進士除永

平府推官歷戸部主事員外郎中見時政亂棄官
世祖皇帝既定天下求人材可大用者廷臣薦公即家起
故官調吏部考功司郎中改文選擢太僕寺少卿累
遷刑吏二部左右侍郎工部尚書公居官潔廉自刻
苦與人交煦煦可親近遇事可否屹然如山莫能奪
主文選鍵戸深居謝絶請託有銜之者假他事蜚語
中之公不顧也在工部馭下嚴吏人不敢名一錢値
三殿工起公細心經畫手勾稽出入省冗費數十萬
畿南歲荒奉
命賑濟公晝夜巡歷親自俵散全活人無算於是
世祖以公爲果可大用數褒諭
賜鞍馬及
御筆山水圖寵之加少保兼太子太保改吏部尚書數日
遂拜文淵閣大學士兼刑部尚書
世祖聰明天縱羣臣奉職如不及公以爲
聖主在上臣下宜潔已首公奉行
上旨而已葢偪偪自持爲百寮率相三年加少師兼太子
太師會

世祖上賓
今上冲齡踐阼大臣枋政公調停宫府鎮静中外功爲多
素績客國有大事未嘗告人卽其子弟不與聞故莫
得而紀也九年間一出署吏部篆一給假還里旋復
位至
今上親總萬幾公喜曰
上神采符
先帝老臣屬疾可乞骸骨矣抗章求去固請始允命馳驛
月給奉如在官時歸三年
上睠念舊臣
下詔徵入自輔公馳至京
陛見條上便宜數事悉嘉納先是公居家夙疾方瘳感
上非常恩強一起至是疾復作
上遣官省眎太醫治湯藥公曰綸扉何地其可卧而治耶
復固請
上始慰留繼知不可強迺許歸罷數覲前有加又踰年疾
遂篤口占遺疏授家人惓惓以
君恩未報無一語及私事盖自公去位而西南多事上下

羿食議者皆歎公獨先去而又悲其溘焉遷逝老謀
石畫不得盡抒於時而大用之猶未竟也訃聞
上震悼
勅有司祭葬如禮易名文清公官四十年爲相近二十年
貧無餘財官京師聽事前湫隘不能旋馬居鄉舊宅
一區僅蔽風雨瘠田數十畝每輸賦時邑令按册及
之未嘗不太息歿後啓其篋惟
賜幣數端而已天性孝友與兄侍郎公周徇相篤愛侍郎
公先逝撫其孤台揆若子居常會食必呼與已子同
侍左右推已廕與台揆今官兵部員外郎云或問方
藹曰公起官郎官躋卿貳名績多可紀及爲相雍容
坐鎮議論措施不少槩見何歟方藹曰吁是何子說
之固也夫大臣者造辟而言詭辭而出有嘉謀嘉猷
則入告吾后乃順之於外曰斯謀斯猷惟吾后之德
斯大臣之用心也其可與効一官矢一職沾沾以功
名自喜者同日語耶且今天下何病哉在士大夫廉
耻日偷止知爲一身計而未嘗少顧國家之恤非居
尊位者力矯其獘而毅然身爲之倡吾未見其底也

公秖節奉公致身宰輔貲産不踰素士可不謂廉乎
遭逢
兩聖不啻魚水之契屬時無事數引疾避位獨以難進易退之節風切天下其行已之耻又何如哉在易漸之上九曰鴻漸於陸其羽可用爲儀夫上九居無位之地其高行世猶仰之公爲 國元臣躬自刻修於上庶羌人人見公所爲感慕興起同志而易嚮風俗人心其有瘳乎功孰大於是或無以應公巳亥辛丑兩主春官試方藹公所取也稔公最深屬公子台瑺請旣爲公傳并書與或人語於後知我者其不以爲阿私所好也夫

郭烈婦荆氏傳

國朝衛旣齊

烈婦荆氏者猗氏縣興教坊儒童郭琛妻也祖曰憲副公世爵父曰邑增生文邵母陳爲臨湘令陳公登度女烈婦生三歲而祖卒六歲而父卒母孀無丈夫子女二烈婦其長也字於郭未及笄而姑卒旣適琛

值家中落烈婦勤搼作茹蔬糲不厭琛善病烈婦朝夕侍湯藥經年無倦色琛疾少間產一子不育已而琛病復作勢且不起顧謂烈婦曰汝年少無子終節非易事也善自爲計烈婦奮然曰吾家世詩禮毋氏情年守志豈容有再醮女乎卽君不幸誓一死相從地下耳遂歸訣其毋曰毋十餘年茹辛撫孤女今不得終事毋矣毋壯之曰能如是乎真吾女哉烈婦乃盡出其衣飾爲琛償宿貸又分餘物遺夫之女兄弟視琛疾革遂以醋和毒藥飲之昏仆地家人急救良久復蘇琛旣瞑烈婦撫尸慟絕者數四惛憒中猶作進奉湯藥語及夕氣乃絕殮之日神色如生年盖一十八歲云

忠烈姚公傳　　國朝張潤民

忠烈姚公者河間府二尹因殉難贈山東按察司副使也諱汝明字璧星山西夏縣人天啓辛酉舉人性至孝溫清定省得親歡心父毋有疾終宵侍側百里求藥没盡禮盡哀守墓號泣服闋後遇生忌節令必

焚香祭奠哭泣如初喪少受業于珍吾王先生其學
不專事記誦必以躬行實踐爲要爲諸生時有人盜
其樹者慚而自盡其子視爲奇貨誣告竟褫公巾公
登賢書後其子貧公且賑恤之其待人寛厚類如此
時奇荒人相食斗米千錢公曰吾亦知此數十萬之
粟可易金數百萬但人命至重富無盡期彼積財者
不過欲貽子孫以長享富貴也倘子孫不賢財適足
以爲禍耳爰是盡所有之粟大爲施賑寒者予衣饑
者予粥徒跣者予褲有疾者予藥死者予棺施義塚
四所秦晉豫間望公就食者日不下數千人擔載担
負相望于道即鄰邑紳衿有望濟者咸遂厥願本縣
庠生貧乏者粟麥各予數石當是時流寇初自西南
侵犯城邑焚屋殺掠邑侯袁公設奇制勝爲戰守之
策具備而獨難餉公助豆米五百石爲城守資居民
得以無恙鹺使楊公繩武撫軍戴公君恩巡按陳公
純德交章入告奉旨旌曰誼足千古及莅任蠡縣猶
慇懃命子廣運送粟一千三百石與邑侯楊公雲梯
以爲煮粥之資活人甚多歸功於邑侯而已不任德

其治蠡也寬以撫民嚴以御吏苞苴不行羨餘不取一切繁費取給於家止飲蠡水而已時寇盜蜂起有渠魁自號勦富王聚黨横行各府縣莫能治公先招安其黨姚思孝等四百人因使入賊中誘勦富王夾入蠡城擒殺之擣賊穴獲金七千兩公不染指盡數算蠡民正稅當介馬交馳之際而公時時爲民講六諭興教化幾致刑措蠡民有青天之謡同城道錢公天錫音之曰至誠動物吾於此見之陞河間府同知時我清兵將近河間或勸曰蠡已遭屠掠滿目蒿藜敵來必不犯河間故富饒恐不免公逡巡遲行可脱於難公慨然曰旣受天子命爲河間同知則河間之城池百姓皆我責也豈可見危苟免耶遂兼程往至卽登城巡視與知府顔公俏紹畫守禦策身立矢石之衝與民矢死固守越二日攻愈熾公守城愈堅三日城破被執不屈剖胸而死妾任氏在署投井死僕劉成禄等三人盡死蠡民聞公難群趨河間城下求得公屍於積屍中刀痕遍體痛哭歸櫬舁者數百人送至公家乃去直隸巡撫楊公進泣然流涕曰姚公

死得其所矣遂與兵科給事曹公良直題請恩恤贈山東按察司副使諭祭一壇戸部左侍郎張公宸極有傳司馬子長有言人莫不有一死死或重於泰山或輕於鴻毛姚公之死可無憾矣

二高士傳　　國朝翟鳳翥

郝本彰號顯吾安邑坡東人少列邑庠即棄舉子業博覽羣書教授生徒事繼毋以孝侍異毋弟嚴而和家貧樂道一介不苟惟孳孳勸人爲善里中稱爲郝古人講學弘運書院曹真予先生友敬之察院武陵楊公贈以詩云陋巷一生顏氏樂清風千載伯夷清淛東姜公扁其門曰石渠鴻寶年六十餘乙酉聞新令袖數金不別其妻子一朝逸去不知所之遺有神策程書二集同時夏縣王孝子昱號稱陽亦棄家去不知所之昱爲人貧而有守不苟言笑不事舉業不見有司從曹先生書院講學與安邑孝廉李貞佐善貞佐以庚辰特用令郟縣昱訪焉適流寇至李促昱行昱曰安趨而危去之吾不忍也城破李罵賊不屈

賊于南門外剜之割舌斷臂死其母喬赴城罵賊亦爲賊害家人俱逃昱獨從賊詰曰爾何人曰諸生賊最厭諸生命削其耳鼻又詰曰令爾何人曰窻友曰何不去曰爲窻友收骸骨賊義之釋弗殺仍撮土掩貞佐然後行郟人壟令母子於南郊立廟建碑歲祀之昱歸與吕崇烈翟鳳翥裴君弼諸人會講弘運人望其鼻耳僉稱曰義士自乙酉以後不復見矣噫嘻郟顯吾王稗陽與李子無欲皆講學人也李在郟罵賊至碎身不屈其得于學者誠多一不剕其妻子一不去朋友之難使其有職任官守亦必有以自立矣誰謂講學皆名而務文者乎曰自乙酉後不復見者志感也亦志媿也

王義民傳　翟鳳翥

王寵蒲州韓守臺太守僕人也事韓有年家頗殷一妻一妾俱有貞順之德甲申正月初流寇渡河州人多倡迎者不則惴匿山中守臺公死矣其恭人繼縊死寵覘殮畢顧謂其妻若妾曰吾儕小人哉人僕也

明民也臣妾賊乎不事二姓婦人之道乎願與若同焉於中堂設几筵列杯箸懸三繯製三木主一題大明小民王寵之位一題大明小民王寵妻某氏位一題大明小民王寵妾某氏位位置已備酒觴酬勸至夜半覗妻妾次第經死已遂就繯死之次辰賊至三木主列中堂矣州人僉稱曰義民議祀鄉賢祠野史曰王義民一僕隸人耳其妻若妾一鄉人女爲僕隸人婦卽不死賊未必及之卽賊至炮烙縉紳恐爲其主逮其主人旣歿又未必逮僕及妻若妾也乃竟死之自題木主係以明此豈僕隸人女子所能識乎士大夫對此何如士大夫至今日皆賢郡邑祠至几案不能容義民于此亦難與並坐矣噫北都陷澤州王昇宇賀鋏京師自縊死鄱陽鍾岸徐生不食七日死進賢一漁人投罾死可以並傳

李奭山傳　國朝郭于疆

奭山李姓名琮生奭山其字也爲人倜儻多大志方弱冠時屹然如老成先世爲陜西同州人始祖名仁

元至正間以子佐貴贈晉寧路同知知解州事遂家安邑之運城歷傳至曾祖名梁充邑庠博士弟子員用鹽筴起家歷數年家中落乃誡其子若孫曰若曹無復事此矣猗頓之術所獲孰與鄒魯多以故子呈王孫一鶚皆以文學顯呈爲公大父一鶚號近宮即公考也博學能文章試輒冠軍數奇不遇公生而穎異課之讀過目成誦時値歲大祲近宮公故儒者無他營求館穀不足以哺八口憂形於色公投筆躍起曰事迫矣可柰何遂白父以市粟狀近宮公頗難之而爕山則慨然治裝且行矣於是走大行渡黃河百舍重趼刻日而返近宮公且驚且喜不覺泣數行下然亦以是大奇之公棄舉子業自茲始當是時年甫十四僥智畧幹局生籌貴賤盈縮之徵如指掌尋以槖裝廉薄不任賈乃去而治鹽筴毎於朋會中抗言鹽政得失娓娓不倦一時莫不韙其議而悉聽部署公語之曰吾家實破於中鹽先人遺侘傺而不吾許也獨念中鹽誠有害亦顧方畧何如耳嗣是河東鹽政如公指郞理否則多齟齬無成而爕山之名遂

藉藉兩河間兩河賢豪無不樂與之遊者鹺使者下車聞公名莫不延訪籌策而公亦侃侃建白無囁嚅態黠慧者心害其能伺間語多侵公而當事者乃益厚遇之河內民有不逞者謀割地梗鹽法拉蘆商搆訟公毅然走二千里赴闕上書竟直其事越數年訟復起河東人仍持前議慫恿之公不可竟割之其後懷民蘆商兩病而河東卒以無累者公之謀也已未值秋霖客水入池商卒乏積鹽而逋賦日益廹遂群起而謀攘奪公恐其釀亂也建引七鹽三之議許交易通緩急人人便之而國課亦藉以報最後數年會有淮商割沒之獎加引稅部餉晉商亦如之公力請於司鹺任加課辭加引後卒得以無引加課之議疏請而稅亦獲免司鹺某初視事欵公密室欲得素封主名意有所左右公不從既而威脅之終不屈乃已及將去任握公手道平生歡徐曰向者過聽細人言幾誤我賴君藥石如聞晨鐘吾愛吾鼎皆君賜也遂訂爲莫逆交後十餘年時通音問不絕其見重於當道者如此久之以春秋高不耐繁劇遂投間憩別墅

杜門不預外事與故人數輩促膝談心浮白掀髯意興甚豪上下古今事如燭照計數雖老生宿儒不能難也里中或有佹怨相尋者公居間即莫不釋然解特論以方季布之諾焉然公則不以游俠自喜也君恒課諸子多援引先儒格言旁及因果感應事丙夜方𦒄寢人謂公不儒其冠而儒其品其立心儒也其制行儒也公顧非儒者哉先是近宮公殁於兵燹公出入賊巢躬負歸營葬如禮逢忌日輒蔬齋涕泣兄荊山貧困乏嗣捐館時公解衣殮之至舉第三子郎以承祧不欲絶宗子之祀也性慷慨樂施食其福者槪不乏人其事多逸之非逸之也盖以君子之爲善其可數而盡者不如其不可數而盡者之爲大也里中因以義易㚒而以義山稱之義山者多其義重如山也

劉氏小傳　　衛台撰

劉氏者曲沃營裏村人也名小件適趙城縣喬國恩喬流寓沃之楊㭨村遂爲縣人也喬故貧窶行牧且

羮或爲人雜傭保作劉與之同勤苦奉姑舅及七八歲小姑女啖虀食糲無猜怨以樂朝夕郡人皆賢之一日夫與姑舅俱爲人傭賃小姑亦從鄰女嬉戲忽有某者伺劉獨處輒潛入圖汚劉喊而宼者懼劉齧其指而宼者益怒遂持剪刀剌頸斜穿斷喉比小姑歸家啓扉扉堅不可啓見有人正蒲伏墻頭求出者亟呼郡人啓扉入則劉已血肉淋漓橫僵在地矣郡人皇錯或謂列實報牒便或又以爲未便村人皇錯愈甚有某者持之曰若列實必使滋蔓蔓難已也孰與啗喬以利使自爲餙則事有歸而閭井不擾爲便而村人復恐懼游移以爲事露未便再列實公舉而實多衆大善之遂詒喬以琴瑟不調劉自殺報牒繼持讞者仍執前所報餙牒讞央終莫能辨劉死事者南村子曰太史公有言人固有一死或重於泰山或輕於鴻毛用之所趣異也若劉氏之死可謂骨朽餘香血化爲碧豈不重於泰山耶余悲夫皎皎之節湮滅不稱而竟寂寞於悲風凄雨荒煙蔓草間此何故也予不能無深惑焉因嘆世之具鬚眉號丈夫者一

有小善輙沾沾自喜視世之人皆齷齪不足與語及當小利害則搖尾乞憐喔咿嚅唲如脂如韋之態畢逞以求苟免者比之劉氏持貞剛之志保潔白之行罹患難亦不肯屈身受辱者爲何如也聞是風者亦可少媿矣劉氏之死予久欲傳其事讀賈樵嵐先生撰狀得悉其曲折敢附小傳併白之嗚呼劉氏不死矣又嘗讀靖節詩天道幽且遠鬼神茫昧然以爲二語誠然及觀劉氏死事復有水赤天旱風捲投繯之異又爽然失之不能不疑天道鬼神之有在也靖節斯言豈憤懣爲謬乎

成赤公先生傳　　國朝王恭先

成德字元修號赤公順天懷柔籍山西霍州人崇禎辛未進士授滋陽知縣德爲姚宮詹希孟所取士又善文閣學震孟首撰温體仁素嫉文姚因不快德崇禎八年正月十五日流賊犯鳳陽焚皇陵享殿河撫金光宸總河劉榮嗣俱有急奏上疑淮撫報不至淮撫者楚人楊一鵬病且耄閣臣王應熊以主司故常

優假之引疾不許而巡按吳振纓者體仁之同里姻家也越三日疏始聞德乃發憤上書有天變可畏祖陵可滲直指奸輔誤國之罪並陳中外交結之端仰祈聖鑒一疏畧謂奸輔之私人遍天下故盜賊亦遍天下災異復遍天下自乙丑有結逆璫者天報之以王恭廠之雷甲戌有翻逆案者天應之以盔甲廠之火靜聽數月無有動杞人之憂而墮賈生之淚者鳳陽之祖陵隨見告矣臣不覺泣下沾衣曰此巡鳳陽者何輔臣之姻婭此撫鳳陽者何輔臣之座師溫體仁王應熊尚敢漫天説謊以欺我皇上耶疏入體仁深恨特究守王國賓以泒餉屬邑有所私德與之力爭守亦恨焉會巡按御史禹好善者守之同鄉又溫之私人遂承風誣劾得旨逮問德益抗疏力詆體仁廷杖三十下獄坐贓謫戍陝西莊浪衛德之戍陝西也過樊橋驛訪故友荆爾植申悲道舊盤桓數日而行明年丁丑正月自戍回欲僑居臨晉爾植為館於所親楊應昌家楊故豪俠聞德名禮益恭妻子奔走供設如司馬德操之降龐德公家又命其子姪宏度

执贄受業卒爲高足弟子德在臨晉著書講學倡明
忠孝廉節一時人士遊其門者比于元禮之登龍馬
閩七年遇赦還起補如皋縣令未任卽途拜兵部武
庫司主事尋陞武庫司郎中德見年來封疆多變人
皆隱忍苟活感憤于中有養節義明廉恥一疏謂宋
臣張栻言仗節死義之士當于犯顏敢諫中求之在
朝廷之上有以養之而已又曰今者廉恥道丧由于
賞罰不明死賊者褒揚不亟則媚賊者服狗彘之衣
冠而恬不知愧也言甚激切上爲之動容闖賊犯闕
貽書宫諭馬世奇曰老母舍妹俱在此争欲先引决
弟止之以慷慨從容二義爲告弟志在爲其難懼變
起倉卒無以自明故復以此相商也及聞懷宗晏駕
往東華門外茶棚下號慟觸堦幾死歸寓自盡母張
氏及一妹一妾皆縊死南京贈大理寺卿謚忠毅母
張氏贈淑人王恭先曰臣子之于君父非可以報施
言也然而知此義者鮮矣若德之直節正氣而受杖
荷戈身垂死而家丧亡久乃得補郎署國家之于德
亦已微矣卒乃臨難捐軀盡室隕命嗚呼難哉

張孝子傳　國朝曹續祖

孝子諱文炳字斯光大寧縣永樂坊人明山東霑化縣少尹高山公次子少尹廉於官官未久引年致政歸家窘甚孝子血汗農畝間供菽水左右無方少尹頗嗜麯蘖以恬以養一夕赴友人晏被酒歸遇塗人不遜以杖擊之仆於地不語以爲死矣踉蹌歸訣家人曰我醉中誤殺人暮夜無知者敢逃死不言遺街鄰累乎當自首詣獄抵罪來爲汝輩別吾去矣言已卽踏步走孝子聞言大驚挽其衣跪告曰允若茲父可以不死父何遽耶父醉耳其人未必死郎死矣兒自有處敢遺累街鄰乎乃奔詣塗人所驗之塗人果死者回報曰死矣兒可以處此矣父勿怖以自傷殺人償死法不可貸則可代今擊殺塗人暮夜無知者兒出承罪孰其辨之以兒代父豈曰不可少尹曰辜在我汝何可死汝死吾忍乎吾自死也宜吾行矣孝子挽衣不肯捨再三跪告曰父一出必無生理以八旬老人幽囹圄兒忍乎萬或不免臨刑兒忍乎不忍

於心兒勢亦必死與其俱死無益何如兒獨死之愈
況兒有可死者三兒年逾五旬死期將至過此後焉
知能七八十歲能百歲而能不以旦暮他疾死兒可
死一兒爲父中子前有兄後有弟可爲父終養計父
不至孤獨老也兒可死二兒有子好學而篤行他日
必大吾門可承宗祧兒非斬然於嗣可死三有此三
可死用代父罪保父風燭之年寧不愈於徒死乎少
尹且泣且卧俳徊不能決孝子乘間潛奔塗人所欲
出名認辜及至無之竊訝犬曳乎盜刼乎抑街鄰惡
其及已轉移之他乎遍跡之不可得行至西門觀音
閣前聞閣上呻吟聲入訊之塗人在焉問何來此曰
被人箠仆熟睡睡覺夜失歸路匍匐暫卧此身殊負
痛安得茶飲我孝子大喜掖之家少尹及家人俱大
喜作飲食謝塗人去西山野人曰或曰塗人受擊死
久矣何以復生將無原未死者少尹父子於醉迫中
誤認耶曰否否王法天理之用也違天者必罹法天
或使之若天者天必祐之法烏得而及之塗人死矣
少尹不以暮夜無知擬逃罪少尹之心有天矣孝子

不以暮夜無知爲少尹晝謫罪策挺然身代之孝子之心有天矣天在孝子父子之心曰公曰誠可以格天豈不可以回天坌人之不死所以救孝子之死天實爲之也感天地動鬼神孝之德大矣哉

衛爾錫中丞傳　　國朝葉弘綬

衛旣齊字伯嚴號爾錫猗氏人浙江廵海副使紹芳冢子也幼端謹不爲嬉戲性好讀書樂與儒素文士遊一洗膏粱紈袴習氣人即以公輔期之年十九領鄉薦甲辰成進士改庶吉士公儉素自持不與歗食徵逐之會僦居陋室泊如也丁未授檢討庚戌分校禮闈得士最多有躋位卿相顯名銓諫者人益嘆〈藻〉鑑之明公雖職文學而雅志當世之務言事輒眉宇飛動思大有所建樹丁巳以違例陳言調覇州判公不以卑官廢職戢旗丁興文教防水患剗椎埋連擒固安永清平谷三彖所至著有聲實撫軍于清端公特疏薦焉會丁内艱去服未闋

上諭復公翰林戊辰擢山東布政使皆異數也公益感激

淬厲謂持己以廉而後能及民以惠嘗封還貼平羨
銀使分給納戶懸鉦於門以通下情拓歷山書院聚
明經文學數十百人月兩課之廩餼膏油皆捐俸以
給造就甚衆辛未入爲順天府尹府署久頽公修葺
入居焉曰焉有傳舍其官身不在署而能盡厥職者
未幾陞左副都御史改右巡撫貴州公夙慕王文成
公之爲人方畧自許及撫黔遂慨然有澄清之志值
黎平苗蠻之變釁起將吏遂至用兵
上震怒公獨疏認罪械京候訊黔民泣送者千萬人朝紳
舉爲公危之賴
上素悉公忠直減死發黑龍江公坦然就道比至坐斧屋
中手一編若忘其遷謫也者踰歲郎
特旨賜環朝野歡迎公歸里凡六年著四書講義未竣己
卯冬徵修永定河捐資助工明年委培高堰曉夕督
課工徒親泥檋觸寒暑公之羸久垂而病日增矣時
因輓共事某公有江浦殘年復幾時之句聞者悲之
固知公之不起也公究心理性之學榮枯一節樂善
好禮不徇流俗宦遊里居率以汲引後進爲急務一

行之善一藝之工贊不容口得年才五十七未竟厥志士林痛惜至今不衰論曰昔聖門稱好學而以不遷怒不貳過當之是知學不徒以講誦爲事必擬議言動變化氣質而後無愧也衛公自童年以至宦成善氣迎人未嘗有疾言遽色生平喜聞過訥於言而果於行必理順而後心安任事剛毅履險如平非有得於定性之學而能然耶

邵子昆學使傳

葉弘綬

邵嗣堯字子昆號九緘猗氏人才氣豪爽不羈由庚戌進士起家臨淄令廉惠得民和補令栢鄉有言開滏陽河通舟楫者撫軍于清端公委公相視公力持不可言此河潦則傷田旱則先乾舟楫難通郎令可通而舟楫之利歸商賈挑濬之害歸窮民矣于公是之不果開會盜殺人于縣界公捕獲置之法或毀于新任撫軍遂以酷刑落職候訊會魏司寇敏果公廵畿輔邑民爲公訴寃魏悼惜之資以旅需而承訊官

汪攀高力白其冤乃獲釋里居久直撫于少保公特薦授清苑令公益感激砥礪清介聲藉甚人稱白面包老行取江西道御史孤行已意疏言選人寄憑格于議值歲歉疏請平糶倉米又請流徙准贖俱蒙
特旨允行調直隸守道盡革貼平羨銀纖塵不染奉
命協理襄陽運米單車赴楚抵秦見總制佛公力言水陸轉運之艱事獲已兩省民受其賜江南督學缺
上謂廷臣曰如陸龍其邵嗣堯定是不賣秀才者遂授是職蓋自復令職擢侍御以叅議行學院事皆異數也公受事手自衡文黜近世詭僻冗靡之習屏絕苞苴人無敢以尺牘進者甫拔三郡積勞遘疾抵江陰疾劇遺疏陳三事口占一絕而逝同官江左者歛貲致賻櫬乃得歸保定等府祀名宦邑祀鄉賢

王璞齋進士傳

葉弘緩

王含真字樸齋號寅若猗氏人光祿少卿國瑚孫孝廉巖楨子也幼穎慧工屬文髫年廪於庠每試牘出

人爭傳誦河以東無不知其名者顧九應秋試弗售庚子擬元復不果乙卯乃薦於鄉聯丙辰進士戊午舉博學宏詞念父老不欲行父促之往試畢即歸道聞父訃慟絶屏水漿者累日鷄骨苫處營葬盡禮年四十六始舉子默戊辰將赴選入都會默患痘疹忽劇遂驚悸疾作竟不起歿之日無識與不識無不殞涕哀誄成帙盖公承家訓學問有根抵器識高明論事中正邑人士有所質疑各得其意以去不面折人過亦不曲徇人私劇談緒論必準乎理嘗曰立心制行從聖賢路上做去庶不失爲庸人生平好義樂施置祭田周族黨篤師友振窮乏繼父重修學宮之志獨力建尊經閣又念兩世教授生徒復舉觀社聚邑士會文如科場七藝例士林德之其工書工詩工醫猶餘技也論曰嗟乎士之負才而不及展布於世卒湮沒以老者可勝道哉方公之久困而亨捷南宮膺徵車而起也謂宜讀中秘書儲爲國棟旣乃一再失之然以公之通經術燭物情即出爲吏亦必大有造於生民其功施詎易量哉又不然而天假之年爲鄉

祭酒俾後進文行有所矜式亦儼然典型矣顧位不
沾一命年不登下壽即其事行卓卓如古人者亦不
出族黨里閈之間後雖有好公者又安能知公之宏
才碩抱爲濟時器哉吁可悲也夫

撖廣文傳　　　　國朝胡在恪

撖君賜字賓王平陽之絳縣人前明崇禎辛巳授荆
州府儒學訓導將之官戚友止其行者皆言流寇蔓
延豫楚間荆襄日所窺伺公家尚不缺於伏臘何事
冒險以往先生曰余自束髮受書此身已爲朝廷所
有臨難避患負父母教養之心不忠不孝何顔立天
地間束裝東行數日賊氛蔽天無路可達返轡還絳
一宿不入舍取徑聞喜其子猶龍涕泣挽留先生曰
爾尚不知汝父之爲人耶鞭其手以去歷險間道或
伏或行乃得抵任諸生欽其道德奉爲矩矱每聞先
生談及忠義以爲勿甚高論者亦或有之壬午冬十
二月傳聞賊警宗藩大吏文武諸司於初八夜相率
潜逃城門無一卒十五日賊渠帥羅汝才先入城搜

學宮見先生端坐明倫堂上長髯偉軀坦坦斬斬邨其與已同鄉貫誘以高爵使降先生喝賊大駡曰賊奴豈不知世間有不怕死男子耶予職雖微朝廷命官誰與爾賊爲桑梓乎汝才恚甚令左右縛之經三晝夜慘苦萬狀繫於公安門外賊營之槐樹上先生駡賊愈厲汝才遂自操弓矢環射之先生毅然諭賊曰死豈吾所懼但吾司振鐸得死於文廟之側以謝先聖以報君父方不愧讀聖賢書也賊見其辭嚴義正乃捽於城内之雲路坊下割舌斷臂箭攢肢解以死

董孝子傳　　王　繹

董復真字還初聞喜姚村人也父嘉德嘗與其族承公忿鬭承公素強暴帥黨十餘共搏嘉德中傷仆地庋不得活以血衣遺復真曰兒勿忘真涕泣受命畢卽詣縣訟寃訊服擬抵遣流寇破縣治承公等皆脱走

本朝定鼎後真復自官而事係前朝例置不問真大恨曰

吾終不與此賊共戴天乃與從兄王陰圖報之出常
匿利斧要間而絕口不言父事承公狡黠頗覺其謀
謹避之數年不得間順治八年真伺承公往田中約
從兄王持钁路側紿若平道路者已蔽身大樹上爲
犄角以待承公至王佯笑語承公不疑過王舉钁擊
之承公駭奔真躍下遮呼曰吾待賊久將何之遂奮
前以素所携利斧擊殺之斷其手足齒切錚錚有聲
已而仰天大吼呼父者三觀者股慄皆爲感泣或語
真曰殺人者死子盍自爲計真慨然曰所以忍辱存
活者先人之讐未復也讐既復死復奚憾第丈夫當
死於市耳豈學兒女子畏懦自裁耶詣縣束身請罪
縣令鄭奕垣壯而釋之後年八十餘卒論曰
余讀唐史至天后時有同州下邽人徐元慶者手刃
父讐束身歸罪當時諫臣陳子昂建議誅之而旌其
閭意是何法也鄭公之於復真真過子昂矣且子昂
之議曰人必有子子必有親親親相讐其亂誰救柳
宗元已援周禮公羊傳之文以駁其失今承公以睚
眦之忿毆殺真父曲在承公矣真雖專殺義不得讐

也然則爲承公之子孫者其亦可以無憾哉

邢讓傳　國朝湯　斌

邢讓字遜之襄陵人正統十三年進士改庶吉士授翰林院檢討景泰元年也先遣使同李實來請和且言將奉上皇還京羣臣請遣實復往帝難之及遣使竟不及迎復事羣臣交章請帝命侯楊善同再議讓上言近者羣臣請迎復上皇封章數上陛下不許豈不以也先變詐不足信歟如以爲不足信則前此已不必講和矣我之所以和者爲上皇也不迎上皇而與之和將安圖乎夫天下之事成敗勢也君子於事不必其皆成惟爲所當爲而已上皇之於陛下君也兄也迎復之事所當爲也于此不圖臣恐竊中賊計彼將假大義以爲入冦之端臣未知孰爲曲直也如從羣臣之請則上皇之回否雖未可必而陛下篤君親之義昭然于天下矣臣又聞兵家以曲直爲壯老我迎而彼不許則曲在彼矣由是而興問罪之師不

亦善乎疏入得優旨當時服其忠鯁丁父憂起復進修撰成化二年遷國子監祭酒創立勅諭學規諸碑修國子監通志課諸生誦小學及諸經痛懲諂告之弊人以是稱之五年遷禮部右侍郎七年下詔獄先是國子監例有師生會饌錢相沿日久讓取以新學舍暨碑刻諸費不籍記又不文移有司遂爲典簿王允所私陳鑑代讓亦不察核至是給事中丘弘等言之掌助教事檢討葉時復訐允下刑部請逮讓鑑置對不許言官交章論劾遂逮讓鑑及司業張業坐監守自盜論死讓獄中上書言與學士萬安李泰素有隙故倡此而丘弘承風奏劾且宣言怖刑部使傳致臣帝命會官雜治國子生盧楷楊守阯等奮曰邪公振勵學校不私一錢今被誣吾儕義不可不救於是生徒百餘人詣闕請代下法司議得免死贖爲民九年卒年四十五讓剛直負才氣敏于文藝然狹中有所輕重人輒形辭色銳意師道而忌者軋之卒得禍楷東陽人舉鄉試第一能文章早卒守阯後官至布政使

祭文

祭師曠廟文　唐袁皓

吟篁怨桐天其聲乎鏘石鏗金天其文乎擊革鳴絲天其暢乎匏土之韻天其和乎天有至音寄斯八物先生不生斯音鬱鬱先生既生斯音在律嗚呼先生之耳時可求也先生之心不可得也大哉樂乎先生之無神乎愚固在而不可攄先生之有神乎愚堅誠而乞其圖先生之耳有神乎化爲天下之耳先生之心有神乎化爲天下之心古者可以歸於今然後家家知舜琴

祭司馬温公文　宋程顥

嗚呼公乎誠貫天地行通神明狥巳者私衆口或咨于異論合德則聖百姓曾無於間言老始逢時心期行道致君澤物雖有志而未終救弊除煩則爲功而巳大何天乎之不弔斯人也而遽亡普天與殄瘁之

悲明主失倚毗之望如其可贖人百其身死生既極
于哀榮名德永高于今古藐茲憂老夙被深知撫棺
序哀聊陳薄奠

祭司馬温公文　宋蘇軾

嗚呼百世一人千載一時惟時與人鮮偶常奇公事
仁宗百未一施獨發大議唯天我知厚陵之初先事
而規帝欲得民一導無私母子之間莫如孝慈人所
難言我則易之神宗知公敬如蓍龜專談仁義輔以
書詩枉尺直尋願公少貶公曰天子舜禹之姿我若
言利非天誰欺退居于洛四海是儀化及豚魚名聞
乳兒二聖見公曰予得師付以衡石惟公所為公亦
何為視民所宜有莠則鋤有疾則醫問疾所生師老
兵疲和戎上策決用無疑此計一定太平可基譬如
農夫既闢既菑投種未粒殞穫而炊賓客滿門公以
疾辭不見十日入哭其帷天為雨泣路人垂洟畫像
于家飲食必祠矧我衆僚左右疇咨其載一舟喪具

緝維終天之訣寧復來思歌此奠章以侑一巵

祭韓忠定公文

明費宏

惟公鍾兩間之正氣擅一代之精忠才識敏達器度恢宏不矯以爲異不翕以爲同在諫垣則言論不阿而常存大體歷方岳則旬宣開倦而茂著勳庸臺省迭進望實加隆乃掌國計獨念民窮屬世道之多變而權倖之内訌方逞奸而扇亂且鞫雪而衷函遂抗章而伏闕敢首犯其危鋒雖卒陷於禍穽庶無愧于蒼穹逮聖明之繼統乃鑒燭其丹衷恩重沾於黄髪秩超進乎青宫胡爲乎天不遺于一老訃忽聞于九重褒卹之典既優既備易名之謚以定以忠公可謂德修諸已而獲報之豐

横嶺關告神驅虎文

國朝盧釋

上帝好生仁愛萬物傷殘民命上干天和幽明雖殊理無二致子奉

天子命于戊寅秋宰治兹土身任民牧夙夜孜孜惟兹一二殘黎是憂自去冬以來聞横嶺關南隣垣邑地方虎多爲害不時出入于境于今附近鄉民所伐樹木無可潛藏意彼自遠遁不過偶一至耳迨今歲春夏又據垣曲巡司報聞虎患如故商民阻隔竊計此關西接聞喜南連垣曲延袤數百餘里深山大澤惟中開一線南北通衢魑魅魍魎無所不有雖本縣所轄止有七八里之遥崇山峻嶺無幾可以藏匿然古之負子凌河而伏地受罪者獨非良有司之事乎本縣引咎自責兩載以來屏苞苴於暮夜寓撫字於催科此心可對天日可質鬼神不知何由而猶有此虎出没無常耶昔有老嫗哭於路孔子使人問之應曰其夫與子連被虎傷又問曰何不去之又應曰無苛政也由此觀之虎乃痴蠢無靈之物又何關於政之善與弗善哉夫豺狼當道雖官之咎率獸食人乃神之愆豈　尊神坐鎮此方而不上畏　天帝下恤民命乎今與神約限五日内盡驅離境遠避深山歲時祭享惟神是祀若蹲踞要路爲害如故是神與虎皆

無知也何聰明正直之有本縣多聚鄉兵佩弩執火
無論神祠虎穴盡付咸陽一炬神其無悔先以樁儀
用昭鄙誠

箴銘贊頌

冀州箴　　漢楊雄

洋洋冀州鴻原大陸嶽陽是都島夷皮服滹沱河流表以碣石三后攸降列爲侯伯隆周之末趙魏是宅冀土糜沸炫沄如湯更盛更衰載從載横漢興定制改列藩王治不忘亂安不忘危牧臣司冀敢告在階

謹言箴　　明薛瑄

誦謹言之訓習謹言之事將三十年夕悔其失寤寐惶汗而且或復然殆將漸流于放終不克謹以速尤召愆汝縱不自愛獨不念先人遺體之重降衷秉彝之全誓自今始語不妄發保厥中之靜專至此而猶飾虛詞尙循故態者當指正于蒼天

愼微箴　　薛瑄

聏忽之間其動日幾究其所極千里斯違是以作易君子觀羸豕而著象因地雷而謹微言發乎口雖捫舌其靡及行違乎遠知駟馬之難追惟兢兢馬日嚴乎斯語庶遠悔尤而天理靡虧

布衾銘 并序　　宋范祖禹

溫國文正公所服之布衾隸書百有十字曰景仁惠者端明殿學士范公之所贈也曰堯夫銘者右僕射高平公所作也元豐中公在洛蜀公自許往訪之贈以是衾先是高平公作布衾銘以戒學者公愛其文義取而書于衾之首及寢疾東府治命歛以深衣而覆以是衾公于物澹其所好惟於德義若利欲其清如水而澄之不已其直如矢而端之不止故其居處必有法動作必有禮其被服如陋巷之士一室蕭然圖書盈几經日靜坐自如也又以圓木爲警枕小睡則枕轉而覺乃起讀書蓋恭儉勤禮出于天性自以爲適不勉而能與二范公爲心交以直道相與以忠告相益凡皆如此其誠終始如一將歿而猶不忘祖

禹觀公大節與其細行雖不可遽數然本于至誠無欲天下信之故能奮然有爲超絕古今居洛十五年若將終身焉一起而功被天下內外莫不敬其德服其名唯至誠故也公兄子宏得公手澤紙本于家屬祖禹序其本末俾後世師公之儉云其銘曰藜藿之甘綈布之溫名敎之樂德義之尊求之孔易享之常安錦繡之奢膏粱之珍權寵之盛利欲之繁若難其得危辱旋臻舍難取易去危就安至愚且智士寧不然顏樂簞瓢萬世師模紂居瓊臺死爲獨夫君子以儉爲德小人以侈喪軀然斯衆之陋豈可忽諸

漢鼎銘 并序　　宋蘇軾

禹鑄九鼎周器也初不以爲寶象物以飭之亦非所以使民遠不若也武王遷之洛邑蓋已見笑于伯夷叔齊矣方周之盛也鼎爲宗廟二觀靡而已及其衰也爲問之患有不可勝言者匹夫無罪懷璧其罪周之衰也與匹夫何異嗟夫孰知九鼎之爲周之角齒也哉自春秋時楚莊王已問其輕重大小而戰國之

際秦與齊楚皆欲之周人惴惴視三虎之垂涎而睨已也絕周之祀足以致寇裂周之地不足以肥國然二國之君未嘗一日而忘周者以寶在焉故也三國爭之周人莫知所適與得鼎者未必能存周而不得者必碎之此九鼎之所以亡也周顯王之四十二年宋大丘社亡而鼎淪沒於泗水此周人毀鼎以緩禍而假之神妖以爲之說也秦始皇漢武帝乃始萬方以出鼎此與兒童之見無異善夫吾丘壽王之說也曰汾陰之鼎漢鼎也非周鼎夫周有鼎漢亦有鼎此易所謂正位凝命者豈三趾兩耳之謂哉恨壽王小子方以諛進不能究其義予故作漢鼎銘以遺後世君子詞曰惟五帝三王及秦漢以來受命之君靡不有兹鼎鼎存而昌鼎亡而亡蓋鼎必先壞而國隨之豈有易姓而猶傳者乎不寶此器而拳拳于二物孺子之智婦人之仁嗚呼悲矣

司馬遷贊　　漢班　固

自書契之作而有史官其載籍博矣故遷據左氏國語采世本戰國策述楚漢春秋接其後事迄於大漢貫穿經傳馳騁古今上下數千載間斯以勤矣然劉向楊雄皆稱遷有良史才服其善叙事理辯而不華實而不俚其文直其事核不虛美不隱惡故謂之實錄嗚呼以遷博物洽聞而不能以智自全迹其所自傷悼亦小雅巷伯之倫歟大雅明哲保身難矣哉

夷齊贊　晉陶　潛

二子讓國相將海隅天人革命絕景窮居采薇高歌慨想黄虞貞風凌俗爰感懦夫

自贊　唐裴　度

爾才不長爾貌不揚胡爲將胡爲相一片靈臺丹青莫狀

司馬溫公像贊　宋朱　熹

篤學力行清修苦節有德有言有功有烈深衣大帶張拱徐趨遺像凜然可肅薄夫

司馬溫公像贊　　明方孝孺

儒者之澤大行於民伊周以來惟公一人時未可爲萬鍾不受時逢多艱爲世父母凡民之心惟久乃安欲其卽從聖人猶難亦獨何修政化甚速誠於爲善四海悅服用術相欺惟恐不深公神在天汝果何心

關侯贊　　明王世貞

嗚呼故主之誼表于奔袁討賊之忠見于許田樊城一師炎爐幾然前有衞操後有伏權天耶人耶公則奚懟精誠所鬱金石失堅川停嶽摧風車電鞭君臣大綱如日行天我懷威神頌公萬年

又贊　　王世貞

嗚呼篡漢者瞞也成瞞篡者權也瞞名漢臣也實漢賊也權陽瞞敵也陰瞞翼也公批亢于前而不虞姦

于披七軍甫淹六師隨厄使永安之報不在許昌而在公安建興之師不出樊城而出祁山安樂之戕與歸命之璧而相後先惜哉雖然不以間關廢兄弟不以離亂廢君臣其峙如者山嶽澄如者川流而炳如者日月星辰嗚呼此其所以亘萬古而猶神也耶

仲長子光贊　王世貞

仲長子光不曜其事庵於河汾傭力自藝守令謁者辭瘠而避著頌獨遊聊以托意彈琴餌藥以終其世宅乎無爲合道寘寘謚曰天隱河渚先生

曹月川贊　明薛瑄

質純氣清理明心定篤信好古距邪閑正有言有德以淑後人美哉君子光輝日新

河中府連理木頌　唐韓愈

司空咸寧王尹蒲之七年木連理生于河之東邑野夫來告且曰吾不知古始氣之交暢也維吾王之德交暢者有五是其應乎訓戎奮威蕩戮凶回舉政宣和人則寧嘉入踐台階庶尹克司來師熊羆四方作儀閔仁鰥寡不寧燕息人樂王德祝年萬億府有羣吏王有從事異體同心歸民于理天子是嘉俾賜勞王王拜稽首天子之光庶德昭融神斯降祥殊木連理之柯同榮異壟之禾吾侯之產茲土也久矣今欲明于大君紀于策書王抑余也冶金伐石垂耀無極王抑余也奮肆婉婾不知所如願托頌詞長言之于康衢頌曰木何爲兮此祥洵厥美兮在吾王願封植兮永固俾斯人兮不忘

祀汾陰壇頌 并序　　宋王旦

祥符紀號之三載岱宗展寀之間歲蒲守臣狀輿人之誦以爲坤靈所宅實惟鄈上方册具存粤在境內屬紹休於聖緒請備禮以親祠皇上覽奏謙讓不許侍臣進而僉曰泰嶽建封汾壤闕祀有所未答也外

庭聞其事率籲者萬計露章抗其辭悃愊而三上臣
誠難奪帝俞乃下義仲涓日伯夷奏儀歲二月乘時
龍備法駕奉秘檢陟廣時格殊尤之貺通於神明成
曠絕之禮合若符契執允恭克讓之道形推功歸美
之旨凝嚴覃思闇郁郁之文純王奉先盡烝烝之性
飄然鸞鳳之跡形於金石之刋四三墳六五典揭日
月薄雲天昭示方來高邁前古乃詔宰臣旦曰汝相
臣禮實總攸司亦宜昌言以志純錫臣周爰事實對
揚王休謹再拜稽首而言曰粤以坤靈定位秉陰成
德侔天洪覆博厚蘊於化先載物無私翕忽章於神
變其止也一其動也剛將發祉於沉潛必炳靈於盻
蠁惟陰陽之不測在動植以攸依瞻惟冀方奠厥中
域水土深厚風俗勤儉敷紛汏衍盡闢於汚萊豐實
敦朴有同於淳古載觀舊志參校前聞軒后之祀方
丘實惟其地虞舜之都蒲坂綽有遺風直大昴之南
街距諸綸之半含原隰相屬瀰迤而龍鱗堆阜孤標
崛岉而雲矗書載嬀汭在其境詩歌韓奕亘其右靈
掌標於巨嶽素汾合於洪河逸勢奔趍迅湍激射綿

億載而隆起無流壤之微遺堅如注於碣石危若冠
於靈山廣袤居盤崢嶸詭異宛同天造允謂神區以
因地之宜爲祈祀之所必有主宰以定攸居欽若大
猷歷選列辟辯方正位懋建於皇極依神設教陰騭
於下民意在奉毋儀禱年穀而已漢元鼎中始建嚴
祠式新明制從馬談寬舒之議屢崇於毖祀唐開元
際克甄墜典踐修厥猷覽張説蕭嵩之言亟與於逸
禮物無疵癘歲臻豐懋盖俯隣於畿甸或因事於廵
遊時奉瘞薶易如尚滋湮癈闕其靈應壁居溜洛及
宅爰如通因屢遷限于重阻歷代而下方屬弄兵千
里而遙豈遑錯事王澤竭而頌聲寢彛倫斁而舊章
缺丕天大律曠世盛節日不暇給安可輕議且禮樂
重事豈淪胥以亡及聖明利見故授之以泰太祖啓
運立極英武聖文神德元功大孝皇帝運斗極綏天
保三靈改卜撫飛龍之運四征不庭革猛虎之政惟
睿作聖臨下有赫謳謠欣戴序章皇靈揖讓開階允
歸天授集大勳而成王業也太宗至仁應道神功聖
德文武大明廣孝皇帝席羅圖躋大寶麾旄致討下

恃險之邦執契居尊洽同文之化帝德廣運神武不
殺體元立制將聖多能遹駿緝熙徇齊敦敏敷至治
而致承平也今崇文廣武儀天遵道寶應章感聖明
仁孝皇帝陛下自儲兩陟元后承天之序象日之升
協帝膺期纘戎御曆五材並用六府允修總絜宏綱
深思遠馭順乎乾而發大號取諸豫而懷承圖務稼
勸農保邦固本講兵要討審實取材六郡震師五柞
薦驅革輅廵省翰垣邊堠自寧兵鋒不頓輪臺罷戍
上因感悟玉關謝質有異綏懷得用武之善經茂庇
氏之丕德威靈赫於無外聲教殫於有截四方從乂
萬彙由康作法於凉議事以制欽明稽古御耕撫圖
講理三雍懸書兩觀囹圄清而刑幾措釁塋與而民
崇讓三刻吉土有文王昭事之勤明發上陵極顯宗
孺慕之感武有七德禮備三驅丹沸非樂戰之心形
于歌詠天乙有弛罟之惠垂諸載籍今乃罷去羽獵
包以虎皮惻隱之仁溥臻於微類好生之德上合於
昊天元化旁流皇風載暨頑豔斯感人神以和順風
之拜未施飛鼎之靈下告寶符錫祚昭授羲昇姒之

瑞玉牒登封有踰周軼漢之盛介夫純嘏延及羣氓
和以天倪納於軌則幾一變之至道妙萬物以爲言
休大庭宵姑射宅心道秘研幾繫表前宣室之席未
遑於顧問挽裹城之駕靡事於巡功無何西土之人
周行之士㒰趨麏至不謀而同辭箋短韞長協從而
迪吉克符天誘始定時邁下沛然之詔慰後予之情
方澤致恭爲人而祈福近臣祇命先期而戒事靡干
民力咸給縣官事酌時中禮惟聖擇愼欽備物有條
而不紊博士議郎置蕝而已定時告上帝親享大宮
越獻歲履端之初屬遒人布令之月皇輿夙駕天旱
前驅耀國容增儀衛導寶籙遵皇衢却咸夏之音御
蒲塞之餼故靡從於游豫祇靜專於祀事逶迤式道
星列而天行戾止周廬淵渟而嶽鎮弭芝蓋達蒲津
戒官師飭法從九官列序冠冕曄於清途七華騰裝
羽旄蔽於朝旭翠蚪奕奕齊軨遲遲俯頌祇之庭臨
逆釐之館恍惚杳冥之際將事神交壇蝸蠖濩之中
式資齋默辛酉饗后土地祇於泰圻奉天書於左次
嚴二聖以配焉秉鎮圭紆皇組實義象奠琮幣體薦

黄犢藉用白茅壇三成而庶品陳樂八變而柔祇出
正辭以達其志祇瘞以終其禮織羅不動瑞香沓臻
協氣橫流歡聲沸渭能事畢舉何止禴祭之恭應臚
傳之速即時移彩仗欽廟貌展儀省祀徽册既藏登
歌申獻睟容如在秩秩而中節莘莘而有踐少留清
蹕周覽平皐吐金景以獻浮雲式覿寶氣橫素波而
鳴簫鼓訶歡遊朔日即法宮坐黼帳振振麟趾之
族師師鷺序之行懸軒四千品鞮譯之長拱於著勾
陳之衛嚴於外禮申同玥肆覲於羣后澤被蓼蕭大
賚於四海資生仰化罄圖效祉觀民設教命市納賈
俗無非僻器不苦窳化行比屋有可封之民會盛塗
山無後至之國若薰風之復起訝絳光之再燭舉合
飲之文不遺於黄耇霈有差之賜下及於門欄井洌
寒泉地湧神鬯載紓乃顧易以嘉稱望祀於海增峻
其巖壇允猶翕河載循於戒典金華作鎮紫氣臨關
覽巨靈之蹤慕亙元之教和風習習膏澤祁祁既呈
瑞於豐年亦清塵於夷路宵分載止星言靡滯良田
膴膴有多稌之謠束帛戔戔洽烝髦之詠由分陜之

地出二崤之間六巒如琴覩襟帶之險九斿齊軌造
圖書之淵順陽春考王制舉周醻陳洛晏山園在望
夙夜永懷謦欬如聞馨香以達躬腊澤感霜露歷山
川之竒秀美聖賢之遺懿誕敷鴻藻窮三變之原高
揭璇題紀一時之異或熙載而有作或倬彼以成章
並鏤貞珉垂爲世範六飛回軫萬國懽迎咸發詠於
載歸悉蒙休而安愈歸格用特觀盥之儀斯畢飲至
舍爵醻勞之典遂行命酌衢樽均歡魚藻取需于之
象溥洽示慈成樂只之儀維歌旣醉煌煌焉穆穆焉
總帝者之上儀盡天下之壯觀者也粵自天啓巨宋
運鍾累洽火辰耀玉燭調七政齊六府正躬操絕瑞
賔表於鑒觀爰議升中巳申於昭答至如戚富有之
業流餘羨之慶賚仁育宣政本綿寓混一庶物流衍
不愛其寶可以倖賚得一以寧自茲而始狥東征西
怨之請有暴衣露蓋之行靡憚於勤用申其報異於
無謂而樂廵狩數出以露威靈者矣矧乃祗肅精明
內盡於志吉蠲滌濯外盡其物釐文命致美之意放
仲尼與祭之言不於其身抑損以寧儉若奉於祀誠

飭以期豐雖翕闢含章至靜而爲體然玄通報兇應變以無方臧事之辰薦鬯之夕貫天德水迴變於澄瀾麗漢卿雲薦騰於縟綵青素之文符合逸材之獸馴擾九莖挺秀合穎效祥充溢於册書騈委於奏牘豈止獲乘矢集神爵而已哉若非惟德緊物至誠感神又安得昌遂而賚奉景靈如期而克舉大事不疾而速不肅而成如是者也若夫秩小大之神訓上下之則騰茂實揚洪輝禮莫重於登雲岱歎魏雎對越兩儀茂膺繁祉恢世敎奉天經孝莫大於繼其志述其事肆予時夏休有烈光非大信有孚何以盡明察之義非要道溥被何以極顯揚之典洽百禮以昭其德陳萬舞以象其功崇一術而衆美隨陳一事而十倫具惠可底行祭則受福兆民允殖百祿是遒巍烈首於百王鴻禧垂於萬葉而又穆清凝覽乾鞏勞謙煥發天文昭昭而諭言寅威寶命業業以持盈有嚴有翼而永英聲雖休勿休而彰徤德體道簡易大明終始固丕基于積厚延景鑠于無疆法坤元之永貞若韶樂之盡善者矣臣徒幸丁辰素非達禮聞經疑

輿遊夏何以措詞臨事講求房魏恧其不逮䟽無風
采審侍帝暉適覯厥成拜命之辱談天罔極游聖難
名祇奉五壇幸覩黃雲之覆繼揚二雅終媿清風之
作辭曰巖巖岱宗明明乾健㯹燎上騰雲封斯建高
睢崛岰厚德攸依平琮致告育穀是祈垂象蓋高含
章光大以祭以明地天交泰聖祖烈烈大勳斯在神
宗穆穆令聞不已以妥以侑夙夜恭止式嚴郊上肅
奉靈文率禮明具祇薦苾芬四隩來同羣靈胥洎惟
孝奉先惟聖克祀馨烈有融儀形大備神之聽之肅
然格思昭其絕瑞報以鴻禧羣生咸遂百祿攸宜伊
至誠兮虛標前訓豈洞酌兮專美聲詩禮無違者道
盡于斯旣享以誠亦輔其德允協永貞式揚聖則九
壤謐寧百昌滋殖敎化攸兮丕昭聖職仁壽躋兮咸
知帝力繹思粹精流謙中昃坱比無垠出坤珍兮億
萬斯年保民極兮

關聖像贊　　國朝辛全

予祖遺闕聖讀麟經圖一軸年久蝕剝命工新之將擬爲贊或曰英風凛凛正氣堂堂全曰此足狀其貌延四百年之統緒振千萬禩之綱常全曰此足頌其功皎潔靈臺不染塵埃全曰此足模其心奚不曰注意麟經契素王撥亂反治之肯乎遂筆之曰秉燭達旦掛印封金義理之勇賢聖之心遊神衆史尼父知音凡有血氣莫不尊親請俎豆於數仞墻中俾吾道萬世而常新也

平陽府志　卷三十六　九十七

賦

河東賦　　漢揚雄

伊年暮春將瘞后土禮靈祇謁汾陰於東郊因兹以勒崇垂鴻發祥隤祉欽若神明者盛哉鑠不可載已

於是命羣臣齊法服整靈輿迺撫翠鳳之駕六先景之乘掉犇星之流旃彏天狼之威弧張耀日之元旄揚左纛被雲梢奮電鞭驂雷輜鳴洪鐘建五旗羲和司日顏倫奉輿風發飈拂神騰鬼趡千乘霆亂萬騎屈撟嘻嘻旭旭天地稠嶅歘丘跳巒湧渭躍涇秦神下讋跖蒐負沴河靈矍踢掌華蹈襄遂臻陰宫穆穆肅肅蹲蹲如也靈祇既鄉五位時叙絪緼玄黄將紹厥后於是靈輿安步周流容與以覽虖介山嗟文公而愍推兮勤大禹於龍門灑沈菑於豁瀆兮播九河於東瀕登歷觀而進望兮聊浮游以經營樂往昔之遺風兮喜虞氏之所耕瞰帝唐之嵩高兮𥇍隆周之大寧汨低徊而不能去兮行睨陔下與彭城濊南巢

之坎坷兮易函岐之夷平乘翠龍而超河兮陟西岳之嶢崤雲霧霧而來迎兮澤滲漓而下降鬱蕭條其幽藹兮滃汎沛以豐隆叱風伯於南北兮呵雨師於西東參天地而獨立兮廓盪盪其亡雙遵逝虖歸來以函夏之大漢兮彼曾何足與比功建乾坤之貞兆兮將悉總以羣龍麗句芒與驂蓐收兮服元冥及祝融敦衆神使式道兮奮六經以攄頌隃於穆之緝熙兮過清廟之雝雝軼五帝之遐迹兮躡三皇之高蹤旣發軔於平盈兮誰謂路遠而不能從

鹽池賦　　　晉　郭　璞

水潤下以作鹹莫斯鹽之最靈傍峻岳以發源地茫爾而海渟嗟元液之潛洞羌莫知其所生狀委蛇其若瀵流漫漫以漭漭吁鑿鑿以粲粲色縞然而雪朗揚赤波之煥爛光旰旰以晃晃隆陽映而不燋洪涔沃而不長磊崔嵬碓鍔劗碁方玉潤膏津雪白凌岡粲如散璽煥若布章爛若漢明晃爾霞赤望之絳承

即之雪積翠塗内映顔液外羃動而逾生損而滋益若乃煎海鑠泉或凍或漉所贍不過一鄉所營不過鍾斛飴戎見軫於西鄰火井擅奇於巴濮豈若茲池之所産帶神邑之名嶽吸靈潤於河汾總膏液乎滄涑

黄河賦　　晉成公綏

覽百川之弘壯兮莫尚美於黄河潛崑崙之峻極兮出積石之嵯峨登龍門而南遊兮拂華陰與曲河凌砥柱而激湍兮踰汭洛而揚波體委蛇於后土兮配靈漢於穹蒼畢中夏之畿甸兮經朔胡之荒壓二州之北境兮流三晉之南鄉泰自西而兮齊據東而晝疆殷徙涉而永固衛遷濟而强趙决流而却魏羸引溝而滅粱思先哲之攸　何水德之難量

三門集津賦并序　　唐趙令儀

砥柱山之六峯者皆生河之中流蓋夏后之所開鑿其最北有兩柱相對距岸而立即所謂三門也次於其南有孤峯揭起峯頂平濶夏禹之廟在焉西有孤石數枚圓如削成復次其南有三峯東曰金門中曰三堆西曰天柱湍水從黃老神前東流激湍蹙於蝦石折流而南漱於三門苞於廟山乃分爲西流淙於三峯之下抵於曲限會流東注加以兩崖夾水壁立千仞盤紆激射天下罕比時以內兄牛氏壯而遊焉相顧賦之以紀奇跡

大河瀰漫上應天漢濬靈波於積石之西流懸崑于崑崙之半茫茫禹功茲焉會同鑿連巖而瀉瀲羅崛島以攢空濶兮若橫兩闕於江上岌兮若拔三山於海中崇山嶔崟呀水淙射左右飛濤起伏相擊截奔湍兮躋石臺目霍濩兮心徘徊三峯砥其却立架崇門以洞開連嶂紆河以壁峭壘巇喬空而半頹洪流蹙折以盆涌漱湍崟崛而相磓包巒祕隙砯其鼓作徊衆澎瀑漓以山推奔濤迅濩紛其蕩駭蓬渤滑漏霍以雲廻盤渦寥寥以谷旋奔石砰磕以成雷掏怒

末溲橫流逆折合如地轉散若天裂摧騰恐嶼㓻蕩
岬宂硉巖嶜而沫沸淙𧖴口而喘咽然後滜雲霽靄
狀濤卷瀨汩㳂㳂以無聲漫浩浩以東會揔四流而
混合注三穴而滂沛泛洪連於大磧之東薄餘怒於
天池之外當其時也山獸驚躍水禽亂飛魚獺沉潭
以竄伏獮猱拱樹以相依竄鮫人於洞壑帖舟子於
漣漪莫不愁白露之初下歎黃牛之暝歸若乃降望
金門犪𤟈石嵛窮巖萬仞一曲千里枞歷歷而生崖
草髿髿而覆水雲蓬茸兮歷地生風颼颼兮百籟驚
猿惜暮而悲叫鳥亂春而不鳴呫嗥吼兮抄呼𠹭飛
客心兮動客情憐不箇之冬茂賞瑤芝之夜明惟夏
君兮永蟄拜靈廟兮何及榱梁古兮山鳥棲階壁蕪
兮野鹿入感微禹之嘆深亢幽調以佇立歌曰中負
石兮空自奇客乘槎兮何遠爲君不見虛舟之泛泛
浩乘流而不羈

神龜負圖出河賦　　唐裴　度

茫茫積流祚聖有作動上天之睿命假靈龜以潛躍
蓋欲以慶遙源敷景鑠寓物象之精睿化人文之朴
畧豈不以河之德兮靈長龜之壽兮會昌載禎符先
呈於古帝稱大寶後遺於寧王故將出也感天地動
陰陽浮九折之澄碧散五色之榮光然後滔箭流而
泳花浪露玹甲而刖繡裳初若沉圓璧而未沒稍似
泛孤島而欲翔既而降芳蓮蹈清沚五老游而共睹
列聖過而毎喜出朝日如耀其寶圖伏靈壇狀陳其
鏤篚布爻象之糺紛蘊天地之終始負謀謨之畫將
化洪荒當授受之時豈思緣水非聽料之可述詠鈞
深而有致所以出河宗作天瑞馮夷倚浪以相送神
魚鼓舞而旋避於戲寘數窅然自我而傳外骨明賁
中心善泉將後天而思承豈爲賛而居前至如魚託
素以達情鳳御詔而展禮未若祥開八卦兆動四體
闡文教寧木鐸之足儔賛貞明與日月而同啓洎乎
形貌既著品物類分榮萬化之茫昧合一氣之絪縕
識用光於夏葉絲毎奐於羲文此乃天理用彰神道
設教故躍波而委質殊以文而飾貌綱綸誠怪於文

鱗隱霧徒嗟乎亙豹此悠也久也可是則而是效

雙瀵泉賦　　唐喬潭

呀厚地而濫涌者有河東之瀵泉坼陰開竇沃日浮天初汩没圓衡拂高山於尋祇之下復逶迤遠注散餘波於馮夷之川爲神龍窟宅之土而致美爲陰陽蓄泄之所而通元將海日泓浤而照此豈坤儀挺拔以瀖馬來何所自去何所止始開雙瀵發輝於汾脽之郊竟助洪流歸潮於渤澥之水借如月色初升晴空下凝繁星映而珠滿新月入而鉤澄汩乎風駭霧勃煙湧雲蒸則有鬼神倏閃以恍惚蛟螭鼓怒以噴騰異物之與詭怪孰可得而備徵意以爲潛虛洞泬脉流泒別雖一河有隔終陰隙以相連故數眼分開涵碧虛而共潔是以百尺澄兮四空晶珠胎明兮沙岸皎洗拂煙埃蕩漾魚鳥亦凉生朱夏氣暖亙冬守謙下以含道順畎澮以利農道則以物爲賓水則假利於春人有情於利水水無意以求人人之自僞我

豈非眞故至人以水爲德以心爲鏡鏡雖明不利於人水至平不潛乎性故瀵之爲澤也廣瀵之爲鑒也靜若塵而閉則澤不能及物混而濁則鑒不能自正故選士者象清瀵以含虛懷才者但明心而未映苟能酌憲於兹泉則可以相鹽梅而翼聖

祭先河而後海賦　宋歐陽修

在祭者必有常典務本者貴乎不忘既先河而告備乃後海以爲常幣玉始陳恭視諸侯之瀆牲宰繼列方祀百谷之王探國典之舊文撫禮經之大旨以謂河導其泒水一勺而始矣海納其會實百川之委也祀容肅設必先有事於靈長望秩並修然後功歸於善下誠以决九川而分導括衆流而混并一則窮本而有自一則兼容而積成是用分理章而異數昭祭典以推行命祀首陳始則出圖之所禱辭以設方祈紀地之名用能緜乃令儀昭夫重祭利萬物以斯善用五材而並祭無文既秩祡經瀆以領祠羣望既行

禱朝宗而用幣外則盡物中惟告虔既義取於源委乃禮分於後先一禱致誠必告榮光之涘大川並走嗣臨重潤之淵得非衆嶽肇乎一卷推輪生乎五輅考厥初之攸在彰返始而爲務亦猶文王之祀雖貴不踰后稷之尊齊人之事將行敢越配林之故是知河必居首取懸源而肇茲海不自大由積泉以相成其導洪流而並注散靈潤以旁滋顧乃濫觴之因必有先也視爾委輸之廣然後從之信哉祭尚潔誠禮惟思反將展報以爲義必討源而自遠故夫古哲王之祭川必務其本焉

河清賦　　明楊士奇

歲在旃蒙月維攝提其日癸卯晨光初晞祥飈融暢慶雲爛垂天子御丹扆闢彤闈班龍節建鸞旗肅九重之容衛紛百辟其來趨促武乎金門屏息乎彤墀乃有陪臣晉國之使頫伏殿陛陳詞獻匭上言河清河嵂之涘發書訊占聖王之瑞臣睹之敢告天子天子曰噫天道應人必以類至作德者降祥弗德者垂

戒予未究乎愼修何以與於是也使者旣出時則徹
侯上公羣卿列秩仰聆玉音愉愉忔忔固已識其靈
祥未備究乎事實退就使者而悉焉使者曰昉河流
之將清蓋先時而異狀其始也沉碧凝黛流丹曳虹
忽異復殊雖色彌望烱素華之浩溔汎玹晶而漭泱
妙神化而屢殊協五行之遁旺方謬謬瀏瀏滉滉瀁
瀁湛如清渭之奔浩乎蒙泉之放溯荆玉而演迤掩
齊穀而浮蕩影萬象於昭晰而淨纖塵之泱瀼也於
是傳告雜遝聽聞駭惑奔走道路聚觀崖側睛目炫
奪心懷暢悅鑑妍者賞明濯汙者避褻此其大畧也
其詳未易以遽說焉於是聞者仰而思顧而言曰河
之發源出乎崑崙於瀲淡漫混混渾渾濁涇方之以
尙列瀆潦擬之而同昏然而其清爲聖君之瑞見於
子年拾遺之記兆天下之平出乎京房傳易之論洪
惟我皇繼序太祖道合羲軒功隆舜禹政敎施乎萬
邪德澤流於九土斯河清之協應豈偶然之故也蓋
水爲用滋潤長育六府所叙功同土穀造化於是而
發祥非在惠養斯民而致其豐足者乎華去濁汙瑩

然湛明非在蕩除貪穢而用夫廉清者乎斯盛治之所本豈尋常之爲異雖聖德之弗居諒天意其有在固將表治化之熙明而徵太平於盛世也躬逢盛事振古所希拜首陳賦繼以歌詩詩曰水先五行兮天一攸生維河之祥兮革汙爲徵千載一見兮協我聖明澤流潔清兮隆化斯徵於千萬年兮邦家之慶

黄河賦　　明薛瑄

吾觀黄河之渾渾兮乃元氣之萃慈濬洪源於西極兮注天派於蒼瀛貫后土之髗博兮映玹溝之晶明過積石而左轉兮龍門呀而峻傾薄太華而東騖兮撼砥柱之崢嶸入大陸而北徙兮迷不辨夫九河之故形經東海而紀泉流兮擅浮沉之罹靈覽頹波而懷明德兮何莫非姒氏所經營登崑崙而俯視兮固彷彿其初迹馭高風而騁望兮遂周遊其曲直何末流之混濁兮始清徵而湜湜羌澹灔而徐趨兮勢沄沄而自得觸險石以鬭暴兮訛雷轟而轂擊天宇擴而沆漭兮渺上下之元黄露雨霝霝而瀚集兮混寥

古之洪荒微風蕩沸而渙散兮天機組織其文章頹猋浩而洶湧兮百怪垂涎而皺揚腥雲濁浪以盪汩兮恍顛倒夫丹舫靈曜升而赫照兮秉正色於中央望舒在御而下臨兮列宿涵泳其光芒若乃震秉符以行令兮百谷涯涯其凍釋山澤沮洳以上氣兮增混養之洋溢魚龍乘濤以變化兮杳莫測其所極祝融載節以南屆兮雷雨奮迮以霶霈横支流而股合兮百川奔而來會木輪囷而漂拔兮薇雲日而淘汰狂瀾洶而齧岸兮堤土馬塞夫衡潰霜戒嚴而木脫兮少昊執矩以司秋洲渚緬邈而石出兮始殺湍而安流霰雪紛其四集兮顓頊乘坎以奮神大塊噫氣而摩軋兮流澌下而龍鱗層冰横絕而山秀兮河伯驅石以梁津羌險夷而明晦兮變朝暮與四時颷風起而衡目兮莽㑩駭其難推睹圓方之一氣兮恒來往而容移昔尼父之嘆逝兮跨百世而罕知顧川流之有本兮與終古以爲期啓龍圖而玩六一兮悟主宰之所爲愧予心之未純兮感道妙之如斯聊誦言以自明兮庶晝夜之靡虧

晉國賦　明　張鳳翼

粤若稽古晉國廣袤麗於黄墟阻三河於碣石賓禹貢之中都輪逶迤其磅礴經曼衍以平鋪逵竁窌而九達亶天造之雄圖爾其昴畢躔墟參辰應噢匯以楊紆靡以大陸爇以燭龍犄以鉅鹿北块沆莽水陸歕吞蒼虬左抱白菟右蹲玄武聳矗鶉火廻灕誠風氣之所宅而扶輿之所庇於是東跨齊疆南連楚畛西距三秦北窮五國以天門日觀爲儲胥以雲夢漢陽爲柴闔以紫淵華嶽爲藩屏以黑水清山爲障塞控八紘封域以居尊羌何僻乎彈丸之一幅其山則王屋夏屋龍門鴈門三嵕三磴九箕九原纍頭傚斗壺口懸壟砥柱峻嶒而倒湍大行巀業以蔽瞰又有銅鞮雷首姑射中條岧嶚嵺嶤崥岯嶲嶧嵸嵸嵃嵃嵒嵒嵾嵾嶊嵷恒而作鎮固方岳之所標其水則沁澮沱汾洮涂泌涑滱灅滈澇渦漳涅潰嘔夷濎濼以駛濤嫣汭沖瀜而瀸淈疏潄灩於龍渠澮淯沸於象谷又有桑乾濩澤嬰澗平田玉泉金泊石洞昕川汪

洋堋湃漣滴潺湲湯湯淼淼淈淈濺濺灌黃河以東
注翕覃懷底績之畡其險則飛狐捙漢巨馬洞崟羊
腸九折龍首千尋瓴建井陘之臨筈通句注之陰其
勝則董澤盤盪吕梁噴薄峪止鳳凰樓高鸛鵲五髻
現境於淸京四鎮宣威於毳幕其靈則祥開金鳳瑞
應烏龍三峯王氣五日陰霾雩祟侯兮鼉雨駐姤女
兮停風其異則管涔神劍渥洼天馬朔雷層巘火山
㳡鬪㯊蜿蜒以衝氷壓踉蹌而負野其跡則轂城莵
莵鹿苑芊芊傳岩迤邐孔轍迍邅閱矣西河之室蔚
然綿上之田投筆之臺未圮煉丹之鼎猶煙此實上
游之寰寓俔溥之幅幁也由是顥氣瀰漫載亭載出
瑰麗以繁環奇以別擅萬物之晶華表千秋之殊絕
則有并刀韓甲屈馬垂琛雲沙代赭澤錫遼葠廣陽
之鐵大鹵之金紛紛藉藉品品林林若夫冀北之煤
連綿大麓斷谷黴呀摩肩擊轂五方絡繹以跻涂萬
竈炘熛而轉熮河東之鹽濩決神畲皚皚皛皛纍纍
鱗鱗佐圖泉於九府通賈販於四隣又若上黨之壓
大河之渼軋札相聞噞喁是比絢藻火與山龍㦗䋣

鰭及鰋鯉總興殖於哆匾詎噆噆之能齒肆其陂塘
瀦灌溉通原隰墾稼穡同名園綖獵盛圃芬蘗蔬則
地蕈天花霜芹雪藕鷩蕨凫葵晚菘早韭芋薤蔓葑
爰象爰有行白玉於高門送青絲於纖手穀則秬稻
穈芑麰麳稻秔禾麻荏菽九穗一莖穜稑重穋如坻
如京可以實倉箱而穀士女供俎豆以粢盛花則
菡萏荼蘼姚黃魏紫芍藥薔薇金罌玉蘂蓓蕾芳菲
含杏散棠薇雷塢兮森森簇雕欄兮纍纍木則槐檀
樺栗檜栢椿松桑榆柘檗杞柳桐楓參天溜雨薆葑
菁葱滋偃蹇連蜷之勢壯翬飛鳥革之雄果有紫李
黃柑緗桃白橑常山之梨安邑之棗馬乳稱猗氏之
甘貍首美太原之好足以敷貢精英而發果蓏之瑶
它如白獭冰鼠赤豹黃貔麐茸豁脫龍骨雕翎玉芝
雲母紫石著英莫不猗那是産以蕃動植之奇至於
雉堞雲橫雄關斗絕玉壘金湯囤圖嵽嵲軍州虵勢
以居宇縣犬牙而列鼎峙受降之城延亘防邊之堞
魚符所統什伍蟬聯戈鋋壓地鼓角厖天砏磤碣碚
騈騈駸駸象譯寄鞮之屬靡不震而驚焉聿有朱邸

黄扉繽紛匼匝橋駕飛虹臺邀明月表以晉陽之宫祀以汾陰之闕窮池舘暨巖房淸冷於不竭且也珠明魏乘璧重秦城亳散伐山之潁圭呈拔樹之霙玉馬璘瑞而顯异仙藤馥馥以旌誠此其著者餘物難名進而求之光岳攸鍾文明蔚起人傑地靈儷鑣續趾聲施矗矗之顔巖潤篔簹之訿爾乃搴馳獨往秀擷羣芳行純金錫操凛氷霜既鶴鳴而鴻漸亦虎變而龍翔越倜儻其魁壘豈只尺與尋常故語高曠則薇留孤竹之風松掛一瓢之月逃三聘於屈池隱十經于於越傲世兮枕流辭榮兮蒔藥猶聞張果還山王喬跨鶴俱蟬蛻乎風塵而逍遥於雲壑文章則晐綜史記玹掞洞林詩詫明河之錦賦稱擲地之金中説敷陳乎名教彙馳瀆發於靈襟蛛網燕泥指堂梁而振響落霞秋水度高閣以流音誰不照丹文而光緣牒穿月脅以貫天心其爲望也忠著程嬰義推張老智决輔車仁昭結草勒叩奎於相如崇折巾於有道六龍騰祁藪之輝三鳳煥河東之葆殆煜乎垂景耀於春秋而祕然播餘馨於品藻也至於孤憤激大

節援誓九瘢重一言灑龍逄之血遊雉經之魂伏鍾
麑之觸甘豫讓之吞溫序啣鬚而抗錫呼延文體以
酬恩凡此剛方之氣亦巳翻溟海而撼崑崙更有應
運風雲爭光鼎呂文揚黼黻之華武奮勛勦之舉若
三郤佐軍若五蛇從旅若熒焱和戎若筆稱良史若
狼瞫之突陣摧秦若羊舌之周知赦楚咸斌斌乎麟
鳳之儔而洸洸乎干城之侶猶未也六卿旣大三晉
遂分噓以驫燼蒸以漢雲唐風之所被宋德之所薰
其間師師穆穆濟濟芸芸如信陵率五國之師平原
高十日之飲侯嬴妝臥內之符毛遂脫囊中之穎趙
奢解閼于之圍陳筵告華陽之警衍儀前席夫六王
頗牧披鋒於四境斯亦畸矣徜是儔采星馳雄風電
掣西京衞霍之軍功東晉裴王之相業狄梁與薛史
同標司馬洎王楊並轍秉燭達旦揭日月於無疆騎
尾歸天壯河山於不蔑緊何代乎無人亦何人之非
傑又其盛也晉文復國趙武爭盟韓昭修術魏惠徵
兵汾澗狐鬼之磊落沙陀亞子之崢嶸當其時屬車
秣馬斬藿披荆叱咤則飄霆改色指揮則參井無精

莫不業業兢兢砰砰轟轟夫非一世之雄哉然猶偏伯耳蓋嘗覽輿地按冀方歷蒲坂溯平陽弔伊耆之休爍追姚氏之烈光則見堯天永位舜日常熙四方以宅七政以釐九州以奠百穀以宜五品以序三居以夷八風以毖六府以治封十有二山之鎮弘萬有千歲之基迄於今士尚謙恭民多醇古恍不識不知之畔一讓畔讓居之度去華從儉則素題越席之遺也憂深思遠其暑雨祁寒之故乎於皇哉唐虞作對夏殷繼昌神皐腴藪鬱乎蒼蒼雖巨鎮雄都未敢望也而何有於僻壤要荒

砥柱賦　明唐　肅

黃河之流西來數千里兮貫長城而南馳激龍門之險阨兮霆奔電馳氣洶湧而莫支歷華陰而徑趨兮乃折流而東下勢若萬騎銜枚而疾走兮將悉鋒盡銳鏖戰於平野何砥柱之崒嵂兮獨凝立乎中流儼一夫之當關兮強兵悍卒睥睨不敢運其戈矛惟宻伯子之戴土兮導洚洞而平之鑿此山以流洩兮剖

三門之嶔巖然後洪波巨浪齟齬而不騁兮分流析派間度以透迤過孟津而逾洛汭兮東極於大邳苟非是以少梗兮何以殺天呉水伯之淫威予嘗駕方舟而求古蹟兮誓將豁心胸於浩蕩過黄老之神祠兮遡遐石之泱瀁盻連天之修橀千雲霄而直上濁波渭汨包其下兮顯神功於俯仰使昔懷襄之莫救兮匯四海爲一區上巢下窟之赤子兮殆皆戢戢以爲魚覽斯險而慨嘆兮雖天造而地設微玄聖之大智兮孰成夫萬世之烈噫吁戲世道降兮風移俗偷頹波汗漫兮忌剛茹柔魚蝦鼓舞兮蛟龍鬱愁豈無吾人之砥柱兮障百川之横流

鹽池賦　　明姚誠立

河東鹽池即古所稱解池也神工所鑿海竅通之地連雍豫埜分參觜幅幀廣衍百二有奇湝滮迤延衆脉委輸從任土作貢之初資庶民鹵澤之福於廓萬頃浩渺乎禹甸之陽盤盂一陂劃開於條山之麓危

巒峭壁背峙而巀嶪茂草豐林葱鬱而叢簇連碧海
於長天接銀潢於平陸耀浮景之鮮鮮潰澗下之漉
漉寒輝爚施逢奪緝睛素波淪漣擬展紋縠時而清
風徐來零雨既霽皎月空懸旭光絢麗亭泓湜沚而
瀠洄衆妙雜出而嫵媚詎濯滄浪之纓誰效褰裳之
厲何須宴樂橫汾誰羨垂綸清渭蝘蜓螭於潛淵走
百獸於秘邃飲如帶之霓虹蘸一抹之嵐翠周俯仰
以四窮差縹緲而無對若乃依人境而漶漫傍城郭
而泫洶爲嘉味之聚藪歛淑氣之氤氳玉壺仙跡儵
霍蒦其濫涌鮫人窟宅潾沉靜而深瀠倘蜃靈之見
象恍織女之渡津東跨夏臺而有栢塔瑆臺咸谷風
洞之奇居其左西控雷首而有五老王官靜林雪岩
之勝據其右稷山孤山紫金峨嵋當其前歷山讓田
傳巖聖澗擁其後六池映帶而瀠洄暹渠蜿蜒而廣
袤總區外之支迦殺狂濤而透漏於其遠也長隄層
護架百里之飛梁於其近也繚垣匝周抵千夫之介
胄戎壽無釁可侵暴客何隙而寇又有層樓巍岸峻
宇高軒崇基回繞甘水瀑旋瞻雕甍之拱漢睇樓檻

之凌煙狀參差而錯落勢瑰瑋而蹁躚凌倒影而翥
翰衡虛無而鮮顏於是操五絃以解愠葉六義以賡
吟酌陶匏以取醉娛驪景以會心鑣輪齊馭冠蓋招
尋不減向洞庭以張咸奏伊西湖而泛武林於美哉
池也景物於焉備矣而阜國裕民財源會焉於是乎
集羣靈恢廟貌竭明禋通顯報專祠者列東西以峙
尊配享者別爲次以燔燎風雲雷雨倚陰芘於監司
日月山川迓明庥於拱照遵御制之常典而肥牲清
酤之交陳徇時俗之儀文而舞蹈發揚之並效欻而
亙英變律蒼陸報春伊曲沼之方煥迨冰泮於斯辰
北極初凝昔黯黯而色閉東風忽解驚片片之光新
繁亂磯岸離披玉津開碧潭之漾漾挹白石之粼粼
遲以炎夏駘宕浮華祝融秉令吳氣噓嘉淋漓霑灑
滃靄盤霍其初結也纖若埸花之依水面其成實也
番若麗水之墜珠華方綽約兮漸漬忽續紛兮無涯
擬編貝而貫珠亦如粟而如砂惟大小之參錯更方
圓之殊差緬呈姸而積素殊皎潔而堪誇蒐靈根於
伏壤復詭怪而槎枒於是乎徵丁力集亞旅具畚鍤

載筐筥負暄陽肙瀳暑效胼胝圖積貯無何而珉碝之砌突起如丘魄磊之堆窖比是櫓一任取盈於天然之植何勞貸富於海濱之羡爾乃蜀賓之水晶難以方其堅好眴胒之饞子未足擬其甘飴餌之者譬峚膏之適口捧之者似崑璧之呈姿以擬至人之德生有恒而化有則以方君子之體磨不磷而涅不淄尙方需爲珍産岳貢倚爲先資而乃普馹儈之利權水衡之征惟生機之代壇斯萬室之儲贏或克實乎天府或佐計於邉庭偕腒鱐以併入兼梅鼎以和羹是以天王籌國鹽筴是飭經理分曹賚其掌職都運總之法軌九式廼遣代廵廼勅司直以旬以宣褰帷憑軾雖新猷之可圖究舊章之勿失三以分埸兩而別泒利則剖户口而均沾法則羅三省以爲極故乃權子母之獲者不辭負擔而出途垂邅薌之延者豈僤梯船而貨殖況乃著爲不易之規申以畫一之令徵求有節供輸惟正跡平易之懿章弛操切之弊政掣放維時盈詘互乘察輪蹄之奸回嚴升斗之量稱事惟取給於均齊民斯相安以響應而更無爽三尺

無亂五聽務使骪宄息其僭差豪強戢其兼併以斯熙熙攘攘者靡不豫悅乎王道之本情而樂樂利利者亦胥繫屬於因民之罔病不然而煩苛擠施更張遞易蠹蝕交興煬灶四出骨吮髓齕箕張斗揭囷而人悲徹骨之貧家罹懸磬之苦或籲天而載呼或仰屋而莫數或齎怨而入重泉或斂跡而離故土則生於池者劇於池利於池者害於池如遠年近日不忍闚於聽瞶者未宜盡委於菑沴之侵成敗之數也民亦勞止汔可小康仁人君子幸勿緩須臾之澤以與民相更始焉亂曰沔彼鹺池波淼淼兮鹽成自天光晶燦兮寶藏興焉國儲辦兮景物紛紜滋游衍兮永利是圖民綣綣兮解慍阜財王澤湛兮於以繩之事可揆兮沕穆湮淪法則變兮不均而厲衆乃渙兮曰惟懷柔仍舊貫兮足國裕民適我願兮豈弟君子岼宵旦兮

河渠賦　明邢雲路

平陽之地古曰冀州厥田惟中厥賦惟上堯都其中比屋可封禹治其水井地千里由是地無遺利人無遺力下服先疇之晦上均則壤之式湛恩汪濊流澤勿湎匪朝夕矣代之下也陵谷變風氣移壞井地闢草萊於是富連阡陌貧無立錐不鈞之嘆千載獻欷苟代耕者不爲之勸民隱恭民庸殫智竭力通澤勸農則惛惛貿貿之衆其何以識地利而即田功哉是故秦闢有瓠口之渠漢汾有皮氏之溉洛井獲龍骨而成鴻隙𣏌神鵠而濟皆因勢利導振古若是也余小子若憒憒胡一技之有長身祿位而竊素目痌瘝其盡傷求民瘼而未得疑濟川之無梁乃者天運或至人事適逢樊生度勢而恚策丁掾稽古而達衷曰我有田疇莫或治之我有衣食莫或計之乃溝乃洫澇水之利乃廢乃興惟君之惠余聞言而若害亟輟政而晉之覩河渠之故道遡前修之定基或穿鑿之未幾忽淤潰之無時乃拙謀於汲井翻斥鹵乎田湄蓋由夫水工之未竟奚以之永利而堅爲余乃鑒往昔袪因仍排衆咻弔田靈神哉澇銑意與且原夫澇

之發源也平陽之東浮山峙焉出豢習坎厥有三泉北則蒼山隱天連岡硱磳八寶盤踞龍角崢嶸泉飛烏嶺黒水洄瀠潏引高梁爭流瀵騰南則神人崛起嵲屼岪巖巋然靈跡清斯湧洸沙明銑澤照魅飛黃赤紫流液金水洋洋中則聖王諸峯濆泉洫洫溜石通溝厥名浮渭洋屆大石神龍定會懸河西行泓澄溶潏之三泉者發源若殊合流則一北道遐泉有來湁潗百折沄沄大石斯入浮渭圖南金水注北三川攸同天潢瀴減乃名爲滂流而不溢爾乃尊長堤之廣壑下高空之建瓴度林木之蓊鬱歷巖瀑之砰磅學委迤而流緩激泌瀄而湍行浩乎渺渺湛若泠泠地脉以洩天貺不鷩於是乎遇靈區而有轉爲樊河之上流勢停廻而有待若反顧乎田疇宜盡力乎溝洫與民利而有休爾乃謀太筮兮迪吉詢老稚兮協從差令日兮靈辰乃先勞兮鳩工使民以逸庶民子來經之營之惟河之治是日也程期計力詳費度價喻樂事之烝黎秉農功之閑暇酌工用之緩急宜莫先於堰壩於是更水道注別支洄經流出塗泥淤塞

去板築宜爾乃驅數萬之卒徒紛併力而排掘搴鄧
林之松癹轉崇巒之岩石癹參差而阜攢石礧碨而
山積崿貽負戴者旁午瞵睇輪蹄之絡繹若網在綱
其有條無傚從康而勇役下癹石之鱗次漉灰瀝以
堅菑惟剛揵與壘磄日春相而轟隧崇度尋而又倍
廣十軌而長倍之其上則金堤矗起玉堞相向爲闡
四閉層闕壘障雄悍詭嚴中流鬬浪於前則刻形異
獸並坐狻猊鉅牙鉤爪雷吼電眶弭耳奮鬣肅乎神
威若瑩百獸若吸長霓蛟龍避之而不敢渡洪水振
蕩而倒回於後則帝命瑶光下爲二鰲規天邊地赤
甲蒼毛巨靈贔屭重戴嶔巢五山安峙浡海澄濤於
傍則巍峩華表鬱起東西左蹲浮蠵右夾姑峯放悲
若金莖雙立承仙露於雲表又若崑崙銅柱擎河漢
於天空斯役也匪沉馬與寘璧豈役鬼而驅神宣房
忽塞地維以寧盛哉爍乎乃命名厥堰曰千金既載
高堰乃濬長渠邇瞻河壖逖望田區公甸大興引勞
穿涂萬衆咸欣雜遝喧呼趙尉戮力郭幕均輸相水
屬之理孫力排决而疏通或磬折以參伍隨疆場之

縱橫遭丘陵之駊騀方輸墨之巧功轉轆轤以起土
竭胼胝而戒慵盡力開導乎陁隔漸瀰迆而叙立逐
曲岸與橫陂善溝防以滙漱尋地勿而罔逆行莫水
而理湊分井連渠㽝鏤櫛比田疇之渠以億萬計乃
虞夫新渠之口實爲回瀨之衝循懸崖之岸岸鑿空
洞之硿硿堅土精而深入積地骨以圓通豈玉泉之
乳窟抑壺口之龍宮倏開闢乎雲霧若吞吐乎蝃蝀
出空洞而北下乃鑿沼於東陂順圜渠以左轉周曲
岸而規爲育以靈藕蔭以新葵碧芷綴床垂楊被堤
欹連雉堞環抱樓臺蓋象夫朝月之弦半而徘徊乎
天漢之涯空洞而上層臺屹然堂堂巃巃營室起焉
爾乃筵重爻法大壯基崇卑模背向僝羣材授良匠
觀水於瀾乃建有亭重軒三階增墄累平莂房荃壁
桂楝蘭櫩璇題銀牓青瑣丹楹應門弘闢連橑相承
奕奕壯麗鎬鎬章明平臨島嶼俯瞰流泓循虛亭而
又上乃起乎升高之坊度蒼宮之九子則京洛之顯
昌備臺榭之壯觀於元氣以翱翔踰錦坊而躡蹬遂
偃蹇而上躋軼危崖而卻顧出水雲而居之於是因

高躅之岌嶷築城郛之壘覆擬冠鰲於滄溟盛瓊瑶之神秀洞四達之石門架五城之飛構周睥睨之環墻列方連而騰奏爾乃朱樓鬱其特起厥高立乎天中因瓌奇而究材乃巧極乎國工羅疏柱之峙嶽駕曲梁之飛虹累薄櫨以磥垝翼榱璫以璁瓏攢飛欄以戢翼翔反宇而穹窿繡桷叢結乎欒曲枝掌杈枒乎棟隆爛焉丹青與赭堊煇煇圖雲氣於紫宮重扉敞其四闢罘罳綱於雕櫳越圓淵與方井迺反植乎芙蓉飄瓦萃鶩羽乎其上奇獸鷁風雨於虛空樓臺告竣水道可疏乃復卜穀旦謁帝居擊靈鼉發鯨魚要明神穆將愉靈之來風雲趨龍神導水德孚爾乃塞假道之支泒決經行之舊川河湯湯其乍注響急瀨以潺湲淩赤岸而盆溢遭金堰而怒漩鬬蛟龍於海嶠捲胥毋之潮山昏日月而神銷翻宇宙而無色吁可畏哉胡爲乎横暴之極忽回瀾而疊起乃构怒而少息於是巃然禹穴宵乎雲門平吞黄漢倒折崑崙飛贔逆浪於此焉奔納大祲而無餘豈不仁兮河伯轟雷動於地中駭坤維之震剸方欲入乎川流忽

噴出爲膏液洞口靈泡厥渚惟右泬湧趣塘分流通
竇月沼瀰漫豐澤無漏惟盈科而後進乃激灩而安
行六龍蜿其並駕載雲旗之晶熒飛廉從從而扶轄
屏翳飄飄而來迎驅豐霳而呵御朔黔雷以順經流
淼推移決瀼澄泞濺漬浮波瀆淪蕩浮潒浹戚文瀫
漻就下其拍岸而相礫也則濞焉汹汹砏汃澈洌若
淵鼓之鼕鼕其飛溜而爭馳也則汩焉溢溢澆瀉潲
溥若駛箭之趨疾其擊磊而跳沫也則硠焉磕磕濤
漯鞹乾若迸珠之匌匌其淵匯而句矩也則隱焉瀤
瀤奫潫瀤灃若颼風之洄飈其潛穴而潰出也則潣
焉溥溥波瀄瀰淘若瀑布之滭淵其遵道而涓流也
則悠焉淙淙瀾漫瀘湞若屬車之輷韸於是釃高渠
瀉宜域靈脈通股引出開合去留瀤瀤濕濕或均遂而
蕩蕩或舍刚而通洫徒觀其縈紆乎畎澮之畔灌注
乎廣衍之濆鄰鄰結絡漾漾紛員畀畀畷脉理町畦綺
分千頃斥斥萬井畇畇經陌泥濩帶阡滀鄰若乃汨
溺荷揷而雲興鄭白決渠而鼎沸一決泥而數斗飲
且糞而且溉匪從畢而滂沱靡寸壤之弗漬膏液歷

以滲漉閼澤沛乎淋漓亡汲泉之鳥鹵有塡淤而加
肥涉暘燡之不暇棄桔槔於井湄其爲勢也勃勃焉
潑潑焉忽焉野馬决其騰踏又忽焉欃槍飛而亂馳
溶溶歷歷焉紛交流之溢目若羽林天軍之散乎虛
危朝馬驚湯谷之拍天日夕馬駭濛汜之湧唵嗞若
乃田祖播氣后皇降祥九穀布種五德順方耕耨以
時樹藝允臧勤斯不匱自嘉我降倬彼陸澤北里齊
方含秀垂穎罔莠罔稂油油我黍莫莫我粱禾一稃
而二米盛玉粒於金秧雜非煙而非霧乍雲起以飄
黄方胃南之廥積亦實廩乎天倉斯則水曰潤下土
爰稼穡王人重農所寶惟食豈江潭之産丹礫匪滄
海之秘鮫人地出泉以修貢天雨粟而效珍盡五材
雖紛然其並用惟水德廓其無垠於是春秋受謝獲
刈乃畢露庾如陵家儲惟億朝饔夕飧出作入息齊
土昔勞沃土今逸俯仰征輸咸於是乎出而蕭芽簋
簋亦此之自實樂事之民咸思報事功歸龍神禮明
禋祀余乃帥甿衆把瓊芳走靈宮肅邂蹌抱拊鼓歌
浩倡八音會紛潚堂神翳降禧皇皇荅神庥雅祼將

祝曰粢盛普淖謂嘉禾之應薦也縮鬯馨香謂潤洺之芳蓀也祀事洗腆謂民力之普存也史正詞而善禱祈錫羨而隤禧亡陰陽之或頗信雨暘之若時屢豐年之穰穰永殷富而宅師惟神歆而顧德予乃登受乎降福之卮夫然後歷亭臺之層構造樓閣之高居臨中天而顯敞騁四望之所如覽山川之體勢察祲祥之有無見華實之蔽野聆歌咏於田廬忽天白其顥顥流光景之韡韡疑軒翔而無地似顛墜而復躋伏風猋以潛聽聞雷霆之雪雪靈曜旁轉乾掘下傾浮觀霄漢逼視天庭朝留雲於南端夕得月於東榮或返照於餞日亦挹斗於互冥儵馬低回耶水與雲流而下鏡乎至清斯蓋仙靈之悠憩匪吾人之所寧對酒當歌霍然長嘯登降亭臺嬉遊天笑旣弭節兮乃下遂游目於芳池命檝師與篙工開畫船於清漪盛肴槅之四陳酌玉椀與金罍爾乃秋蘭繡浦屏風文波錢連荇荇珠逬青荷采采芙蓉紅蓮沂渦錦鱗次色喁喁猗那飛梟立鷺下上孔多淵客鼓曲榜人奏歌歌曰哀江南兮稚女兒歌采蓮兮停落暉歌

聲揚兮令人艷一再歌兮令人悲又曰采蓮兮采蓮展轉兮自憐蓮心兮何苦藕絲兮相牽雙橈兮並進乃蕩槳於中洲張華蓋以輕颺動牙檣而彝猶伐夔鼓之闐豁吹洞簫之悠悠八音奏以沸天停高雲而不流魚竦鱗而出聽翰驚起於灘頭擊飛瀨以砰宕翼颸風之颸颸行里所而泛泛歷曲折而由由杷榔蓉塗以曇布蕙蘅夾岸而香浮若乃合尊促席賓主若仙浮白引滿逸興翩然烏號落羽任竿出鮮金羨銀鱠以實方圓於焉更漆酌奏新聲揵袖舞風雨驚同心賦攄至情感馮夷懷湘靈良夜宗宗輕颸徐徐若浮槎漢若泛蓬壺酣滑式宴其樂只且於斯時也從流上而忘反憶子輿之明規禮洽情而抑泰宜率履以不違遂收歡而命駕賦既醉而言歸然後乃集田父於千金之堰與之諮稼政計閭閻於時明河燭地皎月光天憂深思遠交儆在焉願民毋忘勞力之艱而怠事民亦願勞心者之毋忘我民胥瞻茲河滂利我上腴衣食之府載濬載蒲沐浴膏澤歌詠勤渠上下胥感矢茲不渝粒我蒸民永奠厥居

晉陽弔古賦　國朝袁鏘珩

客從汝海言涉晉江攬山川之窈窕遵修路以微行戒前驅而弭節爰泚筆以方皇若乃伊唐遺俗叔虞故疆參井分野觜昴斁芒跨上黨而控平水背雲中而面汾陽輿區綺錯巖邑鱗張藐姑射之仙蹤表西河之泱泱虵何爲兮縣上竹何爲兮首陽馮令嘅集望古情長爾其五色補天三多祝主歌帝力哉何有懷明德于神禹城以堯名山因稷著蒲坂之風流猶存耿都之屢遷非故桐珪兆基獻文廓祚勤三駕而霸世獵風雨而必赴沈龜何堅探轂何苦定筴入關功成一怒斯皆虎炳古今龍飛九五雖實籙其代膺亮非德而不舉若夫心勞寅亮績㧑旬宣夔開風后鼎爕巫賢嘉胥靡之纍纍美龍逢之拳拳從公于亡歷年周旋維午與犨又何擇焉武子之德在人郇伯之膏如天豫讓之伏劍永恨嬰臼之存孤獨全彼斗南兮一人繫安危乎卅年眷馮君而矢歌何驄馬之翩翩欽異人于潞國溯司馬于涑川董狐有良史之

稱博陸有負扆之眉伊文武其兼備固在昔而云然
于是將畧則衛霍尉犴吏治則尹張邛賈元鎮則氣
壯本朝仁叟則清聞天下握籌而智勇屈抗旌而天
威懍若敷而華轂清化布而枹鼓寢暨乎子師之志
服王室鉏麑之身全君命干木二王之節褒玠古弼
之諍周黨仲塗之高義彥方伯道之至行閔仲叔之
清介王懷祖之雅正表聖許謚之風致恭楷叔寶之
雋令王武子之豪爽自負冀大夫之伉儷相敬郭有
道之洛浦仙舟裴行儉之人倫藻鏡趙景眞之舍友
醇正關亭侯之忠義天性流縹囊光竹素以照曜人
寰者盛矣至乃經世大業權輿卿雲彈琴歌風阜財
解愠爰及春秋郁郁紛紛辭令之美厥惟行人范張
舌在縣河致君敦詩說禮未易殫云登高擬藻遇物
抽芬樸而不陋質有其文自秦徂漢是惟龍門纘往
聖之墜緒成一家之微言爲廿史之領袖藏名山而
特尊爾乃四宋一門獨絕雙溫奕葉相望王氏以樹
珠爭妍薛家以鳴鳳發祥仲淹以祖孫鵲起無功以
兄弟雁行景純入室柳州登堂三孫鍾美二裴流芳

盧侍御才子之譽郝佐治七日之狂挪洗馬之落葉亭皐薛中書之燕泥空梁或夌顏極贊或援莊優忭或團扇致慕或枋頭見怒或蚕室幽囚或炎瘴屏戌或第宮嬪而飛翰或弔帝子而摛賦或擲地而金石鳴或披帙而詩畫具要皆亭亭于書記烺烺在耳目筆落而風雨驚文成而鬼神哭信東南之多才曾何足以髣髴其萬一者乎乘保障之雄雉想尹鐸之風烈疇登樓而舒嘯羌聞聲以凄絕奚竹馬之邈然望野亭而且洎諸君子兮遺愛詒士女以利樂豈芳躅之難繼何清風其若前懸蜚鴻之滿野冀美人兮可作車溢載而終覆舟非水其焉度既皮骨之不存問有毛將安附緬隋秦之已事尋前軌而不竆物有生而必敝器無成而不毀胡同道人之蹤跡閱數百載而長視輕清積而爲天寧玉棺之可墜曷嬰水而爲蹇又疊置乎巾笥誠僊家之瑰麗非恒理所思議郎鷗鳥夫勒虎猶老僧之餘事瞻五峯于雲漢固文殊之居也索夏屋其焉在哀代王之　殊遇過大陵而延佇悵鼓瑟者何其搨篆書于石室將烏從而辨之

髪柳溪兮何柳悲杕華兮奚華避暑之宫露泣教子之宅月斜趙襄之祠風咽漢文之殿雲賒唯是管涔句注臯落吕梁麓臺隱泉狐突羊腸逦共四關淫鬻逄偕恒自翱翔既曾嶼之柯莭亦複嶺而髪縈毋輿殆而僕煩倦游子之宵征車不得方軌馬不得竝騎憶李客之險語歷其地而非欺乃有奇葩異卉延臯被崗輪囷古樹蓊乎蒼蒼瑪瑙黄鼠龍骨麝香花斑之石石花之魚牟羔清醞葡萄紅醹鶴觴相餉千里不渝人蔆天花厥産則殊歆葢茞之佳氣蔽日月以变虧肸蠁之所式馮羣帝于此乎覗鼉若其原清漳枕桑乾泉滹沱表居延川標妒女之名津錫君子之號殊塗岐趣紛紜鼎澣北彌紫塞西接白羊孰三河之可捐允人謀之不臧陟李陵之舊室顧長城而太息未二世而忽諸駛築然以何益慕藺生之英偉睨虎狼而定晝壞武安之干城墟邯鄲于一擲悽風起兮吹余裳揖青塚兮瀝酒漿蛾眉入宫兮郎嫉荃何悲兮王嬙旋余軫兮南指憇吾馬兮汾之涘業衆山以淪胥兮慶獨存此萬戶筲鬴㒰之仁獸兮于嗟睹

茲白岾訊溫泉之湯湯兮土人謂余以前滸卓卜商之遺風兮家弦誦而在茲贖老馬以歸皁兮識仁者之所爲伊文侯之賢智兮蹇于此乎相師噫在德而不在險兮繹吳子之好辭驚義棨而警策兮戾赦郡之末垂竦太嶽而仰止戛楊侯之故墟遠哉夏乎茲邦之舊也固乃唐虞之所分夏商之所都亙澤洽而允若皇風扇以穆如謂宜戶口駢闐婦子隱賑路無一家之哭河有九里之潤旣而爰諏邮堝載巡田廬街里蕭條原隰荒蕪居民星散土著雲流轉而四方蓬振萍浮頽壁圮垣彌莊連屋黃髮亙髫傷心慘目其朱扉丹楄宦邸佛龕墓苪于城內外者蓋百不處夫二三於是咨交城裏維藩思賢王挹褰垣詢陽曲而悼山陰仰西河而想懷仁徘徊別館惆悵離宮雉雊雊于春陽狖鼠嘯乎秋風何黍麥之油油而余懷之沖沖乘風移兮誰家瓦礫積而成丘鞠中唐爲茂草五廟餧而馬謀夫歷數之攸歸于何尤乎狡童況有君而無臣非所望于羣工看銅駞之零落則將安庸彼百爾同燕雀之媮煦竟陵遲以至此爾乃寄愁

杅濍曠然遠覽南則中條雷首之林岑王官卧龍之律崫傳嵓嵏嶼乎平陸孟門嵒嵲乎北屈蒲歴九原之鬟侍悅徙倚以若近喬翔五老之屏植儵驃眇而欲遠厥有跂者卧者夷者俛者醉者怒者沐者莞者端笏者歃器者虎挐者虬蹲者鵰蹲者梟瞯者莫不峙翠横靄他他籍籍犇驛而思媚乎几案其左則汾水漻淚于内黄河濙潏于外龍門堯岊䮝湍驚瀨巨靈贔屭掌華未艾蛟䰎于焉變化風霆之所彭湃洄洑滮滮莅莅沛沛澒溶澶湉砏汃訇礚堨歃清而引濁滙細流以成大若泌若晋若絳若澮若霅董若潙洧雖支分而泒别咸朝宗而來會葭菼瓊瓔兮淥涸菱藻羃歴兮翠面固瓌奇之叢藪而鱗甲之隱見萬族千宗更僕未終者矣其中有鹽池焉穆天子八駿之所驍蚩尤氏覬覦而降災者也踞安邑跨解梁周袤蓋百四十里以有奇當夫赫曦中天纎雲不興南風徐來波皺紋瀠 䶵丁蟻集厥寶告成粲兮逮貝纍兮貫珠以天地爲鑪冶攸鬳奇于須臾佐縣官之大計爲秦豫之所需異亨泉而煮海疲人力之勤渠于

東則地勢坱軋千里欿匾蠢大行之棧巘宜尼父之
廻車升彼巔矣沁水潺湲黎侯潞子故國在焉睎余
髮兮搔首空烏啼兮荒煙膏吾轄兮馬如倏而過兮
長平日晻晻其將暮兮馬驕嘶而不行風雨濛而晝
寘兮或告余以哭聲唉暴秦之不仁兮內卅萬人于
一坑彼括庸其奚誅兮蒙獨怪夫王之不明奪老成
而售譺慝兮令豎子以成名紛余既懷此不平兮壺
遝勝而命觴相羊乎寥廓之域衷猶乎莽罠之鄉於
是乎任父觀魚猘子從禽挾彈入山振罭臨深侯鴈
張兎命鼈羸劊差鱗挾翼充廚盈庖于是膳夫拭砧
有晃鸞刀以胑以湆以胹以炰絮以蘇菽虀以薑棗
清吻外越紅鮮內保于是徒御遲而染指賓友翩其
來臨燕胥樂只吹笙鼓琴衆屬厭而且敍旋避席而
沈吟願以小人之腹置諸君子之心爾乃拂襟危坐
正容凝思顧瞻周道如渴如饑幸微音之未沬庶典
刑其在斯猗其山之耿潔而不諒于逆旅苟余行其
信芳又何有乎時俗之齟齬質虞芮之閒田感姬化
而不耕奈末流之如鶩耵錙銖以必爭嗇雨雪之重

陰塗何從而或可審動息之攸宜思古人而獲我

阜城寨賦　國朝曹續祖

姑射之西壺口之北彌望蒼茫萬山雲黑洪荒堯巇邊徼晉國古采桑之一方戎夷吾之舊域聄孤城之彈丸披蓁莽而始得邑僅三里之名民無二千之實散處丘壑經營稼穡窟土斯居扉編柴棘烟火數家出作入息若乃避豺虎之恣威防無稽之暴客鑿池隍之捍禦每緣崖而踞石升天半之危峰聊圖安於袵席號爲噇堡亦名寨柵屏翰四郊星羅控搤惟茲獨秀奇巒成城自昔展浮圖之右臂駐風山之巨擘結龍樓於絕巔綴金鞍於背脊宛靈鼉之舒頭如飛蛾之抗額斬峭壁以設險悵空青與頑碧因而鑿洞穿雲卜居寄迹風尚古公守拒揶踋一夫當關豎鋤爲戟狐鼠屢驚弗罹毒螫內有青青子衿諷咏朝夕農牧比鄰優游斑白天上人間塵凡迥隔時而月小風高嵐紫霧赤泉韻潺潺鳥聲嘖嘖淡爽清虛怡人

磈硊又見屏繞遠山水流大澤波嬹珠璣嶂擁圭璧緣野桑麻前村松栢種種奇觀乾坤另闢獨有蒼顏老樵年邁半百布襪青鞋袒衣岸幘托隱離羣鍾愛幽僻室製孫登跡埋膠鬲或放鶴而開籠或呼猿而對奕或倚樹以調琴或陟岡而杖策任眼界之縱橫頗神情其恬適乃爲遐勝輿圖繙閱史册念秦豫之山河憶險阻之梁益一丸之泥徒封函關之塞孰阨有輿區神皋以賈禍必土奔瓦解之爲厄孰若獸蹄鳥跡之方隅乃稱鐵甕金甌之無隙況類尨源與匡盧不啻神仙之攸宅因題名曰阜城永鞏固兮無斁

歌行

擊壤歌　　古席老師

日出而作日入而息鑿井而飲耕田而食帝力何有於我哉

康衢謡　　古童子

立我蒸民莫匪爾極不識不知順帝之則

采薇歌　　商夷齊

登彼西山兮采其薇矣以暴易暴兮不知其非矣神農虞夏忽焉没兮我安適歸矣吁嗟徂兮命之衰矣

丙之晨謡　　周童子

丙之晨龍尾伏辰均服振振取虢之旂鶉之賁賁天策焞焞火中成軍虢公其奔

原田歌　　周輿人

原田每每舍其舊而新是謀

暇豫歌　　周優施

暇豫之吾吾不如烏烏人皆集於菀巳獨集於枯

扊扅歌　　周百里奚妻

百里奚五羊皮憶别時烹伏雌炊扊扅今日富貴忘我爲

河激歌　　周榜人女

升彼河兮而觀清水揚波兮冐冥冥禱求福兮醉不醒誅將加兮妾心驚罰旣釋兮瀆乃清妾持檝兮操其維蛟龍助兮主將歸呼來櫂兮行勿疑

段干木歌　魏國人

吾君好正段干木之敬吾君好忠段干木之隆

條山蒼　唐韓愈

條山蒼河水黄浪波紜紜去栢松在山岡

汾陰行　唐李嶠

君不見昔日西京全盛時汾陰后土親祭祠齋宫宿寢設齋供撞鐘鳴鼓樹羽旗漢家四葉才且雄賓筵萬靈服九戎栢梁賦詩高宴罷詔書法駕幸河東河東太守親掃除奉迎至尊導鑾輿五營將校列容衛三河縱觀空里閭回旌駐蹕降靈塲焚香奠醑徼百祥金鼎發食正焜煌靈祗煒熠攄景光埋玉陳牲禮神畢舉麾上馬乘輿出彼汾之曲嘉可遊木蘭爲檝桂爲舟櫂歌微吟彩鷁浮簫鼓哀鳴白雲秋歡娛宴洽賜君后家家復除户牛酒聲明動天樂

無有千秋萬歲齊山壽自從天子向秦關玉輦金車不復
還珠簾羽蓋長寂寞鼎湖龍髯安可攀千齡人事一朝空
四海爲家此路窮雄豪意氣今何在壇埸宫苑盡蒿蓬路
逢古老長嘆息回環世事不可測昔時青樓對歌舞今日
黄壤聚荆棘山川滿目淚沾衣富貴榮華能幾時不見只
今汾水上惟有年年秋鴈飛

故絳行　唐杜　顧

君不見銅鞮觀數里城池已蕪漫君不見虒祈宫幾重臺
榭亦微濛介馬兵車全盛時歌童舞女妖艶姿一代繁華
皆共絕九原唯望冢纍纍

首陽山行　宋郭仕道

首陽山青龍從上聳紫蓋夌㽦空下周林壑盤蒼龍嵯峩
自太古崒嵂鎮寰中黄河西來遶其下日夕雲氣開鴻濛
恍疑鬼神護又似丹青工諸峯不敢並着翠光玲瓏我生
癖性愛山水見此奇絕摩雙瞳忽憶武王收諸夏夷齊叩

馬來山東風雲變化適際會恥逐龍虎爭奇功歸來守岩穴鬱鬱抱孤忠朝采山上蕨暮拾山下蓬渴飲澗中水熱眠雲外松既不學赤松子又不侶商山翁丹誠耿耿照白日勁節凛凛摩蒼穹首陽青青萬古色不改夷齊之心胸直與天地相始終千載扶名教二子功無窮我歌首陽歌未歇泠然八表生清風

平水神祠歌　　金陳賡

黃河如絲導崑崙萬里南下突禹門支流潛行天地底派作八道如霆奔吾聞川真嶽靈有真宰況乃利澤開洪源龍神窟宅瞰平野千古廟貌何雄尊深林含蓄雷雨潤泠殿似帶波濤痕我來南州走塵坌執熱未濯憂思煩試蚪茸冽洗肝肺一勺注腹清且燉悠然飈風坐東廡倏見繪畫如飛鶱仙宮華裾乘朱軒旗纛掩藹蛟伏轅雷公電母踏煙霧天吳海若驅鼉鼉何時借取霹靂手倒挽銀漢清乾坤廟前老翁顧我語孺子未易排天閽胡爲高論乃如此一笑春風滿面温是時三月遊人繁男女雜遝簫鼓喧鶱茇沈玉答靈貺割牲釃酒傳巫言巫言恍惚廟扉闔拜

手上馬山煙昏

虞坂行　金元好問

虞坂盤盤上青石石上車踪深一尺當時騏驥知柰何千古英雄淚橫臆龍盤汚泥易所歎麟出非時聖爲泣玄龜竟墮余且網老鳳常飢竹花實天生神物似有意驗以乘逢知未必若論好美是不祥正使不逢何足惜孫陽騏驥不並有世萬億中時有一乃知此物非不逢轅下一鳴人已識我行坂路多閱馬敢謂群空如冀北孫陽巳矣誰汝知努力鹽車莫稱屈

褱陵行　元王惲

莫春庚辰日維丙駕言出遊事耕省西郊微雨半晴陰幾點殘雲露山頂馬蹄踏破落紅香飛葢追隨垂柳影晉人熟食三月節店舍無煙竈厨冷春到褱陵滿縣花緑陰池館總姚家清樽遠酌會心賞不與鶯燕爭春華畫輪歸輾

故堤金沙店西頭酒更佳舉盃爲憶劉漢事雲龍風虎何紛拏僞淵東開蓄峻址青衣行酒眞鷩詫褰帷一笑兩寂寞野老指點宫臺崖萋迷悲向荒城曲依舊溪流帶北斜

故鎮行　明薛瑄

北山崒嵂界天碧山前古景烟霞集兩行老木風颼颼幾道寒泉聲瀝瀝溝塍繚繞禾麥稠林果木實被道周人家門上甚蕭瑟村園水石殊清幽西邊梵寺臨深谷俯梘溪田藹新緑鐘閣風雲入壯懷佛殿金銀炫塵目斷碑蒼蘚還摩挲細看歲月良已多趙宋金元迭興構黄童白叟爭奔波誇雄競麗猶未已衰歇幾何還又起大道由來甚坦夷何不歸斯而舍彼親朋導我村北行叢祠户牖餘丹青龍堂鬼物極雄怪土祠洞府何幽冥還復崎嶇歷酉澗褰衣競涉波奔亂高柳啾啾棲暮禽平蕪渺渺語飛燕嗟哉此景良亦稀遊覽未畢情依依念我昔年走天下每逢山水娛清輝况兹故里好林壑有田可耕薪可斲待余他日重歸來擬卜山居尋舊約

西磑行　薛瑄

偶來與客遊山間地幽便覺人境偏路入青林幾縈曲濃陰不斷風冷然瀧瀧清泉來遠谷紺色寒瑩豁心目不梁急瀉跳明珠草岸平流浸青緑北行更欲尋泉源山門蓄翳勢吐吞兩峯秀出半空裏錦屏屹立當中尊復憩山腰小琳館洞戶雲扃殊宛轉袖拂塵埃讀古碑茶餘苦乏青精飯歸來白日未中回頭尚愛千雲峯更待秋初稍凉吟還登絕頂窺鴻濛

涑川導水行　明曾大有

秦晉分野群相圍川珍嶽貢承平久皇仁敷化理薰絃民物熙熙自康阜作鹹瀰下著箕疇雪甸瓊花顆如斗汸汸漩利佐邊儲水患年來數非偶猥予謭陋愧三監胸中鹽鐵書何有旁咨故道決西流父老前陳巴騰卩我家沉竈産青蛙東里漂廬總龍湫吁嗟誰辨拯溺功不教鄰壑魚淤首乃計徙廝磴土物飛檄官府迅奔走萬杵秋煙麼塹

完窮䉡沿堤梟新柳導滯疏湮滙大湖磽确胡能當擎擀
清流拍岸瀉黃河濺沫驚濤鐵牛吼桑泉土蘖麥有秋歸
予欣欣鹽南畝會看鹺海凝素英依依斥鹵歸窮蔀司農
外府歲計餘裕國通商謡白叟作法于貪末弊流區區桑
孔誰其咎何似清朝權政平祖宗立法殊仁厚隨時補弊
在臣工戒事先期豈容後將來繼者富奇策經畧顧看掩
予醜潤澤都歸畫一中憶萬斯年同不朽

丹沙行　　明李汝寬

君不見中條西接首陽峯巨靈擘破青芙蓉神禹歷山鑄
金幣寶藏咫尺遺陶鎔爾來相傳幾千歲天假山靈牢護
衛長日徒看麋鹿遊清宵誰識金銀氣浮丘道士優游者
偶來卜築南岡下爲感山農租調供不惜丹爐與傾瀉銀
蹄擘出雪花寒靈砂從此播人間曹家庄口驢背隘溫峪
峯頭洞穴穿天遺吾民山澤利爭奪讐殺豈天意十鼠其
同腐穴埋萬牛不戒前車弊山角腦毛葫蘆抽矛注矢相
窺圖主客爭強翻衆寡血肉膏野哀須臾月川憲僉擀有

摽中丞檄自鍾山老兩院睢嘘一片心亟判臺章與驅掃夏臺斂手有沙翁青年傑氣終軍同平生請纓向萬里豺狼况乃邦域中花裏不妨投抉起刼援五柳樊軍壘梟鳥踏翻紫峽雲牛刀劃斷茅津水琴調中間諭蜀成赤幟縛來鄭錦明七泉兗髡遂胸裂栢塚窩主降旛摯礦穴填平中禁命農桑依舊烽烟靜策勲賜物百千鎰萬口轅門誇健令山人歸隱舊山阿亡猿禍起憂枝柯餘年有幸洗兵馬聊贈篇章頌楚波

學宮古栢行　國朝許自俊

森森古栢幾千年虬根蟠地梢挿天婆娑生意久愈旺縱橫屈矗影翩躚五幹巳踰五老壽三株直拍三神肩爲龍爲蛟爲虎豹疑鬼疑怪疑神仙將軍甲冑巍峩峩丞相冠劍胡襬襬長眉瞿曇植其杖杜下老眴秃其顚翳沭日兮更浴月爰欺霜兮復凌煙輪囷離奇違世用樸拙崒嵂態復妍雷霆霹靂不敢刼陰陽變化狀百千唐與虞與秦漢與徘徊俯仰堪留連天濤風嚮生靈籟直無一曲通黃泉吾聞間氣鍾人物物華宛似三晋賢庇根垂蔭趙冬日水

火不災綿上田爲梁爲棟羊舌氏銅鞮伯華相並傳尼山
鐘鼓籍清蔭禹貢括柏神氣全天下物老則日酉徂來新
甫閟宮篇
天子命我吏西河黿山薮之無斧柯嗇兮蔚兮荊刺多誰
從璧水賦菁莪松耶柏耶發哀歌桐鄉董澤人踏莎中天
大樹雲漢摩一木渾如魯陽戈願支大廈辭蒿羅一舒赤
手挽銀河

登龍門歌　國朝毛逵

君不見崑崙之水欲往東海中走入玉關開鴻濛泰晉之
交一山綿亘千萬疊横空遮絕不使與之通山雄水怒勢
相蓄懷裏薄天恣洶洪天使山川聽命于神禹縱令劈鑿
生奇功上泝積石三千里下抵泰山何逶迤逶迤泰山屼
層巒中流一線自瀰瀰沿峯湮塹尋獨往將欲出山停復
止山根雙峤相去不及數丈餘但見兩石屹立而封峙對
峙立復中分相傳此處爲龍門不識八年之中曾得幾晝
夜斧斤斷削今痕存青山峯崔忽若破上出黄河漭漭直

欲溢乾坤漭漭黄河稱九曲一出龍門肆奔觸唯在此處
獨循循至今若受禹拘東倚山憑流得崔嵬登臨一覽何
壯哉上摩碧落之青霄下瞰幽壑之潆洄左拂袵兮峭函
之頂右垂手兮絛霍之隈雲靄靄兮垂衣之里風飄飄兮
拂絃之臺令人遠眺形神開帝德王功如指掌擴落心目
而俱來方將極八埏遍九垓憑虚兀岢思徘徊土人爲我
發巨礮白晝萬壑鞭轟雷但見馮夷海若一時動蒼龍挾
浪桃花催我欲尋源發幽步深崖洞壑驚四顧聞道黄河
之水天上來傾瀉萬仞如吼怒魚龍翹首不敢當十里之
外水氣若飛霧此下聞有錯開河至今濁水泣皿波身作
黄熊入山去厥考當年傷心多想見手澤莫忍視到門不
入已三過然後平成天關與地軸萬古自茲始值育誠哉
一望河洛思禹功無事荒唐乘槎到星宿

辭

箕山操　　晉李孝先

箕山之陽兮其木參參箕山之塚兮白雲幽幽彼世之人兮孰能遺我以憂雖欲從我兮其路無由朝有人兮來飲其牛

康澤王廟迎神送神辭　　元毛麾

神之來兮風雨蕭蕭不破塊兮不鳴條滋多稼兮滿平皐享血祀兮聞歡謡神之去兮日光沉巖穴瞑兮煙雲深廟門闔兮來棲禽空山水兮遺清音

詩

答杜摯　　魏毋丘儉

鳳鳥翔京邑哀鳴有所思才爲聖主出德音何不怡八子未際遇今者遭明時胡康出隴畝揚偉無根基飛騰冲雲天奮迅協光熙駿驥骨法異伯樂觀知之但當養羽翮鴻舉必有期體無纖微疾安用問良醫聯翩輕栖集還爲燕雀嗤韓衆藥雖良恐便不能治悠悠千里情薄言答嘉詩信心感諸中中賞不在辭

遊仙詩　相傳作於藐姑射之山　　晉郭璞

京華遊俠窟山林隱遯棲朱門何足榮未若託蓬萊臨淵挹清波陵岡掇丹荑靈谿可潛盤安事登雲梯漆園有傲吏萊氏有逸妻進則保龍見退則觸藩羝高蹈風塵外長揖謝夷齊

又

青谿千餘仞中有一道士雲生梁棟間風出窻戸裏借問此爲誰云是鬼谷子翹迹企潁陽臨河思洗耳閶闔西南來潛波渙鱗起靈妃顧我笑粲然啟玉齒蹇修時不存要之將誰使

又

翡翠戲蘭苕容色更相鮮緑蘿結高林蒙籠蓋一山中有冥寂士靜嘯撫清絃放情淩霄外嚼蘂挹飛泉赤松臨上遊駕鴻乘紫烟左挹浮丘袖右拍洪崖肩借問蜉蝣輩寧知龜鶴年

又

六龍安可頓運流有代謝時變感人思已秋復願夏淮海變微禽吾生獨不化雖欲騰丹谿雲螭非我駕愧無魯陽德迴日向三舍臨川哀年邁撫心獨悲吒

又

逸翮思拂霄迅足羡遠遊清源無增瀾安得運吞舟珪璋
雖特達明月難闇投潛頴怨青陽陵苕哀素秋悲來惻丹
心零淚緣纓流

又

雜縣寓魯門風㬈將爲災吞舟湧海底高浪駕蓬萊神仙
排雲出但見金銀臺陵陽挹丹溜容成揮玉杯姮娥揚妙
音洪崖頷其頤升降隨長煙飄颻戲九垓奇齡邁五龍千
歲方嬰孩燕昭無靈氣漢武非仙才

又

晦朔如循環月盈已復魄蓐收清西陸朱羲將由白寒露
拂陵苕女蘿辭松栢蕣榮不終朝蜉蝣豈見夕圓丘有奇
草鐘山出靈液王孫列八珍安期鍊五石長揖當途人去
來山林客

就蒲坂使君乞酒　　晉梁庾信

蓼瑟風聲慘蒼茫雪貌愁鳥寒棲不定池凝聚未流蒲城桑落熟灞岸菊花秋願持河北飲分歡東陵侯

晩年叙志示翟處士正師　　唐王績

弱齡慕奇調無事不兼修望氣登重閣占星上小樓明經思待詔學劍覔封侯棄繻頻北上懷刺幾西遊中年逢丧亂非復昔追求失路青門隱藏身白社游風雲思所愛屠酤暗爲儔解紛曾覇越釋難頗存周晩歲聊長想生涯大若浮歸來南畝上更坐北溪頭古岸多磐石春泉足細流東隅誠已謝西景懼難收無謂退耕近伏念已經秋庚桑逢處跪陶潛見人羞三晨寧舉火五月鎮披裘自有居常樂誰知身世憂

黄頰山　　王績

別有清溪道斜徑碧岩隈崩藂横古蔓荒石擁寒苔點心常寂寞山徑本幽廻步步攀藤上朝朝負藥來幾看松葉秀頻值菊花開無人堪作伴歲晩獨悠哉

和李大夫嗣真奉使存恤河東　唐杜審言

六位乾坤動三微曆數遷謳歌移火德圖讖在金天子月開階統房星受命年禎符龍馬出寶籙鳳凰傳地郎交風雨都仍卜澗瀍明堂惟御極清廟乃尊先不宰神功運無私大象懸八荒平物土四海接人煙巳屬群生泰猶言至道偏璽書傍問俗旌節近推賢秩比司空位官臨御史員雄詞執刀筆直諫下樓船國有大臣器朝加小會筵將行備禮樂送別仰神仙城闕周京轉關河陜服連稍觀汾水曲俄指絳臺前姑射聊長望平陽遂宛然舜耕餘草木禹鑿舊山川昔出諸侯靜無何霸業全中軍掃戰敵外府絕兵權隱隱帝鄉近瞻瞻肅命虔西河偃風俗東壁掛星纏井邑枌榆社陵園松柏田榮光朝掩代佳氣曉侵燕雨霈鴻私滌風行睿吉宣惸嫠訪疾苦屠釣採貞堅人樂逢刑措時康洽賞延賜踰秦氏給恩倍漢家錢擁傳咸翹首稱觴競比肩拜迎彌道路舞詠溢郊鄽殺氣西衡白窮陰北上玄飛霜遥渡海殘月迥臨邊緬邈朝廷問周流朔塞旋興來探馬策俊發抱龍泉學總八千卷文傾三百篇澄清

得使者作頌有人焉未以崇班閎而云勝託揖偉才何磊落陋質幾翩翾江海寧爲讓巴渝輙自牽一聞歌聖道助
曲荷陶甄

龍門山　唐沈佺期

龍門非禹鑿詭怪乃天功西南出八峽不與衆山同長寳亘五里宛轉復嵌空伏濤呴潛石瀑水生輪風流水無晝夜噴薄龍門中潭河勢不測藻葩乘彩虹我行當季月煙景共春融江關勤亦甚巘崿意難窮誓將息機事煉藥此
山東

謁禹廟　唐宋之問

夏王乘四載茲地發金符駿命終不易報功疇敢渝先驅揔會昌後至伏靈誅玉帛空天下衣冠照海隅旋聞厭黄屋更道出蒼梧林表祠轉茂山阿井詎枯舟遷龍負壑田變鳥芸蕪舊物森如在天威肅未殊氣清連曙海雲白洗

春湖猿嘯有時苔禽言長自呼靈歆異蒸精至樂匪笙竽
茅殿兮文襲梅梁古製無運遥自崇麗業盛苔昭藉伊昔
力云盡而今功尚敷揆才非羨箭精享愧生芻郡職牀爲
理邦空寧自誣下車霞已積攝事露行濡人隱冀多祐曷
惟露薄軀

奉和聖製早發蒲津　　唐張　說

蒲坂横臨晋華芝曉望秦關城雄地險橋路托天津樓映
行宫日晃含苑樹春黄雲隨寶鼎紫氣逐真人東詠唐虞
迹西觀周漢塵山河非國寶明主愛忠臣

和經河上公祠應制　　張　說

河上無名老知非漢代人先探道德要留待聖明辰玄妙
爲天下清虚用谷神化將和氣一風與太初鄰靈廟觀遺
象仙歌入至真皇心齊萬物何處不同塵

登平陸城樓　唐王維

井邑傳岩上客亭雲霧間高城眺落日極浦映蒼山岸火孤舟宿漁家夕鳥還寂寥天地暮心與廣川閒

駕幸河東　唐張九齡

魏武中流處軒皇問道回長堤春樹發高掌曙雲開龍負王舟渡人占仙氣來河津會日月天仗役風雷東顧重關盡西馳萬國陪遥聞股肱郡元首詠康哉

過宋員外之問舊庄　唐杜甫

宋公舊池館零落首陽阿枉道祗從入吟詩許更過淹留問父老寂寞向山河更識將軍樹悲風日暮多

謁夷齊廟　唐李頎

古人已不見喬木竟誰過寂寞首陽山白雲空復多蒼苔歸地骨皓首採薇歌畢命無怨色成仁其若何我來入遺

廟時候微清和落日吊山鬼回風吹女蘿石門正西豁引領望黄河千里一飛鳥孤光東逝波驅車層城路惆悵此巖阿

謁張元素先生　　李頎

先生谷神者甲子焉能計自說軒轅時於今幾千歲寓遊城郭裡浪跡希夷際應物雲無心逢時舟不繫霞食斷火粒野服兼荷製白雲淨肌膚青松養身世韜精殊豹隱鍊質同蟬蛻忽去不知誰偶來寧有契二儀齊壽考六合隨休憩彭聃猶嬰孩松期且微細常聞穆天子更憶漢皇帝親出萬乘尊將窮四海裔車徒徧草木錦帛招談說八駿空徙還三山轉虧蔽吾君感至德元老欣來詣受籙金殿開清齋玉堂閉笙歌迎拜首羽帳崇嚴衛禁柳垂香爐宮花拂仙袂祈年寶祚廣致福蒼生惠何必待龍髯鼎成方取濟

虢州後亭送李判官使赴晋絳　　唐岑參

西原驛路挂城頭客散江亭雨未休君去試看汾水上白雲猶似漢時秋

送祁樂歸河東　岑參

祁樂後來秀挺身出河東往年詣驪山獻賦𫟪泉宫天子不召見揮鞭遂從戎前月還長安囊中金已空有時忽乘興畫出河上峰牀頭蒼梧雲簾下天台松忽如高堂上颯颯生清風五月火雲屯氣燒天地紅鳥且不敢飛子行如轉蓬少華與首陽隔河勢爭雄新月河上出清光滿關中置酒灞亭别高歌披心胸君到故山時爲吾謝老翁

駕幸河東　唐王昌齡

晋水千廬合汾橋萬國從開唐天業盛入沛聖恩濃下輦回三象題碑住六龍睿明懸日月千載此時逢

鸛雀樓　唐王之涣

白日依山盡黄河入海流欲窮千里目更上一層樓

鸛雀樓　　唐暢當

迥臨飛鳥上高出世塵間天勢圍平埜河流入斷山

鸛雀樓　　唐李益

鸛雀樓西百尺墻汀洲雲樹共茫茫漢家簫鼓空流水魏國山河半夕陽事去千年猶恨速愁來一日即爲長風烟並起思鄉望遠目非春亦自傷

登鸛雀樓　　唐耿湋

久客心常醉高樓日漸低黄河經海内華嶽鎮關西去遠千帆小來遲獨鳥迷終年不得意空覺負東溪

送河南皇甫少尹赴絳州　　唐劉禹錫

祖帳臨周道前旌指晉城午橋群吏散亥字老人迎詩酒安閒樂别離方見情從茲洛陽社吟咏欠書生

中書即事　唐裴度

有意效承平無功益聖明灰心緣忍事霜鬢爲論兵道直身還在恩深命轉輕鹽梅非擬議葵藿是平生白日常懸照蒼蠅謾發聲嵩陽舊田地終使謝歸耕

寄河中楊少尹　裴度

誰道重遷是舊班自將霄漢此鄉關二妃樓下宜臨水五老洞西好看山再葺吾廬心已足每來公府路常閑詩陪亞相逾三紀不筲煙霞不共攀

送絳州盧使君　唐楊巨源

應將清淨結心期又共陽和到郡時絳老問年須筭字庾公逢月要題詩朱欄迢遆因高勝粉蝶清明欲下遲他日徵還作霖雨不須求賽敬亭祠

爲河中少尹酬盧員外　楊巨源

謝傅旌旗控上游盧郎罇俎借前籌舜城風土臨清廟魏國山川在白樓雲寺當時接高步水亭今日又同遊滿筵舊府笙歌在獨有羊曇最淚流

田家二首　唐柳宗元

蓐食狗所務驅牛向東阡鷄鳴村向白夜色歸暮田謏謏耒耜聲飛飛來烏鳶竭茲筋力事特用窮歲年盡輸助徭役聊就空自眠子孫日以長世世還復然

又

古道饒蒺藜縈廻古城曲蓼花被堤岸陂水寒更綠是時收穫竟落日多樵牧風高榆柳疏霜重梨棗熟行人迷去住野鳥竟棲宿田翁笑相念昏黑愼原陸今年幸少豐無厭饘與粥

送裴相公鎮太原　　唐王　建

還携堂印向并州將相兼全是武侯時難獨當天下事功成却進手中籌再三陳乞鑪烟裏前後分張玉案頭朱架早朝排立戟緑槐殘雨看張油遥遥知鴈塞從今好直到漁陽以北愁邊鋪恐巡旂盡換山城欲過館重修千群白刃兵迎節十對紅粧妓打毬聖主分明教暫去不須高起見京樓

舜城懷古　　唐項　斯

禪禹繼堯聰巍巍盛此中四隅咸啟聖萬古頼成功道德去彌遠山河勢不窮停車一再拜帝業即今同

蒲津河亭　　唐温庭筠

倚欄愁立獨徘徊欲賦慚非宋玉才滿座山光揺劍戟繞城波色動樓臺鳥飛天外斜陽盡人過橋心倒影來添得五湖多少恨柳花飄蕩似寒梅

蒲津河亭　唐　胡　宿

津亭欲闔戒棠舟五兩風來不少留西北浮雲連魏闕東南初日照秦樓層城渺渺人傷別芳草萋萋客倦遊平樂舊歡收不得更憑飛夢到瀛洲

駕幸河東　唐　杜　牧

提書皆應睿謀期十萬曾無一鏃遺漢武慙夸朔方地周宣休道太原師威加塞北寒來早恩入河源凍去遲聽取滿城歌舞曲凉州聲韻遠參差

晚登龍門驛樓　唐　許　渾

魚龍多處鑿門開萬古人知夏禹材青嶂遠分從地斷洪流高瀉自天來風雲有路皆燒尾波浪無程盡曝腮心感膺門身過此晚山秋樹獨徘徊

題靈顯觀　唐　呂嵒

素衣丘壑寄生涯，相近衡茅共幾家。卧聽松音臨水石，坐看山色老烟霞。林中有鶴窺來客，巖畔無人見落花。但把琴書消息過，不須爐裏煉丹砂。

王官谷退棲　唐　司空圖

宦遊蕭索爲無能，移住中條最上層。得劍乍如添健僕，亡書久似失良朋。燕昭不是空憐馬，支遁何妨亦愛鷹。自致此身繩檢外，肯教世路日兢兢。

丁未歲歸王官谷　司空圖

家山牢落戰塵西，疋馬偷歸路已迷。塚上卷旗人簇立，花邊移寨鳥驚啼。本來薄俗輕文字，却致中原動鼓鼙。時取一壺閒日月，長歌深入武陵溪。

歸王官谷次年作　　司空圖

亂後燒殘滿架書峯前猶自戀吾廬忘機漸喜逢人少覽鏡空憐待鶴疎孤嶼池痕春漲滿小欄花韻午晴初酣歌自適逃名久不必門多長者車

王官　二首　　司空圖

風荷似醉和花舞沙鳥無情伴客閒總是此中皆有恨更堪微雨半遮山

荷塘煙罩小齋虛景物皆宜入畫圖畫日無人只高卧一雙白鳥隔紗𢊍

休休亭　　司空圖

且喜安能保那堪病更憂可憐藜杖者真箇種瓜侯

柏梯寺懷舊僧　　司空圖

雲根禪客居皆說舊吾廬松日明金像苔龕響本魚依樓
應不阻名利本來疎縱有人相問林間懶拆書

高鴉隔谷見路轉寺西門塔影藏泉脉山苗侵曉痕鐘疎
含杳靄閤迴亘黃昏更待他僧到長如前信存

重陽山居　司空圖

詩人自古恨難窮暮節登臨且喜同四望交親兵亂後一
川風物笛聲中菊殘深處迴幽蝶陂動晴光下早鴻明日
更期來此醉不堪寂寞對衰翁

修史亭　五首　司空圖

山前鄰叟去紛紛獨強衰羸愛杜門漸覺一家看冷落地
爐生火自溫存

甘心七十且酣歌自筭平生幸已多不似香山白居士晚
將心地著禪魔

烏紗巾上是青天檢束酬知四十年誰料平生臂鷹手挑
燈自送佛前錢

少年已慣擲年光時節催驅獨不忙今日無疑亦無病前程無事擾醫王

籬落輕寒整頓新雪晴步屧會諸鄰自從南至歌風頂始見人煙外有人

僧舍貽友人　　司空圖

笑破人間事吾徒莫自欺解吟僧亦俗愛舞鶴終卑竹上題幽夢溪邊約敵棋舊山歸有阻不是故遲遲

蒲津河亭　　唐唐彦謙

宿雨清秋霽景澄廣亭高樹更晨興烟横博望乘槎水日上文王避雨陵孤棹夷猶期獨往曲欄愁絕每長憑思鄉懷古多傷别此際哀吟幾不勝

鸛雀樓　　唐張喬

高樓懷古動悲歌鸛雀今無野燕過樹隔五陵春色早水連三晉夕陽多漁人遺火成寒燒牧笛吹風起夜波千載

重來值搖落天涯歸計定如何

鸛雀樓　　唐殷堯藩

危樓高架泬寥天上相閒登立綵旃樹色到京三百里河流歸漢幾千年晴峯聳目當周道秋穀垂花滿舜田雲路何人見高志最看西面赤欄前

開垣曲山路成　　唐李建中

爲郡同卧理民情識我情三秋得公事一月遶山行底柱全抛險黄河已接平周遭到垣曲尋大近神京借助林鹽潤增饒國計成虞州訪遺跡吳坂念長鳴董澤蒲侵綠巫咸水傍清人懷絳縣老地嘆夏臺傾下馬聽泉發登原待月生盤桓讀碑版扶侍立刀兵晩靄聞鐘斷微陽喜雨晴峭空崖背落斗截嶺西横仙恐臨王屋高疑見析城去車知軌轍連畝有農耕彩錯翻朝旆錚鏦繫夜鉦鑿開青石壁填貯白雲坑舊幕憐才俊嘉言許道亨何當議險阻始

信説分明不倦共蕭使常存濟物誠計詩聊就筆千古愧題名

河南鄭少尹南亭送鄭判官還河東　唐皇甫冉

使臣懷餞席亞尹有前溪客是仙舟裏塗從御苑西泉聲喧暗竹草色引長堤故絳青山在新田緑樹齊天秋聞别鶴關曉候鳴鷄應嘆沉冥者年年津路迷

奉和聖製答張説南出鼠雀谷　唐張嘉貞

天賜我宗盟元戎付夏卿多材兼將相必勇獨横行經緯稱人傑文章作代英山川看是陣草木想爲兵不待河氷合猶防塞月明有謀當擊醜無戰且綏氓閫外專三略雲中冀一平感恩同義激悵别屢魂驚直視前旌掣遥聞後騎鳴還期方定日復此出郊迎

留題汾上舊居　唐薛能

鄉園一別五年餘廻首人間總禍機尚勝鄰翁常寂寞敢
嫌衰馬未輕肥塵顏不見應消落庭樹曾栽已合圍難說
累牽還却去可憐榆柳尚依依

登霍山驛樓　　李商隱

廟列前峰迥樓開四望窮嶺飈嵐色外陂雁夕陽中弱柳
千條露衰荷一向風壺關有狂孽速繼老生功

奉同諸公題河中任中丞新創河亭　　李商隱

萬里誰能訪十洲新亭雲構壓中流河蛟縱翫難爲室海
蜃遥驚恥化樓左右名山窮遠目東西大道鏁輕舟獨留
巧思傳千古長與蒲津作勝游

寒食行次冷泉驛　　唐李商隱

題途仍近節旅宿倍思家獨夜三更月空庭一樹花介山
當驛秀汾水遶關斜自怯春寒苦那堪禁火賒

戲題贈稷山驛吏王全　李商隱

絳臺驛吏老風塵耽酒成仙幾十春過客不勞詢甲子唯
書亥字與時人

奉和聖製登蒲州逍遥樓　唐蘇　頲

在昔堯舜禹遺塵成典謨聖皇東巡狩况乃經此都樓觀
紛迤邐山河幾縈紆緬懷祖宗業相繼文武圖尚德既無
險觀風諒有孚豈知汾水上簫鼓事遊娛

送侯参謀赴河中幕　唐韓　愈

憶昔初及第各以少年稱君顧始生鬚我齒清如冰爾時
心氣壯百事謂已能一别詎幾何忽如隔晨興我齒豁可
鄙君顔老可憎相逢風塵中相視迭嗟矜幸同學舍官末
路再得朋東司絶教授遊宴以爲恒秋漁蔭密樹夜博燃

明燈雪逕抵樵叟風廊折談僧陸渾桃花間有湯沸如蒸
三月崧少步躑躅紅千層洲沙壓晚坐巖壁窮晨昇洸宜
不計日爲樂不可勝遷滿一巳異乖離坐難憑行行事結
東人馬何蹻騰感激生膽勇從軍豈常曾洸洸司徒公天
子股與肱提師十萬餘四海欽風稜河北兵未進蔡州師
新薨喝不請掃除活彼黎與烝鄙夫誠怯弱受恩愧徒弘
猶思脫儒冠棄死取先登又欲面言事上書求詔徵侵官
固非是妄作譴可懲惟當待責免耕斸歸溝塍今君得所
附勢若脫韝鷹檄筆無與讓幕謀職其膺收績開史牒翰
飛逐溟鵬男兒貴立事流景不可乘歲老陰冷作雲頹雪
翻崩別袖拂洛水征車轉崤陵勤勤酒不進勉勉恨已仍
送君出門歸愁腸若牽繩默坐念語笑癡如遇寒蠅策馬
誰可適晤言誰爲應席塵惜不掃殘罇對空凝信知後會
時日月屢環絙生期理行役歡緒絕難承寄書惟在頻無
恡簡與繒

奉和李觀察登河中白樓　唐耿湋

城上高樓飛鳥齊從公一遂躡丹梯黃河曲盡流天外白日輪傾落海西宮樹九重常在夢雲衢一望杳如迷何心更和陽春奏况復秋風聞戰鼙

鸛雀樓晴望　唐馬戴

堯女樓西望人懷太古時海波通禹鑿山木閉虞祠鳥道殘虹掛龍潭返照移行雲如可馭萬里赴心期

登河中鸛雀樓　唐司馬札

樓中見千里樓影入通津煙樹遥分陜西河曲向秦興亡留白日今古共紅塵鸛雀飛何處城隅草自春

遊棲巖寺　唐李益

峴上壘延洞通霄與莫窮高明千嶂月清爽一巖風坐久衣衫潤吟餘物象空舉頭星可摘疑在廣寒宮

蒲關西道中作　唐李山甫

國東王氣凝蒲關樓臺帖出晴空間紫蜺橫捧大舜廟黄
河直打中條山地鎖咽喉千古壯風傳歌吹萬家閑來來
去去身依舊未及潘年鬢已斑

和邵不疑校理蒲州十詩　宋司馬光

飲亭

飛蓋名僚集臨流芳宴開縈紆漱文石次第傳清盃廻波
亦多意并泛落花來

涌泉石

蒼然片石寒百道飛泉吐高堂忽蕭颯坐失炎蒸苦蛟龍
卧欲飛仰噀秋空雨

翠樓

條山翠氣橫隱嶙秋空窄危樓雨初度卷幌延佳色撲撲
滿前軒嵐光真可摘

碧樓

烟瓦疊琉璃危樓半空倚歌鐘奏高宴聲來碧雲裏日暮
天四垂黯淡如秋水

静齋

逸句二　聊窺碧甃缺寒草生歷歷時聞山鳥呼未得全幽寂

槐軒

逸字二　軒已幽况復植宫槐簷外陰沉緑南山雨氣來逍遥
不知火鶩此黄花開

凉逸一字

逸句二　清風滿四境豈獨華榱下不若楚臺人披襟獨蕭灑

芙蕖軒

荷花爛熳紅不見方塘水嶲𡸕結飛閣苒惹清香裏露重忽欹側翩然𡠗禽起

惜花亭

春意復蹉跎園林日愁寂枝邊緑陰重砌下紅英積茲亭花最繁飄零尤可惜

竹軒

茂密正當軒欹垂欲侵案風枝忽交戛月影爭凌亂誠嘉君子心匪直林亭玩

柏梯寺　司馬光

鑿石開蹊峻登崖置閣危笑談空谷應步武白雲隨泉壑如纖浪巒州若布棊何當遂棲隱身世兩相遺

重經車輞谷　司馬光

昔年道經卓輞谷直上七里盤南坡今年行役復到此方春汗流如翻波中途太息坐磐石涕泗不覺雙滂沱我生

微尚在丘壑強若麋鹿嬰虞羅人踰三十只有老後時過此知如何雲泉佳處須速去登山筋力休蹉跎

過北平王祠　司馬光

唐相靈祠古到今庭前槐柏緑成陰昔時圖像雖通妙難狀籌謀爲國心

送雷秘丞知芮城　司馬光

西伯昔斷訟令名存迄今南臨大河曲北倚首陽岑俗被聖賢化民多禮讓心羨君老經術終日想鳴琴

中條山　宋王禹偁

崛起巨流邊奔騰欲上天遠臨蒼海盡高與太行連大塊横爲脊他山立似拳土膏經舜耒石險任秦鞭洞黑任吹雨峯青冷罩烟店荒壇祉絕寺古柏梯懸晻𣸸微茫雪嵓垂淅瀝泉迸根通砥柱斜徑入閒田北笑恒藏寶西輕華聳蓮三門遥托迹五老迥差肩落實樵夫拾靈根本草傳柱空擎鴈塔倒影蓋漁船繪畫終無手封崇必有年鹽池

浮翠靄蓮澤媚漪漣陰壑乖龍蟄枯杉凍虺穿圖經標數郡神異萃群賢呼壽嵩何詔升中岱豈專斯文如已矣此地可終焉暫看猶銷病頻登合得仙許昌休自負吾什亦銘鐫

題鹽池　宋王禹偁

極望似江沱漫漫起素波兩池泉不竭千古利還多場吏輸年額畦夫奉月課收時車并載種處地先磨碎顆珠凌亂乾聲玉切磋岸平開雪苑渠滲坼銀河衆鶴齊翔舞群羊自寢訛本源皆潟鹵異號亦鹹鹺沫訝浮鷗鷺津疑浸蚌螺煮勞輕渤海煎苦笑牂牁雨打重歸水菴成更覆簑薰風吹作片烈日結成垛海味知難及蕃青的不過惠人飡罔闕均口賦並頗涿鹿城雖近蚩尤血若何有時紅爛熳是處白嵯峨潤下終資國靈長任酌蠡江梅須待我金鼎始能和

五老峯　宋王禹偁

矗矗拱星榆崢嶸與衆殊精靈犇昴宿神異載河圖捧日光先及參天禮不趨緑蘿供組綬清籟獻笙竽淺雨遥霑華微風下照蒲僧窓分未定郡閣占應俱莫莫雲交袂霏霏雪映鬚巨靈羞未壯玉女願爲奴磊落工難畫參差德不孤兒孫溪石小几杖澗氷枯洞鄙三茅隱山嫌四皓逋分形皆自立倒影要誰扶將數慙同漢臣名合賛虞嵩峯真樹黨天柱大無徒安得隨人意移將近帝都吾君處南面萬歲一齊呼

嵩巫亭　宋富弼

平地烟霄此半分繡楣丹檻照清汾風簾暮抱秋空碧剩見西山數嶺雲

絳守居園池　宋范仲淹

絳臺使君府亭閣泰園圃一泉西北來群峯高下覩池魚或躍金水簾長布雨怪柏鎖蛟龍醜石鬬貙虎群花相倚笑垂楊自由舞静境合通仙清陰不知暑我與風月期可無詩酒助登臨問民俗依舊陶唐古

謁帝堯廟　　范仲淹

千古如天日巍巍與善功禹終平洚水舜亦致薰風江海生靈外乾坤揖讓中鄉人不知此簫鼓謝年豐

登富公嵩巫亭　　宋歐陽修

群峯擁軒檻竹樹陰漠漠公胡苦思山規構自心作惟予愛山者初任即京洛嵩峯三十六終日到高閣陰晴無朝暮紫氣常浮泊雄然九州中氣象壓寥廓亦常步其巔培塿觀四岳其後竄荊蠻始識峽山惡長江瀉天來巨石忽開拓始疑茫昧初渾沌死鐫鑿神功夜催就萬仞成一削尤奇十二峯隱見入冥寞人蹤斷攀緣異物冥所托顧瞻阻徘徊想像逢綽約嵩山近可愛泉石吾已諾終朝友幽人白首老雲壑

黃河　　歐陽修

河水激箭險誰言航葦遊堅氷馳馬渡伏浪捲沙流樹落新摧岸湍驚忽改洲盤龍塒退鯉漲潦不分牛萬里通槎

漢千帆下曹州怨歌今罷築故道失難求灘急風逾響川寒霧不收詎能窮禹跡空欲問張侯

絳守居園池　歐陽修

嘗聞紹述絳守居偶來登覽四周隅異哉樊子怪可吁心欲獨出無古初窮荒搜幽入有無一語詰曲百盤紆孰云已出不剽襲句斷欲學盤庚書荒烟古木蔚遺墟我來嗟祇得其餘柏槐端莊偉丈夫蒼顔鬱鬱老不枯觀容新麗一何姝清池翠蓋擁紅蕖胡鼎虎搏豈足道記録細碎何區區羲氏八卦畫河圖禹湯皋夔暨唐虞豈不古奥萬世模嫉世姣巧習卑汙以奇矯薄駭羣愚用此猶得追韓徒我思其人爲躊躇作詩聊謔爲坐娱

送公期得假歸絳　歐陽修

風吹積雪銷太行水暖河橋楊柳芳少年初仕郎京國故里幾歸成鬢霜山行馬瘦春泥滑野飯天寒餳粥香流連芳物佳節過束帶還來朝未央

送襄陵令李君　歐陽修

緑鬓襄陵新長官面顔雖老渥如丹折腰聊爲五斗屈把酒猶能一笑歡紅棗林繁欣歲熟紫檀香軟禦春寒民淳政簡居多樂無苦思歸欲掛冠

題平陸縣　宋魏　野

寒食花藏縣重陽菊遶灣一聲離岸櫓數點别洲山

弔司馬遷　宋秦　觀

子長少不羈發軔徧丘壑晚遭李陵禍憤悱思遠托高辭振幽光直筆誅隱惡馳騁數千載貫穿百家作至今青簡上文彩炳金雘高才忽小疵難用常情度譬彼海運鵬豈復顧緡繳區區班叔皮未易議疎畧

遊萬固白石寺　宋程　顥

脩山蒼蒼河水黄中蒲形勝天下強帝得賢侯殿一方四年不更慰民望元逆戊午季春月上心憫雨愁黎蒼使車四出走群望我亦奉命來侯疆精誠感格天意順詔書繞下雨已霽病麥還青禾出土野農鼓舞歌君王故人相見不道舊爲雨歡喜殊未央聖主寬憂小臣樂自可放蕩舒胸腸白石萬固皆勝地主人爲我携壺觴况逆佳日俗所尚車馬未曉塡康莊扶携十里雜老幼迤邐千騎明戈鎗初聽鳴鐃入霧靄漸見朱旆煇朝陽遨頭自是謝康樂後乘獨慙元漫郎侯來知雖有賓客衆喜更爲將豐穰臨溪坐石徧巖谷幽處往往聞絲簧山光似迎好客動日影定爲遊人長乘高望遠興不盡戀戀不知岐路忙人生汨沒苦百態得此樂事真難常我辭佳境已惆悵侯亦那得久此鄉他時會合重相語辜負泉石何能忘

絳守居園池　宋梅堯臣

老柏麝不食古色浸青宾沼淺龍不入秋水生浮萍屋廬圬堊幾太守壁上彪蔚遺丹青黑石鐫辭澁如棘今背徃

來人不識酸晴欲扶無聲形既不可問不可聽懸泉瀉寶
晝未停飛玉貯藍光入屏苞潭梁鳥甲癸丁蔓刺交綴垂
組縦著官鼻槐鬅在庭風虫日鳥聲嚶嚀丹葩木果粘枝
藤集臺脫熱昏病醒樊文韓詩怪若是徑取一二傳優伶
仍寄河東薛太守更與斟酌無閒扃

魏侯故城　宋袁藏雲

獨向條陽翠靄行杖藜徐步愴吟情長河漫有懷山跡故
國空傳讓畔名遠樹半遮干木廟斷雲猶鎖魏侯城可憐
列土繁華地祗是寥寥作釣耕

龍子祠農人享神　宋王士元

晉州之西山曰姑有泉源源流不豬疏爲八道溝與渠坐
令瘠土成膏腴多黍多稌多麻蔬浤浤萬畝棊局如田家
終歲惟勤劬雖有乾旱無憂虞割牲釃酒父老趨坎坎擊
鼓吹笙竽報荅龍神醉飽餘宛若澤國江鄉居晉州之東

民豈迂耕種亦自爲農夫年年汲井井欲枯赤日炙背田不濡父子筋力疲轆轤肩赬汗浹頁區區老我見此空嗟呼誰把勞逸分兩途向年且爲寬賦租

過司空侍郎故居　宋江休復

首陽采薇士商代緬以遐唐季有夫子遯世肥且嘉拔跡離汙險抗志凌青霞剥運扇頹風奸雄斥回邪不然隨流波横噬猰㺄牙吁哉土德衰暌乖鬼盈車英英夫子賢顯晦吾所嗟想見棲隱情遺文搴菁華山藏白駒谷水逸騄人家躊躇碧峯前寒日忽已斜

題霍岳　宋張商英

鷟翅垂三晋鼇跌踞一方丹書志智伯白髮詔秦王展足成姑射回辯揖太行水涵千頃富源發四渠長鳥不棲林木雲常入帝鄉柏根蟠老石瓜蔓散平岡叱咤生雷電鞭笞役虎狼欲知雄氣象衛霍出平陽

過介之推廟　　張商英

十九年從晋重耳艱棘憂危同踐履田中丐食桑下謀藺足周旋垂萬里一心奉事不自欺逆知天意開公子及河忽聞舅犯言如以朝衣蹈泥滓鄙夫豈可與同行携母入山茸隱藏公子歸來覇業强築壇踐土尊天王大夫卿士環珮鏘斬袪寺人紛頡頏念子昔者皆奔亡舍我長逝情但傷大蒐縱火焚山岡烈焰不肯回剛腸嗟乎義士不可量何人謬作龍蛇章

芮令凉軒詩　　宋杜叔獻

縣僻少迓迎閒軒得搠營先秋嵐氣肅涉夏竹風清待月詩中趣分泉枕畔聲憑君植春柳高節繼淵明

堯廟　　宋劉克莊

帝與天同大天存帝亦存桑麻通絶徼簫鼓出深林水至孤亭合山居列岫尊尚餘土堦意樵牧踐籬藩

玉兎寺　　宋賈朝昌

何事回真闢標名作凈坊金園存廢址玉兎効殊祥躍漢勞罝網環山瑩雪霜來蜒崑岫出去訝月輪藏隱顯經千載薰修蔭一方寶壇敷道祖華牓耀空王奥域居全晉靈祠接慶唐煙霞生四面樓殿起中央暎日陰松合飄空磬韻長伊余聞勝槩寧惜寄篇章

帝堯廟　　宋孫景文

帝廟乘山勢巍巍古柏中治雖爲日遠仁尚與天同堂陛嚴遺像川原隱舊風時時有靈異此語出田翁

霍泉觀瀾亭　　宋王説

山亭千里見纖微暫出紅塵已息機次第一行寒鴈去淺深千片亂霞飛青山不斷何年有流水無窮底處歸自古興亡安足問世間人事轉頭非

王官谷十詠 并序　　宋俞充

王官谷山水之勝甲於關右由司空表聖所常居名尤著於天下好事者道出虞坂必枉轡以遊之酒滌塵慮想慕清風隨其人所得皆有以爲樂題名滿山巖屋壁獨詩篇未甚聞于世豈騷雅之客多牽于車馬之勞不暇作耶抑有之不能傳耶不然何遺之耶予爲令于此三年暇日登覽王官之景盡得之矣因成十詠自顧其詞之鄙俚不足以暴人之視聽盖將以揚山川之清輝發古人之潛德云

竹逕

入谷修竹密蒼翠連前山車馬迹不到鷄犬音亦間蔽日清影合迎風碎聲寒漸近居士廬溪水流潺潺

貽溪

濯纓溪流上清心共澄澈人存魚自躍人亡魚亦竭此意雖冥冥可與仁者說遺音竟誰繼十里閒風月

休休亭

洗耳謝市朝搆亭得餘址三徑草長深一毫塵不起支肘

看青山引鶴聽流水獨有愛君心時時擬綸旨

表聖影堂

亭去惟山存遺祠臨水曲峻節凌雪霜英顏瑩水玉至今
崖壁間尚耐塵埃辱清風滿林泉千載仰高躅

天柱峯

擎天有八柱是峰居其一根蟠地軸壯群山俯爲嶺共工
觸不折萬古聳崒嵂幽人步絕頂引手攀星日

瀑布

野老傳此水源與洪河透潺潺浩難窮雨雹灑晴晝巖頭
白龍挂灘前寒玉漱不見瑩心人客衣冷如漚

雙人石

屹立高峯東峭直如昔賢夷齊耻周食巢由傲堯天不畏
風霜侵所依松柏堅五老靜相對森森莫知年

司空氏舊居

孤鶴去不還雲間犬空吠猶聞溪鳥銜尚有里人愛巖花
無開落世事幾興廢我乘幽興來靜邀秋月對

石硯

常讀表聖詩云是秦王成惆時著審史對此潛經營新雨

爭如洗亂苔生復平應誤山中客浪近翰墨名

機磑

誰鑿渾沌死智者爭出力悠悠蟻在磨雙輪轉何極機心運機械隨流還不息莫笑抱甕翁終日亦飽食

貽溪懷古十篇　宋俞亮

唐哀全忠僭竊士之有忠義之心者皆深嫉之而能洒然脫去不汚其身得全其節者表聖一人而已予令於虞表聖之居適在境內造其祠拜其像想慕其平生爲之賦王官谷十詠以發揚其潛德柰何士之知表聖者以休休莫莫而止耳予近得表聖一鳴全集觀之至於一歌一詠一亭一榭意皆有謂非若世之隱者自棄於山林之中無心于及物也信乎全出處之大節踵夷齊之高風矣復成貽溪懷古十篇以表聖之德固不待夫歌詠而後見于世人之知與不知豈足恤哉然予區區反覆之若是者蓋示其仰慕之切也詠其名而揚其實庶幾有激于貪懦將歸寫于休休亭以遺谷中之民使春秋社會樵童牧子相與歌于祠之下以奉先生之祀

雖愚夫愚婦皆知先生之德久而不忘其祀焉

濯纓亭

皎皎居士纓豈有塵可濯爰茲滄浪清偶以斯名託轉谷
群鴿歸衝岸游魚躍簷頭碧梧枝秋來墜影薄

覽照亭

杖藜高山頭歷覽衆景會泰華屹若屏黄河瀉如帶幽懷
逐冥鴻萬事寄天籟不見王景春荒煙起蕭艾

三詔堂

猛虎正橫行孤猿發長嘯名高世人聞三枉鶴書詔借笏
趨朝參天意獨難料咫尺首陽山清光靜相照

瑩心亭

妖氣滿世間瑩心茲得地瀑布巖前飛勢猛鷗鳥避洗滌
無纖塵澄虛全浩氣清風林表來千載有餘意

九籥室

僊術秘丹經昔人藏九籥幽棲白雲根保此一爐藥吟殘
溪雨來夢斷巖花落萬慮正坐忘未能看舞鶴

修史亭

吁哉士德衰群姦恣蝨賊欲加蕭斧誅修史乃其職誰知

深山中法若春秋直俄驚濟陰變絕筆幽嵒側

擬綸亭

大厦不可扶誥命已云絕老臣坐深林有淚化爲血擬成絲綸言救世心獨切溪流今尚清夜夜澄孤月

掛鶴臺

汧俗正朋亡歸來卧空谷養鶴不成雙相從守幽獨素羽信非群孤唳杳無續高臺委荒榛追想人如玉

一鳴窓

天寒松柏青廄閑騏驥老瀟灑竹窓前超然鳴以道帷有巖上月時來伴幽討茲意不可忘還將日殘藁

東渠臺

二渠日夜流利厚爭所起先生坐東亭立法書在紙老農到今守後來誰敢毁斯人不可見空聽竹間水

留題王官谷　宋李　釜

司空唐逹士寂寞卧雲岑擾擾任群態休休信此心泉聲半山急柳色舊庭深彷彿登臨處遺蹤一訪尋

遊王官谷　宋　毋　流

不污唐家亂灘然表聖居泉聲與山色相得共清虚

休休亭　宋　樂　沆

眙溪澄澈玉峯寒居士當年此考槃訪得遺基青華下搆成危棟白雲端人間日月雙輪轉世外襟懷九鼎安醉魄吟魂如未泯也應謝我數盤桓

王官瀑布　宋　雷　臨

區區奔走湯華巔一别王官十四年緑玉峽中噴白玉漲田澆竹滿平川

霍岳　宋　陳　綱

中極巍巍勢望雄層巒疊嶂翠重重爲神有感興唐祚作鎮無疆福晉封材産千州資構厦泉分數邑潤耕農幽巖

舊榻高人隱絕頂遺墳古帝蹤欲雨片雲生峭壁未明先日照危峯斷崖當午晴雷震深壑經秋積靄濃樵子每逢遊澗鹿僧禪時見戲潭龍明光祀典傳千載御札牲牢致享恭

中鎮　　金王綱

鳳翥鸞翔氣象雄蘿山石闕幾重重名齊嵩華興周典勢壓河汾壯晉封錫號夙聞班五等爲霖頻見慰三農巖扉雲擁禪僧榻野逕苔荒羽客蹤夜靜笙竽鳴老樹月明幢節響孤峯烟涵遠岫晨光暝雨洗層巒黛色濃小院花香遊瑞鹿澄潭波冷卧潛龍

碧落寺　　金李俊民

浮雲翳炎景長夏愜幽事相陪林下友共適金碧地清流漱寒玉老樹聳蒼翠何人開山祖妙處發天秘悠悠歲月深剥落磨崖字邀遊興不淺有酒留客醉幽鳥背人飛不慣聞鼓吹抵暮出山門溪風送歸騎

題風陵渡　金趙子貞

一水分南北中原氣自全雲山連晉壤煙樹入秦川落日黃塵起晴沙白鳥眠𩊠輸今正急忙殺渡頭船

三門津　金王渥

層崖摩蒼穹四月號陰風大河三門險神禹萬世功他山亦崔嵬砥柱獨尊雄雷霆日鬬擊悍暴愁天公留侯知有餘始令舟楫通仍餘石上穴飛棧曾連空遥瞻白玉枝挺植丹竈中仙翁去不返此事真冥濛夫人與鼓崖怪幻尤難窮獨喜兵火餘巋然出新宫當時疏鑿意四海要會同誰知千載後築壘防𡼏兇詩成一大笑浩浩洪波東

寒食祀墳廻登臨晉西原廢寺　金陳賡

前朝廢寺枕山阿尚有摩雲窣堵波故國已非唐日月老僧猶指晉山河年來筋力登臨倦亂後心情感慨多石蘚荒碑碎文字他年更得幾摩挲

奉寄張蛻菴承旨　　元釋來復

東觀蓬萊紫翠間五雲飛繞珮珊珊宮中夜賜金蓮炬天上晨趨玉笋班老去乞身思故里閑來隨意宿禪關苕花溪水春如酒何日詠茆傍碧灣

遊姑射山神居洞　　元王惲

幽巖洞如敞陰壑洞口飛甍架虛閣真仙乘龍竟何在香火千年事如昨𫎇莊一言疑萬世槁死荒山凡幾輩何殊山石老且頑我欲砭訂其能還呼兒笑折山花看淡白長紅總自然

北洞　　王惲

南山截然如案齊東山兩崖如抱圍洞中仙人去不返老柏滿巖空翠微我來天氣一月初山鳥山花皆友于野情本與樵漁熟莫遣遊人避使車

平水神祠分韻　　元曹之謙

城居厭囂啾林壑思自逸相將得佳友侵晨駕言出西瞻姑射山馬首見崷崒行行至其麓一逕入棠窋靈宫閟清深流水鷩蕩潏𣺌飇自遠至回首炎歊失平生滄洲興便擬此築室翩然念男女會待婚嫁畢壺觴暢幽情笑語永今日題詩記曾來夏六月初吉

詠臨晋　　元郭嗣興

臨晋河東邑成周魏解梁綏化更他號桑泉復舊隍懸州居舜坂併縣得虞鄉地理時沿革山川勢𨚗荘黄流雄滚滚涑水遠湯湯嵋阜踰聞喜中條接太行二嶷爭嶺嶁五姓注滄浪碧瀵源頭活蒼崖瀑布凉靈峰齊偃蹇天柱特昂藏形勝開千載輿圖壯一方城池殊屏蔽廨宇式軒昂製錦掀高樹鳴琴斂後堂衙衢紛並出廬舍鬱相望官稅司交易兵廵職警防惠民恒啟局育士總登庠養濟初分院存留小置倉神祇嚴廟宇郵驛達康莊宫觀超雲閣浮

圖屹寶坊各村多取姓列肆悉通商户數編年定田疇出
賦常徃來逄軏轍泯覽絶舟舫土燥惟憂旱人淳頗尚剛
編氓專稼穡庠士薄文章習藝非工巧趨農雜女郎用財
元儉嗇酗酒輙豪強刎穉婚先聘期頤壽且康使令稀婢
僕歌舞盛優娼築室何須柱爲門但穴墻編蘆施坐席壘
炕作匡床鞋底還成紙毛聯足褁糧冠巾且蒲笠貯物置
荆筐雙衛勞耕耒三犍慣服箱階除紛狗彘町疃踐牛羊
播種宜麻麥蒔秧乏稻粱販蔬盈市井劚藥入林柳棗棘
叢籬畔樗槐蔭路傍邊山多植柿近郭罕栽桑苜蓿青供
茹蒲萄紫壓漿鼠肥偏喜食魚美鮮求常羅鴈來秋渚呼
鶴向曉岡簷棲馴鵓鴿充轉智蟻蜋博物知生産觀風重
品量澆漓由積習衰盛繫興亡賜地功誇畢封君將數楊
王官餘迹在扁鵲古塋荒玄素崇資顯司空隱德昌石存
猶指柳碑樹慕追王張使科名著陳侯政譽揚申生能盡
孝麻氏尚流芳表闕旌崔婦名村憶霍光佛僧形已化仙
術道尤彰給飲池亭廢屯軍堡府張斜途轉漢代故井識
殷湯列冢皆英宦遺祠各禱禳記銘昭事實詩律呈琳琅

王官谷司空圖隱居　元孔克堅

避暑王官谷翛然與不群飛泉落秋雨茂樹結寒雲天影臨流見春聲隔竹聞時同三二友尊酒坐論文

通明閣　元鄭　連

杖屨聯三益登臨快一觀詩來浮世外身在碧雲端地接并汾遠窻涵宇宙寬靈臺明珮玉歸去看乘鸞

絳守居園池　元偰玉立

絳邑舊名藩牧守優鴻儒透迤山水中曠達園池居雄并歷晉魏揖讓隆唐虞世遠民俗漓訟劇古道疎環列多館墅莽蒼變丘墟惨惻歲年深寥落兵燼餘洄漣復亭構花萼懸堂墟筏禊引流觴賓筵聞鼓竽錦香綴逕溪琅玕繞庭除公暇寡接交游觀足清娛緬懷前哲人冠蓋秉鈞樞遺愛勒琬琰清風生坐隅卉木均雨露藪深樂禽魚端來濯塵纓詠歌登舞雩夕陽明翠巘秋色淡紅蕖卿闗動離思雲烟隔荒蕪綉斧倦行羈霜日烈修途故園有松菊盍

用還舊畬

鼓堆山古意　　元　靳柱

登彼覆釜堆遠眺覺清適西山石腋開遥遥倚天碧黄流
俯東來渺焉如一粒乾坤古今間不知幾陳迹神堯昔封
疆士蔿舊城邑民俗儉且勤食力無寧日兩泉溉萬田寸
土十金質祠神雨亦靈鷄卜時告吉絳郊不壘年芳草翠
如織我勞思古人叔回亦及識悠哉天外吟何得復何失

過郇城　　元　王思誠

世傳今猗頓本屬古令狐四境村墟僻千年壁壘孤郇瑕
宜撫地秦晉戰爭區對澤空城在桑泉故邑蕪牛羊多茁
壯田畝亦豐腴膴膴重華甸茫茫大禹都峩眉遥入陝剡
首近連蒲南補鹽池埭東穿涑水渠馬王存舊廟張相表
通衢賢聖流風墜貧窮習俗麄群黎如欲富何不問陶朱

虞城　　王思誠

金鷄堡峻壓崇墉，襟帶關山幾萬重。虞芮古城連境界，茅戎舊邑入疆封。山頭百折巔軨坂，水面三門砥柱峯。驥負鹽車逢伯樂，賢傭版築遇殷宗。但聞虞虢亡脣事，不見巢由洗耳蹤。掛鼓石尖寒日淡，煉丹爐口晚煙濃。年華苒苒如飛矢，人世悠悠似轉蓬。天地無窮生物意，山川不改舊時容。清沿澗谷涓涓溜，翠拂祠堂鬱鬱松。且喜廵行公務簡，賦詩聊復慰疎慵。

傅岩　　明　王翰

雲過西山宿雨收，霏霏空翠擁雙眸。清流抱磵鳴吵磧，白露依林下蓼洲。野廟丹青從古寫，空山版築至今留。年年民庶思霖雨，猶向高岩祠下求。

過文中子祠　　明　薛瑄

古人不可見古俗寧復淳依依萬春卿疏屬連清汾良時曠莫與鳴鳥寂不聞悠悠禮樂志終與麋鹿群頹波遊東極寒雲滿西津旨哉經世言潸雜多蕪榛時無伊川子此意將誰論

秋日家山雜咏　薛瑄

蕭蕭林壑動秋風獨立崇岡四望同九折河流皆禹迹千年疆宇總堯封龍門獻策文中子麟趾成書太史公搔首高人今遠矣斷雲滿目送征鴻

虞帝廟　薛瑄

巍巍宮殿倚城阿至德光華永不磨黄屋當年歸揖讓蒼生終古尚謳歌昊天晶晶星辰爛歷野芃芃黍稷多千載河山渾似舊觀風今日喜重過

曲沃道中　二首　薛瑄

孟秋雨霽過新田緑樹人家斷復連汾澮波光晴泛日絳
喬山色曉參天申生大孝留天地里克遺名存簡編何事
齊姜墳上土忍將芳草度流年

又

四圍山抱一川平新晋猶傳舊日名汾隰濕消秋色淡虒
祁宫老夕陽明歌傳烏鳥空遺恨詩賦椒聊漫有情往事
無端何足問且聽父老説秋成

詠叚干木　　薛　瑄

冥鴻不受弋神龍不可羈所以高世士孤情薄雲霓矯矯
叚干木志節一何奇圭組豈其願軒冕不吾希踰垣猶弗
見況乃趨走之豈徒侯國尊凛爲百世師

登中條山東項　　薛　瑄

魏國中條此盡頭登臨暇日興悠悠兩崖勢轉黄流靜萬壑聲寒碧樹秋官舍飛甍臨遠谷琳宫細路繞層丘風光滿目皆吾土逸氣飄然總勝遊

西烏嶺　　明于謙

蕭然山舘似僧房三尺寒檠一炷香風捲松濤清入夢窓涵月色冷侵床倦來只覺良宵短明發從教去路長但願兩藩民物阜不知何處是他鄉

謁帝舜廟　　明張四維

重華遺廟古城隈城上薰風百尺臺谷近二陵留異竹泉分雙井沁新苔深山木石鹿仍過廣殿簫韶鳳自來千載垂衣逢舜旦慶雲常是護三台

鸑鷟泉　　張四維

中經富名山蜿蜒帶河瀠造化剖幽藏丘索標霧致畤峰
竦湖陰高指觜觿次南望揖嶽蓮連岑近相避絶頂有神
泉泱漭含元氣澄泓滿不溢熯潦邈不異雲漢凝清𥝺瀼
露奪甘味厥惟帝臺珍鸞鶴自昔誌項余釋塵鞅鄉山恣
容裔尋此奇勝蹤疑爲鬼神秘秋波浸空碧曉月弄山翠
躋攀日無休吟賞夜不寐拄杖龍所化恰與儷源値膏濡
草木蕃氣蒸川原媚恍覩九儷境快我千古意振衣天宇
闊鳴絃水脉沸廻眺飛儷洞巖壑下無地信宿憯忘歸蒼
茫結幽契玉池授丹訣潮音閴未試靈液欣可托永言滌
心累

吊書院故址　　　明王崇古

漢代股肱郡山河拱舜城憑高開藝苑列舘授諸生濟濟
人文會悠悠弦誦聲人亡澤未熄切至地爲傾搖落啼山
鬼陸沉失舊京薰風還自至華月爲誰明翰墨惟秋草宫
墻起暮螢感時思振袂吊古欲沾纓陵谷成今古桑田識
變更合當囘景運再頌濯河清

西塲嶺　　明何景明

嶺樹鬱鬱雲深深青山無雨雲陰陰山雲日夕千變化青山有色雲無心仙翁久伴白雲住家在白雲最深處嶺頭日暮鋤耘歸破笠輕簑衝雨去

玉峯山偶題　　明韓文

不到仙家十五年可人風景尚依然半巖花雨龍歸洞滿地松雲鶴避煙近水丹崖常得月凌空画閣欲参天賞懷未了登臨興歸騎斜陽懶著鞭

士師廟　　韓文

衣冠今日拜臯陶柳外東風暫駐軺古樹有祠依故里斷碑無字認前朝明刑已弼清時教血食何慚聖代褒我忝鄉人經過此不勝惆悵想英標

豫讓詩　明張銓

臣主誰無國士知捐軀寧必論恩私可憐同是爲君死不死當年請地時

吉州道中　明楊文卿

傍崖桑棗未成林障日峯巒每逆陰石觧鈎衣緑有角雲能碍日豈無心笙簫韻落清溪淺躋逕香迷宿草深到處驚魂常戒險偶然適意便成吟

龍門　四首　明許維新

長山蜿蜿浪混混雙掌摩空峙禹門半借巨靈通日月孤懸砥柱壯乾坤春磐草緑洪荒水雲壑苔斑斧鑿痕今古人人驚勝槩誰將餘潤灑千村

天開絶巘對崚嶒危壑垂欄傴側登灝氣龍精青澗底水聲松韻白雲層地盤近斷崑崙軸天漢遥遡宿海水此日雷門偏震鼓橫戈列校正奔騰

雙闕飛流夾遠岑行邊展禮傍登臨紅亭絕壁松蘿徑緋
殿遙空鼓角音玉簡雲封天柱後水經蘚蝕斷碑陰爲留
勝蹟勞凮傳不是當年菲食心
飛紅遙對水亭虛禹貢堯天尊酒餘一自鴻濛開宇宙至
今秦晉界溝渠半空雲鎖神龜策雙壁天留太史書延眺
曾無終日分龍門常是馬遷居

臨汾懷古　明王好問

河山寂寞古原空劍璽消沈漢業終簫鼓只今惟逝水樓
船不見自秋風征鴻影没浮雲外寒杵聲微遠樹中無那
興亡起惆悵夕陽衰草恨何窮

龍門　明喬宇

兩峯環峙接空青萬里黃流路所經聲挾颶輪吹不斷色
翻坤軸運無停誰能鼓枻歌漁父我欲乘槎訪客星千載
河清思獻頌會當移檄問川靈

題光天閣　明邢雲路

獨上崚嶒百尺樓，憑虛蕭瑟對高秋。堆雲太岳中天出，匹練清汾入檻流。三晉提封迷遠近，千年耕鑿自歌謳。臨風載酒平生事，賦就登樓亦壯遊。

河山一覽樓　邢雲路

危樓百尺俯通衢，睥睨川原四望孤。一水平流危檻上，千峯都聚半窓虛。黃雲緑樹消殘照，擊壤康衢自故都。雙眼平生千氣象，數聲長嘯落天吳。

登平陽譙樓　明李元齡

西來華霍自崑崙，縈帶河汾輦路存。四野雲容開緑浪，千家曙色俯朱門。山川不盡襄陵操，茅土如披擊壤村。倚檻漫嗟今古異，空餘譙鼓動朝昏。

登玉柱峯　明朱知鰲

玉削孤峯象外懸千盤危磴費攀緣天開古洞白雲鎖地
控函關紫氣連石上横琴彈楚調坐間垂手汲清泉千年
不朽仙靈跡丹竈蒼松起暮煙

鹽池　朱知鰲

峻嶒雄跨海光樓霽色横空宿雨收條嶽翠屏拔地出鹺
池瓊液接天流琴彈虞蹟薰風起畚集姚渠爽氣浮此境
已超塵世外不須截海覓瀛州

登藐姑射山　朱知鰲

蠟屐探靈躡空濛雨乍收斷雲凌絕嶠殘靄撲汀州樹色
濃如染嵐光翠欲流飛泉奔素瀨曲徑轉丹丘藤老虬龍
徒苔深洞壑幽烟霞供嘯傲風物足夷猶何處神人跡扶
笻最上頭

遊平水　　朱知鰲

姑麓靈源勝寒流噴薄雄疏溪分玉瀨漱液出金龍草色迷長砌晴光映遠空祠懸青嶂曲亭漾綠波中雲護檀欒竹風鳴穚椈桐忘機狎野鷺遯世伴冥鴻巖壑幽無極烟霞望不窮扶筇隨步屧真擬脫樊籠

宿蓮花洞　　明裴邦奇

姑峯千丈揷雲隈綽約蓮垂玉洞開一夜靈風天外起三山仙珮月中來星臨幽窟龍珠動露洒長松鶴夢廻欲借石牀聊偃卧滿空寒翠濕青苔

登鎮汾樓　　明翟師偃

直上高樓思渺茫擬憑黃鵠任翺翔眼空禹服三千闊笑指秦關百二長劃地風雷壯冀北彌天日月照河陽當年虞夏淳風在翹首令人憶帝鄉

蒙溪山居　明張著

我本山中人十年墮紅塵歸來媿青山青山解迎人十里如相望五里如相親乃知山德厚不以俗駕嗔藹藹桑麻原熙熙雞犬鄰落落冠裳古悠悠言語真回思所遊地囂埃塞城闉終焉吾有約爲報山之神

憶巢父　明李咨

幽壑映晴巒溪水揚新緑言昔有異人而此寄幽獨放情凌漢霄浮雲等黄屋濯足清冷濱長笑響山谷爲憚都俞煩其心友麋鹿聲飛天地間誰能嗣芳躅

題姑射山桃花洞　明張邦器

姑射峯巔散曉霞欣從野店上桃花屢攀絶頂幽堪賞幾過清溪路未差虎穴相鄰無牧徑鳥飛不到有僧家我來欲下高人榻把酒停雲日已斜

景明詩　　明張銓

山骨紫金稜泉聲白玉潠峭拔躐中條孤幽秘九畹春事尚刁搔捉臂何纏綣塵骨歷嘉展登臨愜夙願翳然林木間桃花未許褪振衣變虛崖佛光若不遠徙倚出高松群峯自來獻薄霧蕩風弦灑落寒蛟噴蒼冷滴衣裾萬籟歸方寸卧石倒烏冠興劇不爲勸仰視吁青昊魚鳥窺之遯黄埃十日心聊此蘊委頓疑向武陵來曾進漁人飯

望方山　　明張佳允

選勝徵前牒方山蹟著奇湖揺千壁動雲斂萬峯移高嶺平如掌洪流注似卮百梯誰獨往五老自相隨倚杖天何近尋源路轉疑孤懷勞極目爽氣自支頤石鼓鳴深洞鶩鸞灌紫芝郵騶行倦矣林鶴怨妻其瑶草非難拾桃谿會有時芙蓉秋露好合與地靈期

河中書院成别諸生　　明吕經

京風七月初駕言適東國物情戀所適依依不能別昔者
仕京華謬與時賢列俯仰承明廬出入黃金闕一䟽忝聲
稱數載逭誅罰凡骨非仙才清班難久竊遠辭黃閣居來
趨同知宅添註似優閑遷轉非貶謫祿食仍君恩化理乃
吾責顧瞻泰山祠近在此州側祀享何荒遙梁棟極煌曄
毀之爲書院亦與羣情協遂以居生徒因之來俊傑地勢
頗宏敞屋宇聚而潔科條既整嚴器物亦安設此地號高
原舊常乏水滙般勤作雙井清冷頗堪汲射圃建東偏將
以觀爾德遊藝堂在西優游期自得賢聖祀其中名宦亦
相接功德匪徒崇周覽圖舊激閑田十八區區區手親畫
豈直虞春秋亦以供朝夕有柳五百株青條翠堪摘吾常
遊其間將以苟歲月一爲守臣誣二載繫縲紲累書不得
放意欲諸子決天子御極初陽春起幽仄復我黃門官擢
我山東伯行矣去河中眷此復悽惻昔我爲此時亦頗費
心力欲罄言已長紀之在方冊豈敢比甘棠勿剪而勿伐
庶幾屋上烏人好烏亦悅君看白鹿洞千古名不滅鵝湖
與武夷源流亦匪絕我非作者儔後賢豈其乏茲方形勝
地山河豈伊劣仰面首陽山清風可攀挹左顧乃中條高

高望無極右矚大河水滔滔流不息人傑乃地靈斯言良
不惑行矣謂諸生老夫非煩舌

謁首陽山夷齊祠　　明張　廣

太華欻中斷巋然見首陽吾家近歷耳驅馬陟其岡繚垣
叢灌木吊古空彷徨依依雙塚間二難同一堂赤藤罥頹
碣翠柏經千霜風雨黯文榱丹青朓杏梁荒徑蹲狐兔林
薄遊麏麞大義凜如昨客來猶頁墻矯矯采薇歌吾將穉
衆芳嗟彼熊羆流如何鸞鳳翔

河中形勝　　明楊　博

秦晉相望鷄犬聞黄河一泒就中分西連仙掌明初日北
接龍門起暮雲五老峰前猿自語二賢祠畔鹿爲群琴堂
故跡依然在千古高風仰舜薰

王公石　　明王　溱

驅車出楊村遥指黒山陌菀菀村中柳青青山上栢嶮阻開蒼莽忽見一片石岐路紀浮山云是王公跡隱隱石上文犖犖識其畫不見峴山碑歲時忽復易苔蘚蝕龜趺風雨剥螭額望之淚猶墮忽忽流餘澤伊昔升公堂言容儼朝夕對此賁踟蹰凄然秋草碧

過王光禄園亭　二首　　明楊元祥

登高通四徑縱目見明湖夾路虬枝栢當闌鳳尾梧索郎千日醉欸乃一舟孤自得驅鷄術形蹤半有無

其二

水落蒹葭紫林開橘柚黄境無書可著時與醉爲鄉飯出胡麻熟盤傾雀舌香遡來多隱思鷗鷺足相忘

鸛雀樓　　明龍膺

獨倚危樓四望頻虞泉秋色倍嶙峋千山對峙條連華一水中分晉與秦璧馬曾聞沉虢子鐵牛猶見鎻蒲津扶輿

佳氣鍾靈秀定有文章百代人

后土祠　明藴祐

春雨汾陰道秋風漢帝辭蛟螭上苔蘚龍隼失旌旗雲薄虛沉水烟寒靜梟綵佳人今不見感慨亦當時

秋風辭亭　明蕭啟

漢家亭起向汾陰俯瞰中流百尺深昔日遺基微有跡多年古栢自成林菊蘭芳歇秋容淡簫鼓聲殘日色沉過客謾勞談往事斷碑無字草蟲吟

王官谷似園幽興四首　明王含光

南園春雨晴細草遶砌生灌木漸抽藥雲鳩忽巳鳴陂池生新水水鳥何無聲掃榻山色下闢簾道心生客來欣倒屣暢此丘壑情蘭室侭玉軫竹房㪚楸枰園蔌青堪摘家釀緑長盈願勿談簪紱致渝鷗鷺盟

其二

結廬蕪城隅一壑紆如帶地闊絕四鄰短墻隨杙檜時事杳無聞愁悴日以汰宛遊郗墅間不復識冠蓋晴暾積翠陰夕秀抒靈靄陟阜愜遠懷泛舠挹清瀨故人隔重山片鴻唳天外空林獨往來樹葉散秋籟

其三

暮年多遐思買田王官谷卜宅當谷口聊構數椽屋門對天柱峯牕掛千尺瀑仙靈委空蜿適客遂初服高嶺披松杉深巖藏橘槲峽偪疊溜鳴崖斷危石撲細路連棧橋角巔走牧犢塲鹿隨客行野鳥銜人逐烏榑晚葉紅霜栗秋漿熟求友逢漁樵見月坐林麓樂事復同人誰云媚幽獨

其四

山遊無遠近來往不可期著屐出村園杖竹相扶携循磵踏亂石攀巖挽纖枝振衣層岡上衆山逞其姿煙林鬱綿

杳宮覜何參差危窻嵌絶壁飛泉灑流澌滴瀝結空翠寒
陰絡細莚登臺岫雲迎長嘯谷風追有酒疲可滌無絃情
乃移夕陽變峯影歸路應棲遲嘆息千百載後來者爲誰

猗氏城南樓獨眺　明王含光

蕪城風閣獨登臨逶檻煙嵐雨後深水曲蘆花留晚雁山
坳木葉下清砧殘霞忽墮杯中色遠岫偏舒物外心徙倚
斜陽人不見誰爲觧釋仲宣吟

登大佛閣兼題羽公禪室二首　王含光

香靄層影敞新秋騁望如攜化袂遊一水西歸通寶筏千
峰北向拱飛樓安禪幾度龍聞呪説法無邊石點頭莫訝
陶潛厠蓮社攢眉歸去却風流

其二

清晨避客扣禪扃入院松陰古殿青鐘板無聲天食後茶煙有影雨花零鴉隨乞士知施飯鴿遶仙陀爲寫經日暮孤吟下山去近城猶覺磬泠泠

遊仁壽寺　明曾大有

招提乘興偶停驂西望靈巖擁翠嵐小立螭頭尋國氏渾忘鳥語當禪參應憐塵世三生夢空落金仙百丈龕舍利秋明黃葉亂曇雲花雨涑川南

贈薛敬軒　明李賢

自古孤忠結主知居官寧肯論安危平生不愧張廷尉三黜何慙柳士師已把一心中道立更看千古大名垂到家莫厤韋編業伊洛高蹤尚可追

澮水秋興　明王臣直

無事卽高隱烟霞誰主盟相看雲沒際携手月同行停筆續殘夢攤書合懶情閒翻秋水賦不是學莊生

虚舟閣　明陳繼儒

松風洗其耳溪流漱其齒雲藏百尺樓誰識巢居子

聽秋齋　明韓霖

不須聞淅瀝偶爾愛嘉名素琴彈靜夜亦解作秋聲

文中子洞　明王時濟

王子藏修地千年石洞牢逕幽人窄過林黑虎常號北接黄河近西來華嶽高異時懷仰止聊爲薦溪毛

玉壁故城　王時濟

玉壁空城隱暮笳鄖君曾此建高牙鐵騎戰後餘秋草金鏃拾來半土花落日斷雲歸古堞西風獨木噪寒鴉當年

勅勒歌猶在眼底興亡更幾家

祭中鎮有感　明徐理

天開地闢分洪濛茲山作鎮居土中巍然自是群嶽宗崑崙北來勢杳窮太行西下趨關東龍翔鳳翥千萬重維霍峻峙何其雄紛紛培塿俱相從有若父祖臨兒童北爲并冀南華嵩扶輿蟠礴疏堯封我皇御宇熙天工民安物阜躋時雍柰何旱曠爲鞠凶宸衷軫念恒冲冲爰命臣理奉黃琮函香不遠祠靈宫州侯縣邑致虔恭奔走執事無惰容神庥昭于天聽聰精誠盻饗潛相通禮成燕享情融融振衣獨上最高峯長鑑雲表招五龍斡旋造化須神功願得十雨而五風載歌天保慶年豐

登洪慶觀　明趙載

上到佐都送遠眸望中不盡好山頭鐘聲半向天邊落河勢西來屋底流樓閣參差雲暫住煙嵐葱翠雨初收知君

賸有清幽與許我追陪幾度遊

遊葛伯寨　　明鄧中和

送客因登葛伯城山頭曉日照人明下看環轉河如帶上到崔嵬地始平四野春耕思亳衆一天時雨憶湯征民安東作無佐餉聖代於今久息兵

遊青楊寺　　明普曰孝

欲喚山樵問寺名林風遠遠送鐘聲雲歸石洞龍腥濕月上松梢鶴夢清空對罇罍嗟往事漫同僧衲話浮生人情世態都參破簪笏于今一芥輕

柏巖寺　　明趙載

特向招提訪上人禪林風景正新春霏霏雨落留征馬黯黯雲生迷去津強盡朋罇非愛酒漫依僧榻暫離塵山中

此過非徒爾欲採民風告紫宸

再過霍州　明韓邦奇

此地吾常治風塵幾度遊道隨汾水折雲擁霍山浮昔往黃梅雨今來白雁秋萍踪倦行役意獨愛滄洲

觀孟門　明陳于王

狐峯獨立是何年想鑿雲根剩隻拳南接龍門千古氣西牽壺口一絲天晴嵐飲日當波出怒水呼風抱浪眠非是無緣人不到此中衹可息飛仙

題隰州公署壁　明張琪

宦途汩沒歷清貧身閱浮華過五旬七月山城多霧雨十年書劒老風塵日邊丹詔求賢急枕上滄江入夢頻撫卷題詩思無限臨軒消散自怡神

隰州道中　　明石玠

城郭寥寥倚泬谿幾層山邑暮雲東皇圖自爾封疆遠宦轍頻勞車馬通三月鶯花憐晚景連朝風雨見年豐人家多傍林巒住一望依稀在畫中

桃花洞　　明宋廷臣

仙洞緣山麓丹房映赤霞天漿分石髓香飯具胡麻蘿磴盤雲上松陰匝地遮臨流增悵望不見有桃花

同吕子遊桃花洞五首　　明康海

誰謂峯陰春事遲亭臺處處有花枝芳花自惜春風好不道衰翁鬢已絲

其二

弱柳迎風大不禁夭桃夾岸笑春深朝辭函谷尋君至羡爾春山方獨吟

其三

十年一見復逡巡百歲如斯豈是頻不向郵亭飲美酒桃花笑殺五陵人

其四

自别承明二十年春風三向武亭川條山更聽桃花曲何啻華陽修竹篇

其五

絕壁香來花已飛背岩雲晴濕羅衣知君習静栖山郡笑我尋春却釣磯

鹽池　　明張士隆

何年幻出水晶宫百里盈盈入望中雪涌池頭重綴白日烘波面淺浮紅塌花聊假輕風力藝草休言煑海功怪底奇形成斗顆牘勞鬼手與神功

看採鹽　明喻時

料臺開宿草候舘匝層巒風出紫薇洞日浮白玉灘萬夫氷上走九夏雪中看遠塞煩供給誰憐採者難

野狐泉　明吳學詩

中條之麓白蘋霜野狐亭上高雲凉客夜紅燈還濁酒半山黃葉自斜陽飛花不定泉聲碎凍玉無成海氣忙明月一鈎當坐出新歌翻動接輿狂

地震嘆　明馬巒

嘉靖乙卯臘十二夜方半熟寐恍聞雷大地忽震撼披衣走出扉樹搖目眩亂但見我屋破不知民舍爛死者哭相連生者坐浩嘆城垣盡崩頹井溢流汗漫平土陷爲坑窪田踊成岸親戚幸生存奔走唁憂患相見忻問慰俄頃海桑換百家無一完十室九塗炭四望俱曠野外寇何由捍鄉村無耤兒乘機擾良善白晝奪積糧人人俱離散數月

地時動露宿厥恒顛一夜四五驚訛言恣流播或云盜猝至或傳地當陷度日真如年何時復安晏從蒲至關陜無廬可完繕水涌若墨漆米貴似珠鈿我欲托巫咸上奏通明殿飛章徹韮陛恩綸頒禹縣妆回坤軸神鼇極令永奠五岳俱動搖寰宇震始遍曠古亦罕聞幽居頻自念蕩氛洗甲兵回祥消禍變重見太平春八表和風扇

司馬温公故里　明林芃

走卒及兒童無不知司馬勳名赫然垂早已被朝野洛社會耆英致政亦斌雅故里久寂寥誰爲繼起者俯仰數百年感懷心獨寫

開礦嘆　明裴守

東山礦務幾時休老拙看來尚百憂洞口哀哀妆白骨街頭桀桀醉紅樓但知寶藏興山利不慮烽烟起塞愁欲奏一章無路達可爲痛哭淚雙流

過鳴條岡　明王礪

迤邐南來百里長迢迢古路夾重岡火燒兀兀原頭草雨洒青青陌上桑司馬墓前多古栢禹王祠下盡長楊湯征桀戰無尋處徒使行人幾感傷

巫相祠　明張學顔

巫谷峰頭幽草萋巫公祠宇遶清溪千年人物留遺像兩世勲名有斷碑峻嶺倒懸紅樹遠小橋斜挿碧雲低荒祠蕭索無人跡煙霧茫茫日正西

謁禹王廟有作　明陳鳳梧

指點鳴條此舊岡平原古墓自蒼蒼九千里外河山遠四百年餘統緒長尚有夏書貽典則不須杞籍證文章興亡今古皆常事獨立荒城送夕陽

謁司馬公墳祠作　陳鳳梧

重垣松栢拱墳祠石虎莓苔認宋時盛德尚傳司馬里忠清再勒子瞻碑雲仍已盡猶香火昭穆相承是本支今日遠來瞻掃地高山流水得吾師

龍逄塚　明曹于汴

下馬高墳淚欲零忍聞忠藎被嚴刑秋風慘慘天爲老夏曆茫茫骨尚馨一死猶期成主悟九州豈意共身傾英雄彷彿來相囑莫道吾王不聖明

魏豹城　曹于汴

野老溪邊說魏侯荒原昔此樹瓊樓秦王殿上珠光照薄后宫中貴氣收故壘惟聞殘鏃出遺溝猶自淡烟浮興亡千古堪憑弔何事蜂衙喧未休

赴平陸　明毛愷

山度中條鳥道通郵亭駐馬夕陽春數家雞犬寒雲裏一逕牛羊暮靄中未有勳名書汗簡敢將身世嘆飄蓬懸燈孤館渾無語坐聽蕭蕭落木風

登三門看河樓　明宋廷佐

萬里風烟此上游百年樓古獨登樓連村草樹環三晉隔岸河山已二周危檻乍凭天欲墮洪濤初撼地應浮茫茫禹跡行將遍自喜今朝是壯遊

傅岩　明喻時

廟向集津起像從五岳分帝家夢天表相國在河濱人去傳青史山空留白雲潺潺聖人澗千古躡清芬

砥柱篇　明焦源溥

洪河龍門來奔崩華山趾誰能繫飛流疾如弦激矢下流日以深滔滔想莫已有石一拳多亭亭水中峙凴來欲東歸觸之還復止老蛟且鬬爭萬馬風聲起沬塵散九天轟陳吞九地有石屹不驚日夜焉能砥鼉鼉怯盡逃行來波臣禮俛首落石前受約三門底三門阿誰名名之神人鬼後人總傷魂來往稀一葦莫謂架山梁五丁額亦泚縱有漢唐人堆崖紅生米新開寶篆文平座黄炎址四載大禹勤玆圭端在此踏足望樓頭歷歷見星嵬一壁四削成的的芙蓉蓋風摇草青青千年絶人履傳聞周老聃曾煉藥不死人從函谷遊賸有丹灶壘

遊荆陽寺　　明郭希湯

招提晝鎖白雲間鐘鼓無聲客夢閒五戒院中槐跡古三乘座外草痕斑石壇風起從誰去澗道鳥飛爲我還不是當年三伏旱野人何事與心關

過百穀山　　國朝王　鐸

草徑通幽曲逶村路從石上躡雲根太行來脉中天近炎帝神功萬世尊深谷風生松有韻巉巖雨過蘚添痕更看千丈山頭栢長共青青古廟存

涑水蛟氷　國朝翟鳳翥

文水玉漣漪其中有異物每至氷堅時突作介而蝸錚錚霹靂聲澌澌鱗甲鬣兩岸數十里氷揚水仍沸傳言戟化蛟往來蟠屈伏董滓豢龍池或是宫庭沕花樹躍明珠絳綃飛朱䘮昨年龍劍臺時乘雷雨欻

紅鶴樓　國朝甯鳳翔

山城新月鐘聲裹巋然一埠夾岸起涑滸如練繞郊門風飄岩壑障流水紅鶴樓疑畫中看碧波浹渫映清湍紫電霜鍔來合浦匣開鋩動水晶寒絳雪居人志皎皎造此浮圖功不小分畦翠浪走雲泉芳草盈媚香色曉朱門名藻洛陽年驕馬蹀躞錦連翩玉堂金署青錢選杖白元李齊並肩虹橋高鎖大隄曲襟沙當衝氣完足翟公功垂不紀

年文燦懸圖霏金玉

吊卜子夏墓　國朝孫應龍

便便有腹嗟空飽目歷群山天下小把酒歌呼賦古懷風塵書劍蒼顏老龍威覆黼賁幽尋委宛青城恣寘討鳥道雲封雲鶴瓜花汀月冷河汾悄壯遊不惜走遐荒策馬平陽烟路渺山隰初傳蒲子城龍泉往跡埋空島庭闇何事獺鳴琴日抗塵容不可掃謀國何如肆野謀青絲綬嚮衝風早行行百里踏蒼霞鷓鴣聲裏斜陽裊荒碑斷碣蝕苔苺零落遺蹤天外杳父老前余忽致詞卜商此地荒臺沼嗷嗷鬼母哭秋陰白日鵂鶹呼樹杪叱石群羊卧不驚千年鶴髮迷華表與之拱揖靜徘徊露泣幽花寒月皎急起披圖褒墓封堪憐朊簡沉埋蚤空陳俎豆祀群賢不向泉臺羞蘊藻嘆息今人失古人傳疑傳信紛難攷蒲衣高隱亂雲堆常穀荒臺枯蔓草獨此長流不夜春遥連泗阜歌琴繞臨風憑吊自欷歔猶聽西河波浩渺

帝舜彈琴臺　國朝毛逵

海花樓下彈琴臺臨池對坐條山隈朱絃一拂天顔開青桐入手薰風來薰風來自條山裏颯颯微波皺池水銀山雪浪五月間捲出層氷六十里六十里中水接天波光直與條山連彈琴臺下霜霰白連阡比井皆鹽田鹽田不事鼃與錡只候條山薰風起但願聖人無疾病日日登臺調織指我聞彈琴爲阜財八風克諧五音備太和駘蕩徧九垓鳳凰欲下思衷裒相隨鳳凰喧燕雀如聖與民同憂樂驩虞豈止在條霍引日微凉生殿角我來臺上一披襟逵臺拊掌試追尋地下猶作絲桐音此日如見重華心

藐姑射山　六首　毛逵

日出霍峰頭彩雲蟠其下光暉映城隅藐姑相照射恍惚見仙人玉顔殊瀟灑醉倚白鹿肩縱横同騎馬

十載訪丹丘夢魂殊勞瘁不意藐姑山相呼入坐睡仙人逐日來微言授天吏無妨筆如刀但寫活人字

姑山臨汾河綿疊數百里其間氷雪姿居處無定止倏見
山之陽相招隔秋水心容永潔清願言余與爾
襄陵有平泉出自姑射麓幽房結其巔疑即雲霞屋美人
從中來芬芳散林木呼我臨清流携手照心曲
姑射產群芳琪花及瑤草仙家棄如蒿何必費尋討世人
事服食安保顏色好笑示不死方教余却醜老
或言汾西縣舊有藐姑里玉人邈難求至今遺鍋屣著之
如輕綿可以涉雲水延佇待雙鳧朝暮常徙倚

遊龍門二首　國朝趙作舟

臨思飛閣盤空上倚檻層霄萬里流三級至今留禹迹八
年從此奠神州仙人掌近晴雲接耿國城墟落照收何待
桃花春漲後煖風放舸亦堪遊

其二

危樓懸架水雲中隔岸秦關語笑通石罅看松容客坐巖
邊對酒有人同斷水水劃聲偏壯渡口船囬望不窮白馬

金堤戞匯細古今誰繼大司空

中條紅葉四首　國朝蔣超

萬樹紅雲壓華陰青鞋黄帽入林深春工錯把秋容絢要遣繁華娛客心

孤情冷可伴雲山錦繡珠琲不忍看霜鬢蕭踈紅樹合這回應接欲辭難

荒塚雲稠翠幕新秋成丹液貢明禋夷齊便糸紅林下碑板凌霄亦韻人

蓮襯薇摧樹擁霞翠翹紅袖石樓遮豪家金谷輸吾懶坐看秋林當麗華

龍巖月夜　國朝衛旣齊

香閣憑虚壑氣澄漸看飛月掛崚嶒啾啾遶樹爭巢鳥戞戞敲門歸院僧玉露無聲沾貝葉銀河有影落金繩躊躇不是人間世身在仙臺第幾層

長堤柳浪　衛旣齊

河堤十里走蜿蜒夾岸垂楊接遠天風攪弱條鶯語碎魚吞浮蘸浪花圓幔亭卓午沉凉影苔薦餘曛起緑煙不有江州司馬在細履何事舞樽前

南澗荷香　衛旣齊

丘壑風流屬幼輿誰開幽澗種芙蕖浮梁過眕還宜稻塯穿塘不碍魚翠葢似憐紅頰嫩碧筩長恐緑樽虛南薰一弄千山響正是東峰月上初

長堤柳浪　國朝邵嗣堯

縈煙錯翠望中迷濯濯長條壓岸齊出水跳魚吞葉絮穿林語燕墮銜泥隋隄嘉樹臨清壑漢苑濃陰上野溪十里平苔行不倦荷亭只隔柳塘西

南澗荷香　邵嗣堯

芙蓉城闕乍開扉人在中央水四圍溪映花明紅上下葉迎波裊翠依違遊魚避影驚無定慧鳥承陰卧不飛欲賦新詞慙謝五披襟坐納晚凉歸

郭烈婦篇　邵嗣堯

郭家烈婦烈莫比和醽飲藥從夫死人生偕老亦尋常烈婦死時十八耳三年侍藥齊眉人一朝立作同穴鬼人盡哀母且喜有女如此死足矣借問此女誰家兒陳氏外孫荆氏子

烈婦詠　三首　國朝郭九會

離離原上樹挺然負奇質嚶嚶枝頭鳥悲鳴懷其匹婉彼幽貞女委心夫子室堂上姑云殂滕下兒旋失夫病復沉痼妾生愧白日

二

俯仰多悲思倏忽廹歲暮竟虛百年約自分先朝露豈感
弱草塵而爲人言誤忍泣謝母慈割愛矜兒忤願及夫未
瞑效死博一顧

三

明義不可負飲毒甘如飴慷慨伸素節從容致訣辭聲斷
神猶活腸廻志不移寒月照空壁狂飈卷素帷緬維逝者
心獨有烈士知

首夏游仁壽寺　郭九會

古寺出城隅浮圖逼太虛陰晴分氣象神鬼有驅除邃窟
龍蛇隱荒苔鳥雀餘磴危登未得惆悵斷碑書

喜衛爾錫還自黑龍江　郭九會

一紙書傳霄漢聞君恩萬里許生還丹心北向雲中闕紫氣東浮海上關　聖代主臣終合志衰年朋友惜離顏即今桑梓人稱慶遥想歡騰鵷鷺班

秋日游龍門　國朝喬士增

龍門兩岸石壁束洪波中流萬里來當年斧鑿非神工誰分雍冀連山開我登河上之飛樓西風颯颯動商秋寒色蒼然滿關中林壑悲感聲颼颼驚濤洶湧雜風雨山色冥濛亘今古霧捲峰巒分夕麗波光盪日日無主直北烟凝崖斗絕大地山河相吞吐隨刊巳爭桃花漲舟人出險始搖櫓碣石崑崙何處是知有玉書金簡藏水府

送衛爾錫赴黑龍江　喬士增

故人北去路漫漫聞道龍江六月寒地秘陽春邊朔盡天廻星野斗南看河橋道阻迷烟柳氷署愁深望羽翰爲誦聖朝多雨露賜環早晚報長安

莊武王祠　國朝郭九同

百戰餘威一鶡冠不教群盜叩秦關孤忠方寸明朝日古壘千秋倚暮山殿入靈光風颯颯祠鄰郇伯雨閒閒摩碑欲訪當年事惆悵寒雲落照間

謁陶恭介公祠　國朝李復泌

先生之德竟如何恭介芳名永不磨自有衣冠留古貌應從謦欬聆淳和春秋佳日璀雲棟汾澮清音樹玉柯最是高風難肖像于今展拜仰思多

弔撖廣文　國朝張可前

嗚呼撖公死不朽挺身殉國誠非偶封疆諸臣固其宜廣文先生亦何有可憐江城戰血腥群兇殺人如剪韭公獨慷慨植綱常成仁之志蓄已久袍笏入廟拜先師北望遥謝君恩厚從容端坐明倫堂厲聲叱咤雷霆

吼鼻端出火齒穿齦拍案怒駡不絕口纔死能令賊膽寒
浩氣磅礴歸北斗陰風慘黯日無光碧血淋漓篆蚪招
魂宛在湘水涯埋骨宜卜泰山阜輝煌俎豆照丹楹姓字
文章金石壽君不見草間乞活紛出走生存七尺看亦醜
試問有面見公否嗚呼撖公死不朽

送少師衛公還曲沃　國朝陳廷敬

一卧雲霄殿閣空主恩容易别鵷鴻兩朝清論氷心後四
海蒼生病疏中絳灌調和惟相國廟堂鎮靜賴元功玉堂
制草西清直幾處孤蹤歎轉蓬

其二

黄扉十載握絲綸勅斷來章請急頻詔禄還同三省厚賜
金特爲二疏貧舍人圖史歸裝舊驛路雲山入夢新
先帝老臣今澤渥祝公眠食慰斯民

贈賈中丞　陳廷敬

尚書奇偉姿騰踔萬夫上徒步霄漢間談笑躐卿相風雲入高懷眉宇展清曠自余部穪年轟雷激犇放願學慕執鞭拘牽屢惆悵當公撫豫還余獲拜天使相識交戟下退朝覺神王
聖皇念才臣秦關廹亭障
詔曰汝徃哉厥績今孰讓石經魯壁餘散鈌亂纖纊七篇爛熳書炳如日星亮是時邊壓靜舉事愜人望棧道細雲連行旅色沮喪下臨不測江中有魚腹葬火攻出上策慘淡勞意匠此時又用兵通行得無恙餘威鎮絕域猛氣快所向今之新將軍公之舊門將廉頗尚善飯審琦加酒量城南獨樂園紅亭枕清漾彊健賜林泉念時增惻愴同之喬山卿風義不可忘公言此宅舍身外卽冗長乃知英雄人出處有殊狀雜記公生平挂一恐失當他日尊酒間從容或細訪

望綿山　陳廷敬

晉侯雄過地夫子渺難攀野草環封界秋風綿上山蛇龍今寂寞水石日潺湲有母能偕隱蒼茫掩泪還

普菴堂吳道子水陸畫軸歌　有序　國朝王士祿

吳生畫筆其在於今殆片楮爲重矣平陽西偏普菴堂水陸社乃有吳生所畫水陸百二十軸社之得名以此姜子綺季爲余言聞之寺僧述畫所由出益奇甚明世宗朝西河郡王城北有隙地傳爲廢寺遺址其地中間方數尺許雨下不濡雪甚不積又中夜常見奇光王心異之乃掘地以窮其怪掘深五丈得巨石函一以鐵絙二道東之發之又得錫函其最中函以木木函啟而畫軸見乃希代之奇寶也王甚珍焉其後王薨嗣王不知寶異以乞揮使吕吕又死其家落寺僧以常直得之因創殿以藏焉則崇禎間事云因姜子言亟求觀得見三十軸信奇筆已遂作歌志之

聞昔吳生圖天宮裴旻劍舞稱豪雄借發奇思動真宰振筆萬象紛來從又聞亙元廟壁歎杜老觧衣盤礴非草草五聖千官貌奇傑翠柏紅梨映深窅擅場當世曾無對睥

睨顧陸聊前輩惜哉妙蹟千年稀寸縑直等天球貴今秋
纅馬平水陽那知奇物居然藏此畵出見事亦怪豐城寶
劒同光銲朱隱碧黝神理在絹素古黯增蒼茫爲臆捉筆
百靈急婆譎抉詭誰容匿幢瓔冠玦天人儀雲煙龍鬼幽
冥色會稽姜生爲余說乃得發篋覩奇絕風塵躑躅難盡
窺安得窮年傍禪悅

東塢嶺　王士禄

荒絕東塢道蛇盤路百重崩崖欹赤石墮嶺軋黃松徑仄
猿聲苦林深虎氣濃傳聞停穆駿恍惚想遺蹤

望綿上忌坂作　王士禄

南望介休郭青山鬱相嚮爲問斯何山云是古綿上子推
從亡返託迹此巖嶂公子詎烏喙斯人自遐尚旣殊少伯
逃復異靈均放焚林良已奇抱樹或過當疇知志士心未
易恒情量誰代歌龍蛇其迹類有望棲隱儻不終懼爲高
人謗田光齒利劒瀬女没清浪所貴明一心何能畏死喪
嗟彼苟且人浮沈詎爲曠

冷泉關道中　王士祿

驅車臨曉發野氣望中清溪日青林豁山烟白堠明雲緇隨徑換堡聚逐崖成到此汾河水依人覺有情

冷泉關道中　國朝王士禛

南經雀鼠谷崎嶇殊未休路隨千嶂轉峽束一川流難急長疑雨蟬嘶畏及秋雲峯將落日立馬迴含愁

霍太山　王士禛

岳色清秋裏岧嶤俯素汾幾時攜蠟屐絕頂息勞筋姑射連冰雪中條接白雲竹書何日事霸業久三分

洪洞與劉子方　王士禛

晚到楊侯國京風吹稻田衣裳滴空翠城郭入清泉鴨唼荷邊雨雞鳴竹外煙故人能好我早辦買山錢

猗氏往蒲州道中有感　王士禛

令狐城畔雨霏霏進指中條積翠稀西接新秦三輔迥東鄰故絳兩川圍空聞魏國山河美久識唐家節度非愁絶無心更懷古清秋風景亦沾衣

望中條山　王士禛

今朝美風日望見中條山青嶂有時隱白雲隨意還泉飛幽谷裏鳥囀竹林間欲訪韓終去菖蒲駐好顔

河中感懷寄諸兄　王士禛

何處依依動客愁蒲津雲物迥高秋河聲近挾中條雨關勢遥分太華旒人代茫茫雙去鳥夕陽渺渺獨歸舟京華故國俱千里心折西風鸛雀樓

中條山下作　王士禛

中條初日上嵐彩變朝昏芳樹重重塢流泉曲曲村河流趨底柱山勢鎖關門借問王官谷貽溪跡尚存

宿襄陵縣　國朝曹爾堪

山中來活水堦下漾澄潭綠艸竹光碎青澆茶味苷春滋泉發乳雪迈石藏龕使者頻懸轡躭情未是貪

豫讓橋　國朝王恭先

不信英雄行乞貧堂堂國士智家臣祗緣人世多棠面拚作今生一漆身落日低明華表柱野橋高卧壞麒麟爲君抑塞頻看劒斫地哀歌一愴神

韓信嶺　王恭先

無雙國士漢元戎約畧登壇指顧中不見祁連環甲冑早聞長樂泣霜楓時來將帥羞樊噲事去英雄憶蒯通立馬爲君一長嘯寒雅落木滿呼風

登龍門望黃河　王恭先

龍門高接孟門長活活分明見混茫竹箭北來揄塞惄桃花南下華陰狂一從踈鑿紆神策誰向沙洲覓禹糧若使靈查今日在乘流我亦問銀潢

棠城驛曉發　國朝沈荃

小驛催殘漏輕裝動曉輪瑒翻林外月霜淨馬頭塵旭日橫山帶和風拂草茵蒼茫烟霧裏何處問三秦

上韓侯嶺望霍山　沈荃

驅車上高山山高苦登頓重岡旣盤紆杳嶂復窮峻晨曦戒修塗亭午尚前進崩沙臨大壑下視幾千仞徒懷叱馭心恐負垂堂訓遂造此峯頂呼吸帝座近還謁韓侯祠颯颯英風震東南望霍山岧嵲指中鎮積雪冐寒空層雲起膚寸睇目愜幽襟放情袪鄙吝飄飄物外游安知徒旅困喟然發長謠天風吹短鬢

贈李太史則叶歸絳養親　國朝魏象樞

雲擁青山太史廬萱堂菽水樂何如春風秋月承懽暇惟有安貧與讀書

池園聽雨歌　國朝劉棨

萬柳摇春風百草飽春雨似此好亭臺赤日不知午何況壓濃陰緑深深幾許魚唼落花跳燕坐香泥語打簾雜鐺聲細裊茶烟縷我來勸春耕豈敢樂安處願望慰三農芃芃喜苗黍預知南畝中桔槔不用舉

過安邑　劉棨

攬轡斜陽裏低回問禹都山川猶底定宮室久荒蕪夏禮無徵信方名有鼎圖大哉明德遠千古聖王謨

曲沃道中　四首　劉棨

千山屏障開一川桑柘緑何處飯牛歌野父驅黄犢

其二

一灣碧玉泉十里蒼雲塢來時楊柳煙都作桃花雨

其三

瀑布掛珠簾飛灑下千尺不見昔遊人只見寒山色

其四

洞口滿春雲掬泉漱瓊齒齒清心亦清人影空明裏

觀呉道子水陸畫歌　劉榮

冷氣逼人陰霧塞半空忽現祥雲色神將森嚴佛面慈虛無設想真奇極當日曾聞出土中西河費盡裝潢力世間尤物自流傳入地上天藏不得大海龍淵雨自歸深林虎穴風長黑如何剝落寺僧手夏鼎商彝人不識我憐衆生墮鬼趣手提頭顱血滴瀝但生一點愧悔心盡欲拔之出火宅掀簾白晝風颼颼合掌人天齊歎息

襄陵道中　劉榮

攬轡城南沙路遥看花芳圃不須招風流猶愧東坡老尚與漁人爭渡橋

十里桑田信馬蹄軟風遲日綠楊西流鶯似愛春光好飛向桃花枝上啼

五星湖漁子歌　　劉棨

水茫茫山簇簇隄上桃花紅湖頭春草綠烟荒扁鵲祠日落王官谷一聲欸乃月明中今夜漁翁何處宿

虎祁宮故址　　國朝仇昌祚

老夫清晨過澮水馬鳴蕭蕭悲風起河干駐馬訪虒祁但見千山萬山紫憶昔東周晉莫強諸侯聘問無時已問罪之師數出境犧牲玉帛如敝屣宮成瞥見諸侯畔吳強楚僭驕莫比斯虒趙籍擅侯封表裏山河竟若此嗚呼繁華無限總銷亡古往今來事不常臨風太息復何有荒原落日來牛羊

常平關聖廟　　國朝介孝瑃

舊宅千餘載君侯去不歸英雄輕晝錦田舍薄征依古墓高槐合遺龕細草霏晝梁雙燕子還似漢時飛

最愛陳登卧蕭然百尺樓當時天下士羞與里中遊四海波濤立三巴組練浮丈夫江漢去桑梓亦千秋

萬里橋南路千年杜宇悲招魂兄弟在遺墓鬼神疑杉落
惠陵廟鶯啼丞相祠古今遥望處南北共殘碑

登王官谷最高處秋望　介孝瑞

祠外高樓日影斜秋鴻飛盡見天涯王官亦是論兵地父
老誰傳賣酒家萬嶂烟霜全晉樹千年風雨晚唐花黄河
只在諸峯下烽火難尋海上槎

白石樓　國朝潘錦

巍巍白石樓昔人棲隱處洞門常不關山雲自來去

煮土行　國朝王鍾靈

董澤之浸匯爲川彌望斥鹵不可田匝地居民數百戸謀
生誰敢聽自然哀我憚人不惜力各闢町畦成陌阡轆轤
轉落三更月激高就下掘井泉南風薫兮地氣作壙野會
增竈底瀝非硝非鹽煮作滷甕片擎出邑邑鮮肩挑牛運

亦日利竈手爾足只自憐陰風怒號鬼火起脊骨交加夜
不眠農隙作苦無暇晷多少晨昏起看天猾胥祗取充賦
額忍使不毛也税錢從此小人無餘利剜却心頭醫眼前

輓劉烈婦小件　　國朝賈佩徵

豈但笳歌拍未殘文山尚欲老黃冠誰知烈婦成仁易轉
覺忠臣效死難直北喬嵐横浩氣迤南滄水咽清湍煙村
况復多楊柳二月啼鵑血不乾

灤池　　國朝上官澍

小小芳池何代開噴珠濺玉亦奇哉寒淙夜散千家雨急
浪春鳴萬壑雷戲水鷗從天上至溯游人自鏡中來何當
乞得巖前地築取嚴陵舊釣臺

卜子講壇　四首　　國朝畢振姫

五老巑岏草木童西河詩景對秋空小冠子夏肓于易文學初傳河上公

魚鱗濕氣薄雲屯假蓋應憐子夏貧避雨崤陵一百里泥封無路上星辰

學樂聽詩卧未成中山風什小戎聲晨鐘與出西河守吳起猶嫺曾子兵

函谷紬經義不臣道存天地轉鴻鈞五千牛腹沈雲氣夫子西游不到秦

黄河　國朝劉而介

黄流天外出崑崙一帶斜横拜禹門九曲浪濤連冀豫三川風雨接朝昏東西兩岸鴛鴦浦秦晉千家薜荔村但得馮夷清晏日河干萬馬不須屯

隰州雜感八首　國朝錢以塏

河東郡之西迢遞三百里思深哉遺民俗猶伊祁氏晉主中夏盟此乃爲西鄙勢實蒲翟偪地非絳沃比連延坡色

黃透迤川流紫險不通舟車樸鮮習工技陶復陶穴間古
風良可喜但勿藺絲細庶幾結繩理
東望姑射連北眺介山接其西通上郡黃河一葦涉入秦
此間道重兵每彈壓州或南汾置郡則仵城攝川路最紆
廻山行多巇嶫虎豹頻出入早暮商旅怯幸當太平時閭
里少寧帖敢忘樓櫓修言言壯雉堞
山坻少機巧所習惟耘耔叱牛登峻坂力盡敢言疲高原
無灌溉苴雨頻及時往往春夏間偏苦霢霂遲寒威又獨
蚤秋半草木衰未及實堅好霜雪摧殘之況乎山地瘠揮
鋤石纍纍縱令雨暘若未可籌卒期誰能哀憚人所望蒼
昊慈歲歲大有年庶勿嗟仳離
丁則分上下有丁苦無田算緡但計口不問陌與阡當其
催科時悉索最可憐土窑一破甑棄之遠播遷人去丁不
去籍在焉得躅鄰里代之輸展轉相株連及其歲已久他
鄉長曾元忽聞蹤跡存重貲斂丁錢欲爲除此困稅額恐
虛懸繪圖效鄭俠憫此煢獨先
高唐山之側古縣自唐建碧甃靈液潤於分不復見元乃
割其地分隸州與縣是爲南溫泉適當山一面其俗稍夸

詐蠻觸手最健每因乾餱忿輒修睚眦怨朝縣暮忽州狡
兎作窩便鞭長苦不及所以訟滋蔓忠信自可格耳目慎
勿眩泮林懷好音薄俗行一變
民居似蜂房穿壁爲營窟其外低作垣遥見窓户列老翁
負薪歸路峭行蹣躚少婦遠汲水深澗瓦罌挈山坡牧牛
羊小心視飲齕晨驅驢轉磨晚呼鷄棲桀卽此誇富饒其
餘蓋藏缺豐年穀價賤人仍飽糠麧春韭與秋瓜客至乃
特設風景總蕭條可知民力竭亟宜噢咻之任諳陽城拙
蒲衣帝所師山中傳隱處講道猶有臺千載白雲護五鹿
屏幛列紫荆煙霞聚洞口仙樂聞崖前飛瀑注寂無塵世
喧紅葉滿山路惟有采茵人晨踏蒼苔去登城偶四望黛
色横無數張郦倘可尋圭組奚足慕
風塵持手板趨走歷艱辛量移古蒲子黽勉甘清貧素餐
忽兩載疾苦久咨詢流亡未盡復井里半荆榛俗儉不中
禮錙銖時反脣忝兹一方寄不惜告語勤旣以農桑課更
以孝弟申父老情眷眷知我此意眞所幸釬徙空更喜豐
穰頻顧與蚩蚩者慶此清晏辰

蒲衣隱處　國朝劉子瑜

危巖隱帝師此地即崆峒卧石雲生袖彈琴鶴舞空我來松嶺下極目仰高風

過天寧寺　二首　國朝鄭㤔

曲曲山阿接隱淪白雲深處是長春同修蓮社欣隨分趺坐蒲團不患貧巳過光陰難駐跡未來寒暑任浮塵十年宦海十年夢試向天台叩昔因

有山城外接城墉恰似仙人掌上峯乘興便須凌絶頂題名還擬舊行蹤雲堂爭掃堪棲鳳錫杖徐飛欲化龍暫借蓮宫消世慮僧人不觧示歸宗

過李衛公祠題壁　國朝吳挺

曾向虬髯傳裡尋只今遺跡感知音書生亦有封侯骨幕府應無得士心肯負蛾眉雙眼俊輸他頭血一囊深稗官寫盡英雄意憑弔荒祠淚滿襟

今古茫茫共落暉側身天地與誰依知人只合由巾幗烈

士何妨暫布衣風月窮途甚矣憊河山故態是耶非香魂俠骨應憐我髀肉虛增猶不歸

再過小水鎮題壁　　吳　挺

火雲堆裡太原遊又逐西風向水頭下馬重尋山寺碣開囊獨上酒家樓塵沙徧灑英雄淚草木先知天地秋可惜兩番携劍過更無人與説恩讐

登平陽郡樓　　國朝高孝本

朱闌四面倚晴曛寒樹層層望裏分三晉山環皆拱翟五原水落總歸汾荒陵萸剩空階葉野寺龍蟠古洞雲最羡神人似氷雪幾番浩刧未曾聞

謁帝堯廟　　國朝徐　澤

放勳遺古廟烟靄欝重重碧映簷前瓦青留殿角松民淳褱帝治俗儉識唐封蕩蕩難名德低徊意益恭

平陽觀吳道子水陸畫軸歌　國朝吳啟元

玉女風鬟翠縷縷側目覗人羞欲語一朵祥雲天上來飄飄紅袖空中舉金輪玉斧四天王凛凛神威鬚髮張水怪探身斜仰面山精伏地引腰藏韋馱奮杵怒欲下夜义鬼子猙獰怕如來色相妙莊嚴趺坐蓮花運神化星官日府好威儀穆穆天神與地祇月醮星壇揺玉珮電驅雷部走旌旗墮落衆生復種種見之令人毛骨竦風吹毒蟒霧猶腥雨送妖蛟波尚湧千變萬態形狀奇憑空結撰眞淋漓今日世間畫魑魅安得徧灑青楊枝此種筆墨誰能爾須讓吾家吳道子當其設想畫人天慘淡經營應欲死于今一軸一毫光懸之煙霧生空堂可惜寺僧不愛惜夜夜轟雷走墻壁我欲借之旬日看陰風颯颯天漫漫只恐蛟龍伸爪攫致令海決天河翻從來神物有呵護昆吾紫鐵終飛去青天白日光怪生安得千年尚如故

平陽鼓樓落成　吳啟元

傑閣聳虛空河山一望中日華鱗瓦散烟霧綺窗通轂擊人喧雜衢歌俗尚同桑麻看禹甸松柏指堯宮忽過中條雨微生少女風神仙疑隱約氣象信渾雄地勢平如掌汾流曲似弓胸期真展拓雲樹徧青葱遠近標霞麗鈎連鬬鬼工畫誇新檻外重見舊河東仰面天心正低頭市廛豐歡欣傳父老嬉戲逮兒童自致輿人誦群歸太守功便來雙燕舞已覺四山籠久客書難到遥天望不窮酒闌宵鼓動高掛一燈紅

游龍子寺　吳啓元

深柳沿門水一灣招携齊上藐姑山松邊野雀尋巢去潭底驪龍拜母還長日風雷餘雨氣多年石磆點苔斑踏莎緩轡歸來晚繞郭千峯青黛鬟

靈石縣蟠龍菴相傳李藥師紅拂遇虬髯處　吳啓元

蟠龍庵最好形勝大河東邑里千山繞幽并一騎通乾坤餘草昧鹵莽見英雄舊事黄塵裏西風柿葉紅

禹門　　吳啟元

晝夜蛟龍鬭不休桃花三月禹門舟長河自此歸中夏神力方能奠九州噴雪轟雷雙石壁斷霞殘雨一沙鷗何須更問尋源使絕地横天今古流

其二

萬里奔騰九折來横空一鑿混茫開直通碧落天河曲東注滄溟地軸廻此日驚濤猶散雨當年鬭石自成雷相期共泛靈槎去巨浪飛湍且莫催

鹽池二首　　吳啟元

凌虚憑四望直上海光樓白墮三更月寒生一片秋碓舂雲母屑香結水精毬慮澹無營裏方知世味投

積氣呈亙象陰陽鼓化機只看雲冉冉不見雪霏霏白晝
虞絃靜青天海鶴歸此間逢伯樂騏驥有光輝

其二

平陽観呉道子水陸畫像歌　國朝劉允升

十年前讀西樵集河東郡有呉生蹟開元畫軸流人間動
睨驚心百二十我訪中條到郡齋急從展玩開胸臆上天
下地入毫端索渺探幽羅尺幅或容妙好極莊嚴或狀猙
獰更奇特冠裳劍珮古威儀鏊鎧麾幡巧裝飾千詭萬譎
眼底來幽明靈蠢當前立有形無形各具形是色非色皆
成色山經爾雅所不到禹鼎搜神猶未及滿堂目駭神莫
定忽爾肅恭忽戰慄忽生歡喜忽惆悲起步歛容惟嘆息
不知畫手果何憑空中結撰勞心力窺其命意窮精微二
氣良能顯留迹逆來順往相乘除旁見側出畫纖悉陰陽
於此示權衡作者受者須推測聞昔作畫天宮寺將軍舞
劍寒光濕解衣磅礴筆生風觀者喧呼震坊邑地獄變相
在城都金胄往往雜梏桎豪放即寓法度中那不古今推

第一何時乘興爲此圖源流證據恐難必有人軸尾曾見之欵識畫工劉永筆永也北宋師關仝想於道子亦祖述絹素年深脫落多欲覔姓名名已失傳信傳疑耳食殊但看墨妙宜珍惜須臾捲起四壁空寒月茫茫風瑟瑟

登大中樓　劉允升

危樓百尺倚晴空躡磴攀梯到此中烟火萬家形畫伏河山四顧氣增雄石眠氷雪真仙洞雲隱茅茨古帝宮鰲背曾聞翻地軸十年今始覩神功

汾河懷古　劉允升

頹波蕩蕩草芊芊怨幸曾聞元鼎年哀樂情多非少壯帝王願極又神仙中流簫鼓樓舡震夾岸旌旗日月懸留得秋風辭一首斷碑苔蝕卧蒼煙

汾陰后土祠　劉允升

漢宮唐殿宋碑銘雁上靈光接上清高阜長騰金寶氣繡帷輕護珮環聲苔痕剥落秋風冷棟粉零星夜月明獨有多情汾水濶白雲黃葉雁行橫

登大中樓　國朝劉棨

金鼇翻地軸疑待後人來曆象三時正泉刀五市開遠歷娟女渡落日舘甥臺舊是汾河水湯湯百折來

題趙城野店壁　國朝沈廉

孤城秋盡荻花鮮驛路西風冷客鞭紀落幾家存漢姓霍山萬疊鎖堯天樵歌聲杳穿黃葉流女粧寒向碧川三載征衣老塵土詩情常在酒壚邊

過冷泉關　沈廉

河山莽蒼蟠龍起銀濤寒噴關門底樹禿烟消鳥影稀荒雲零亂殘陽裏三年攬轡往來頻如弩西風吹倒人茫茫

北控并州路此地誰言非要津

霍州道中　沈廉

十月寒猶淺天空落木前亂山晴挿雪野店冷炊煙園暨收丹柿村姬採木棉應知早春信已到嶺梅邊

憩蟠龍庵觀空閣　沈廉

閒雲澹無語留我息塵襟山意寒將雪泉聲冷入琴高懸空處眼清見此時心日暮珠林杪香風引梵音

雪阻蟠龍庵　國朝潘玆

塵心正愛此偷閒恰喜朝來雪滿山春色旋生靈石邑梅花開到冷泉關擁爐禪閣披雲坐問酒漁村策蹇還跌宕詩情隨處有不應獨在灞橋間

廣勝寺　國朝沈鴻璸

古刹松高擁晝明寒流百道石邊生謾勞卓錫驚泉湧何待燃犀見底清雲氣釀成中欲斷落花浮出各無爭同源異泒滋阡陌掬飲還追廉讓名

天柱峯　國朝吳雯

空谷良非遠招攜亦自豪轉忘千徑曲庡見一峯高峻欲卑三詔尊將俯六鼇祟巖真可仰一爲薦溪毛

東瀑布　吳雯

東嶺鬱巃嵸逶迤下玉龍香巖通一綫雲竇簇諸峯石髓飛逾冽天漿挹更濃捫蘿發長嘯初日着高春

西瀑布　吳雯

坐卧西巖下層冰落絳崖三春常變雨十月忽聞雷到眼雲光近當頭鴈語哀何須浣冰雪姑射有靈胎

拜司空表聖遺像　吳雯

緬邈先型遠歸依舊德尊東禽窺石閣野鹿到柴門赤烏
風何古黃綾詔尚存後彫見松柏千載著靈根

秋日再過王官谷 十四韻 吳雯

表聖幽棲處白雲鬱烝典型終古峻頑懦百年興空谷
何人到孤亭我再登磵花纏細石巖樹曳高藤危磴千峯
翠飛泉萬仞冰清暉聞白鴈爽氣擊蒼鷹詭激應傷直徘
徊轉見弘哲先述柳璨節巳信王凝龍紀辭榮早鸞臺飲
社曾有懷方壁笏無碍任分犓花院誰留客苔龕尚見僧
避喧勾漏並絕粒首陽仍勝日詩堪述秋霜史亟稱只今
書劍外何處得良朋

虞鄉道中 吳雯

紫翠紛紛入夕霞石林東去有人家木棉花落稼將熟猶
見黃牛翻水車

王官谷 吳雯

朱樓覆殘雪花葉無冬春泉水急爭壑一峯閒對人白雲識心素空谷留皇醇晚來鷗鷺侶接翅桃源濱

虞鄉口號　吳雯

楓林颯颯石磷磷壠上饑烏飛趁人烹羔釀秫勞田父打鼓攤錢賽祇神

含南含北蔓寒瓜東門有池方漚麻老農何處牽黃犢行過一灣紅蓼花

太行山蚤發　吳雯

晨風迷曉色辛苦戒同行不辨水流處惟聞泉亂生霧深石磴險月落草珠明一失孫陽後鹽車處處程

拜平陽文廟時方習禮　國朝孔尚任

聘晉當年志車圍聖益尊傳詩留弟子問禮到曾孫亞酒何難設黃鐘不易論文翁修祀典新闢講堂門

二月朔日同人遊龍子祠　孔尚任

遠隔紅塵水樹幽宜人景物失鄉愁含烟店柳從容發破凍山泉放肆流古寺春寒須問酒重巒雪霽好登樓風雷龍子何年去遺事閒從父老求

其二

滿眼新詩不費搜溪山勝地快同遊苔墻讀字無遺處雪路尋泉到盡頭剪韭畦旁春味早賽神祠下野人稠風光正是中和節社舞村歌看未休

清音亭　孔尚任

廻闌繞砌響潺潺亭在林泉最勝間喜送村盤來父老怕看水碓轉機關花繁預選移春檻風冷難當消夏灣欲趁清光扶杖去不知雪界幾重山

金龍池　孔尚任

一泓清碧在雲根鱗甲消沉失舊痕水底青苔梳鳳羽石叢雪浪滚龍門塵纓未洗心先淨水淵纔開氣已温只好臨流修禊祉當年風雨莫重論

禊日平陽郊外即事　國朝金奇玉

不將琴曲比臨邛客有群賢我自從水待新波調芍藥山留殘雪洗芙蓉高臺睥睨憐春遠斜景歡娛惜靄重歌舞平陽思往昔天風遞散隔城鐘

龍門　國朝朱龍耀

朝向龍門遊暮向龍門宿長河一線流巨石雙厓束蛟鼉鬬盤渦霹靂遶邃谷傳聞發崑崙直下孟門麓不知落九天此是第幾曲巉巉鬼斧跡猶是巨靈斸大哉神禹力疏鑿同化育斷碣不可尋高臺空躑躅

金龍池　朱龍耀

金龍池上暮雲横龍去何年水自清祠畔千畦長借潤不須霖雨報秋成

題永和縣荷池芝艇　國朝張象蒲

方塘新得使君司絕勝芝河理釣時曲檻流風香汗漫虛窻泛日影參差撥翻綠蓋收魚子濺濕紅衣打鴨兒自是仙源分太液人間豈得有瑶池

曹念先文學負兄骸走四千里歸壟　國朝郭于疆

北走天涯念阿兒攜來枯骨帶啼痕關山不鎖愁人夢夜夜同歸舊旅魂

踏破芒鞋骨在肩忽聞杜宇倍凄然征人盡道歸鄉好多恐啼聲到九泉

聯床風雨憶當年賦罷招魂更問天也識仙游人未返凴誰寄淚到幽燕

烈婦吟 荆氏猗氏人 郭于疆

就木何慷慨而無愧日星長從封馬鬛相傍駕雲軿泉血凝芳碧霜肝照汗青啼鵑悲毅魄山鬼護幽靈一夕氷魂逝千年玉骨馨潺湲涑水曲恨汨濮荒坰

太行行 郭于疆

巍巍乎太行千峯萬壑竟崎嶇煙霞半及猱猿鶴渺無力大河一線横天腰返照扶桑萬種色我欲飛身游海外沛然磊落决胸臆巍巍乎太行豫冀諸山皆兒孫有客縱眺白雲側

登三門 國朝董之燧

偉哉夏后留神迹導河東注三門闢巨靈揮斧助平成砉然裂山達地脉擘開積峽走蛟龍横流疏引歸川澤砥柱屹立怒濤中拳石自古與河敵奔湍四激吼晴雷兩岸削成同赤壁雲懸倒影絶蹻攀陰崖垂蘚高千尺漢唐盛日

多謀臣思纘禹功費籌畫鑿修飛棧更穿渠百丈牽舟等戲蹶人力天險詎可爭嗟昔神工毋靳惜不令危瀨成安瀾利濟轉漕蘇力役那知搕㐬障泉川約束頹波賴斯石

題吳徵君雯詩卷二首　國朝朱彞尊

藉甚吳郎大雅材賦詩不上柏梁臺翩飛却似橫汾雁幾度秋風上苑來

三晉風騷雜僞眞遺山没後更無人把君行卷誰堪並除是番禺屈大均

春初雪霽自平陽還太平　國朝朱　范

銜寒出郭袖籠鞭野霧昏昏望渺然雪霽萬峯看緈約凍消一路聽潺湲伊祁廟畔千行柳龍子祠邊幾縷烟句覓錦囊狂興在羸驂不歎道緜緜

秋雨過子夏臺二首　國朝畢堅毅

五老嶢峴草木童西河詩景對秋空小冠子夏盲于易文學初傳河上公

魚鱗濕氣暮雲屯假　應憐子夏貧避雨崤陵一百里泥封無路上星辰

芮城署菊　畢堅毅

屈宋英多楚逐臣河汾秋靜漢佳人寒生白露塵容淡利斷黄金别意眞徑外晚晴簪靖節縣前終日只安仁休屠七葉欣同姓東井三門欲問津

謁虞士師祠墓　國朝徐浩

虞有五臣治惟公若列星萬方尊弼教百代仰儀型古墓春烟白荒祠野火青停車肅拜處松柏老空庭

登平陽大中樓　徐浩

雄郡天開控上游晉南形勝此全收城臨姑射眞仙境人在唐堯古帝州碧瓦萬家分井市青山千疊入汾流到來

已覺星辰逼徧倚朱欄豁九愁

跋平陽府志後

舊志訖明穆宗之世後更百三十年紀載蔑如郡伯劉青岑先生乃起而纂述之始事於丁亥仲冬脫槀於戊子仲春部居門彙畧放舊志及今通志而發凡起例意義各別洋洋乎該博詳覈成信書矣顧猶不自謂善具書與幣徵集郡中老聞者六人屬以校讐余從諸君子後檢論商確思欲有所潤色而才不逮作者莫能贊也中間約繁補缺不及什一兩閱月而後卒事凡爲目三十有六爲卷若干定可繕寫因書其後曰自昔通達治體必推儒者其在春

秋若晉肸鄭僑諸人博物洽聞於凡國史所載象懸於天形結於地事興於人上下千百年盛衰得失之故瞭若指掌故其爲治也酌劑於寬猛緩急之間厝置有方法施爲有次第政成而民賴之有非近世士大夫苟且就功之所敢望者無他規模素具故也今郡之有志亦猶古國史之遺也隆萬以來接跡而爲郡者苟非自甘俗吏鮮不悼心殘闕而力疲於簿書則不暇爲史家三長一不具則不能爲知罪𠇗於其心流俗人之浮議奪於其外則不敢爲先生蒞郡才數歲耳而百餘載不完之籍燦然大備可謂非

儒者事與事儒者之事可謂非儒者與噫平陽昔稱蕃饒
辛未而後災變迭見亦漸就凋瘵矣今幸得儒者以爲之
長休養生息相與安其治服其教於顧已畢而是書之成
乃並其治教所取準者而永垂之後有覽者毋徒嘉其綱
羅之富討論之審徵文洛獻之煩且勤而酌古準今能於
其中識治體焉庶乎唐勤魏儉之民常沐儒者之雅化而
作者之意其亦有在於斯乎旹
康熙四十七年長至日聞喜張克嶷謹跋

平陽府志　跋　二